谨以此书纪念恩师于根元先生

语言规范新说

——序施春宏《语言规范理论探索》

施春宏教授的新著《语言规范理论探索》即将出版。15年前，他出版过《语言在交际中规范》（中国经济出版社，2005），两部著作可视为姊妹篇。

春宏之为学，重视材料，双脚踏在坚实的语言事实大地上；亦重理论，举手欲摘璀璨的语言理论星辰。春宏研究领域广泛，随着他自己的学术成长和学界的学术发展，有缘得多位名师指点，不断开拓着新的研究领域，诸如语言规范、构式语法、语体语法、韵律语法、二语习得和教学等。而且，凡做过的学业，从不轻易弃废，持续思考而时有新得。语言规范可以说是他持续关注时间最长的领域。

春宏1993年师从于根元先生攻读硕士学位。于根元先生有研究语言结构的深厚功底，也有编辑《中国语文》《语言文字应用》等重要刊物的经验，更有在国家语言文字领导机关工作、管理语言应用研究机构的阅历，故而可以从哲学、社会等层面来看待语言运用，也由此开辟了新词语研究、文学语言研究、网络语言研究、广告语言研究等学术领域。语言的基本职能是交际，离开交际，语言就将消亡。于根元先生从语言交际的角度看待语言规范，认为语言规范不是规范语言本身，而是规范人的语言使用，提出“交际值理论”，把交际到位与否作为衡量语言规范的根本依据；他还提出“规范就是服务”，要及时发现和推荐新的、好的语言现象。这些研究领域的开拓，这些语言规范理念的提出，奠定了于根元先生作为我国应用语言学“开拓者”的地位。

读春宏15年前的《语言在交际中规范》和今日的《语言规范理论探索》，明显感受到他与于根元先生的师承关系。当然，学术不仅在于继承，更在于守成基础上的创新。春宏的这部著作，不仅很好地体现了他重视材料、重视理论的学术风格，也有诸多关于语言规范的学理层面的创新，处处可见其“新说”。下面这一段话反映了春宏关于语言规范的基本认识，也是对于根元先生“交际值理论”“规范就是服务”观念的系统化总结：

> 密切关注现实语言交际的发展和需要，并能及时有效地服务于这种发展和需要，是语言规范化学科建设和发展的基石。语言规范化，是通过对语言表达进行规范的方式来规范人的语言行为，因此语言规范化的本质是及时有效地服务于人的语言行为的发展和需要。没有静态的、超时空的语言规范，只有交际中的规范、在交际中规范，语言规范化的效果要根据满足交际的实际情况来衡量。……语言规范化在语言研究中最具现实性，理论与实践结合得好，能解决一大片问题；结合得不好，会带来较长时间的负效应。

春宏这部著作的引人入胜之处，还在于第三章到第七章对一些具体语言现象所做的精细而系统的考察。语言学研究需要聪明人，但更需要聪明人下“笨功夫”。为了讨论辞书规范与辞书编撰问题，春宏花费大半年时间，逐字逐句对比《现代汉语词典》第2版（1983）和第3版（1996）的所有内容。有这种“笨功夫”做基础，有了对材料充分的收集、观察、分析，由此而阐发的关于词条与释义之间的照应、词条与举例和类别名称之间的照应、词条与词条之间的照应、词条之间的平衡性等问题，也就是可信的。

《咬文嚼字》杂志以“宣传语文规范，传播语文知识，引导语文生活，推动语文学习”为办刊宗旨，它有一个“百家会诊”栏目，让大家对一些语言现象进行分析“会诊”。这个栏目也是观察社会语言规范观念的一个窗口，春宏对其中的66个话题进行考察，发现了许多有趣的现象和有用的规律，比如“离境依据在规范化实践中的失误率要远远高于在境依据”等。

现代汉语教材都有语言规范的内容，高考语文试卷也常有修改病句的题目。“百家会诊”栏目所涉及的语言规范评论是当下的现象、当今的人，而教材和高考试卷所涉及的语言现象及其评论（参考答案）则是历史长线的，代表着专家观点和教育思潮。春宏收集1956年以来60余年间高校现代汉语教材148种，对其中涉及语法规范评议的内容进行定量考察；还研究了1952年以来的高考语文试卷，对其中病句试题的类型进行定量考察。这两个考察也是“笨功夫”，但其发现却很有价值。不管是教材对语法规范的评议，还是高考语文命题中的病句试题，都在不断地发展演变。影响其发展演变的因素主要有四方面：其一，社会语言生活状况及大众语言水平；其二，汉语语言系统（或语法系统）的特点及其发展演变；其三，语言观念及语言研究水平；其四，语言规范观及语文教育思潮。从这四个方面来观察规范问题，视野是宽阔的，观察是系统的，而且也为观察研究语言规范现象和规范观念提供了一个四维框架。

网络语言是新事物，对其认识还较肤浅，对其价值还在发现，对其态度还在调适。春宏用开明的、建设性的态度看待网络语言，讨论网络语言的规范问题，提出了网络语言的“语言价值”和“语言学价值”这对概念。他认为，网络语言的语言学价值起码有四：第一，促进语言观和语言学观念的调整；第二，新的语体形式会对语言学研究视角和研究方法产生影响；第三，可以引发对语言调节和语言变异关系的新思考；第四，对语言规范化工作有诸多启示，如语言学工作者在语言规范中究竟起什么作用，如对语言（包括文字）的游戏性质和游戏功能需要重新认识。从语言学价值的角度思考网络语言还是很新颖的。语言学价值的核心就是引发思考，重在建设，从而扩充人类的语言学知识库。考察语言交际的每一个领域，包括网络语言领域，才能更为充分地认识语言交际的语言价值和语言学价值，推动语言生活和谐发展。

一篇好文章、一部好著作，不仅可以告诉读者些什么，更能引发读者思考些什么，培养读者“积极阅读”的好习惯。春宏的这部著作也引发了我对语言规范问题的思考，促使我对语言规范观做一个系统梳理。

语言规范体现着一定的语言观、语言发展观和语言规范观；或者说，语言规范是在一定的语言观、语言发展观和语言规范观指导下进行的。古来的语言规范、大众心目中的语言规范、教育领域的语言规范，基本上都是“匡谬正俗”性质的，反映着语言规范的“雅正观”。

语言规范不完全是为了“匡谬正俗”，但“雅正观”在语言生活中还有一定价值，可以有限度地接受。即便有限度地接受，也需进一步追问：语言现象为何会有谬、俗、雅正？怎样辨别谬、俗、雅正？这就需要引入语言发展和语言变体的概念，引发出第二种语言规范观——“选择观”。

语言是活的。应用中的活的语言，必然会因交际需要、受交际环境影响而发生各种变异，于是同一种语言现象可能会形成两种或多种语言变体。语言变体的产生，既是语言发展的一种表现，也能起到丰富语言表达、推进语言发展的作用。当然，事物往往都有两面性，语言变体过多，也会影响语言的学习与应用，成为语言系统的“累赘”，特别是“同义变体”。于是就需要研究变体，别之以品类，将雅正的变体作为规范推荐给社会，而将谬、俗的变体列入“另册”，或贴上慎用的标签，或干脆将其作为累赘剔除。

语言规范就是对语言各变体进行的“语言选择”。接下来的问题就是如何选择，也就是语言规范的标准是什么。目前提出的选择标准或曰规范标准有如下几种：（1）学理标准。合不合学理，自然要由“专家决定”。（2）文献标准。即看其有无文献出处，出处越是古老，越是有说服力，除非是意义古今发生了变化。这是由“古人决定”。（3）名人背书。即某语言变体是否出自名人名篇，这是由“名人决定”。（4）约定俗成。如何确定“约定俗成”？看数据统计，这是数据库技术发展起来之后最常见的一种观点。这是由“大众决定”“数据决定”。

在现实的规范活动中，上述四个标准常常要综合考虑；这些标准若有抵牾，解决的办法便是将不同的标准排序，或是为某些标准加权。怎么排序、如何加权又是新的问题，不过最终会赋予“约定俗成”较大的权重，哪怕是“习非成是”现象。问题讨论至此，“交际值理论”的优越性就显现出来了，可以作为第三种语言规范观。

根据交际值来选择变体，是把语言规范置于语言交际的宏观领域，符合语言发展的学理，符合约定俗成的观念，认定规范是发展变化而非一成不变的。而且，“交际值理论”把规范看作有程度差异的，交际值高的规范化程度就高，规范也就具有了“层级性”的特点。

我有一篇小文《语言规范试说》，发表在《当代修辞学》2015 年第 4 期。在这篇文章中提出了语言规范的“语言生活观”。语言生活观认为：语言规范是在语言生活中进行的，也是为提升语言生活而进行的；语言规范既要符合语言生活实际，又要能引导语言生活的良性发展，促进语言的发展，提升社会的语言资本和文化资本；语言规范是对个人语言行为的规范，个人掌握语言规范也是人生资本的增值。语言生活观与于根元先生的“交际值理论”，都是试图用现代语言学理念来认识语言规范，试图将已有的语言规范观概括起来汲长弃短，试图将语言规范从处理语言现象的技术层面提升到语言交际、语言生活、语言资本的高度。

语言规范的“雅正观”贯穿古今。现代汉语时期，强调“正”多于强调“雅”，讲“规范”多于讲“雅顺”。在教育普及的当下，在重视文化的当下，科学的语言规范观应是既要讲“正”，又要讲“雅”。语言规范的行为，本质上是对语言变体的选择，将交际比较到位且有品位的语言变体推荐给社会，服务于大众。语言发展研究、语言变体研究，是规范得以科学进行的基础。语言规范不是“无事生非”，而是当语言交际出现紊乱现象时，动用社会之力，帮助语言的自组织机制和语言的发展规律及时发挥作用，从而使语言生活和谐有序。

当下，人类进入了网络和语言智能时代，平时的语言交际可以通过网络一总呈现在虚拟空间中，人还要同机器协同完成交际任务，甚至让机器具有语言技能，让人与计算机进行语言交流。如此时代，语言规范的意义更加重大，语言规范观更加多元，规范起来也更加困难。然而，关心语言规范问题、从事语言规范研究的人却十分有限。如此时刻，读施春宏教授的这部著作，更有意义，也更能让人浮想联翩。

李宇明
2020 年 11 月 10 日
序于北京惧闲聊斋

目 录

第一章 绪论 …… 1
一 开场白：一场关于“纯洁语言”的争议 …… 1
二 本书的研究背景和基本理念 …… 5
三 本书的基本结构和主要内容 …… 10
第二章 语言规范化的基本原则 …… 15
一 引言 …… 15
二 理性原则和习性原则内涵的再认识 …… 17
三 从语言规范化的根本目标来看 …… 21
四 从语言规范化的操作效度来看 …… 25
五 从当前的学术范式转换来看 …… 30
六 从原则和策略的互动关系来看 …… 33
七 本章小结 …… 40
【本章附文】 试论现代汉语规划的基本原则 …… 42
第三章 语言规范化的基本依据 …… 48
一 引言 …… 48
二 语言规范化依据的基本类型及其定量统计 …… 49
三 在境依据和离境依据及其作为规范化依据的地位 …… 56
四 语言规范化依据使用的演变轨迹 …… 63
五 本章小结 …… 68
第四章 大学教学语法规范考察：以现代汉语教材为例 …… 70
一 引言 …… 70
二 现代汉语教材语法规范评议的发展阶段 …… 75
三 现代汉语教材语法规范评议发展过程的类型分析 …… 80

四 现代汉语教材语法规范评议演变的影响因素 ……95
五 本章小结 …… 106
【本章附文】 现代汉语教材目录 …… 108
第五章 中学教学语法规范考察：以高考病句试题为例 …… 116
一 引言 …… 116
二 高考语文病句试题的演变过程 …… 117
三 高考语文病句试题的主要类型 …… 121
四 历年高考语文病句试题演变的影响因素 …… 126
五 本章小结 …… 130
【本章附文】 历年高考病句试题考点（1952—2019） …… 132
第六章 网络语言的价值与规范 …… 139
一 引言 …… 139
二 由网络语言引发的语言学和非语言学争议 …… 141
三 网络语言的语言价值 …… 143
四 网络语言的语言学价值 …… 153
五 网络语言在交际中规范 …… 161
六 本章小结 …… 162
第七章 辞书规范与辞书编撰 …… 163
一 引言 …… 163
二 辞书规范的内涵和外延 …… 163
三 辞书规范理解上的主要分歧 …… 165
四 与辞书规范相关的一些概念 …… 168
五 辞书收词系统性的内在规范 …… 172
六 辞书收词的时间性和专门性 …… 179
七 辞书收词与辞书定位 …… 182
八 本章小结 …… 185
【本章附文】 有关辞书命名问题的分析与思考 …… 186
第八章 应用语言学研究的理论思考 …… 191
一 引言 …… 191

二　应用语言学不等于理论语言学的应用 …………………… 193
三　我国应用语言学的发展逻辑 ………………………………… 197
四　应用语言学历史研究的现实意义 …………………………… 199
五　应用语言学的队伍建设 ……………………………………… 202
六　发展好我国的应用语言学 …………………………………… 204
附　录　现代汉语规范讲话 ………………………………………… 207
第一讲　现代汉语规范回顾 ……………………………………… 208
第二讲　规范的涵义和原则 ……………………………………… 213
第三讲　规范就是服务 …………………………………………… 218
第四讲　规范的层次性 …………………………………………… 222
第五讲　不规范的原因和规范的途径 …………………………… 226
第六讲　现代汉语规范失误例析 ………………………………… 228
第七讲　主体化和多样化相结合 ………………………………… 232
参考文献…………………………………………………………… 237
后　　记…………………………………………………………… 246

第一章 绪 论

一 开场白：一场关于“纯洁语言”的争议

2012年6月,《现代汉语词典》第6版由商务印书馆出版发行。词典收录了“NBA、MP3、e-mail、AA制、T恤衫、HSK”等239个“西文字母开头的词语”[①]附于词典正文之后。8月下旬，百余位学者联名向新闻出版总署和国家语言文字工作委员会举报，称《现代汉语词典》这一做法违反了《中华人民共和国国家通用语言文字法》等法规。其中有举报者在参加人民网“嘉宾访谈”节目时表达了对“汉语的安全的确存在危险”的担忧：英语进入汉语速度太快；汉语里出现的英语越来越多；如不加以制止，汉语消亡是可能的。就《现代汉语词典》第6版这次收录字母词的情况，该嘉宾指出：

> 我们这120位学者很早就关注汉语中夹杂英语越来越多的现象。在《现代汉语词典》第6版出来以后，我们看到这一版词典收录了239条英语缩略语，我们觉得这个问题比较严重。因为汉语词典不是一般的汉语出版物，它是教人们学习汉语、规范汉语的权威工具书。本来，

① 这些属于一般所言的“字母词”中的一部分。字母词的范围更广，并不限于“西文字母开头”的词语。刘涌泉（2001）序中说：“我们把汉语拼音字母、拉丁字母或希腊字母构成的以及它们分别与符号、数字或汉字混合构成的词统称为‘字母词’。”因此，若向前进一步，还可收入其他类型的适合词典特征的字母词。

> 汉语中夹杂英语缩略语是不符合国家通用语言法的。《现代汉语词典》收录了这些英语缩略语以后，等于告诉人们它是规范化的、正确的，这实际上搞乱了国家语言文字法规定的正确的规范化和标准，给国人学习、运用汉语文带来了混乱，危及了中华文化的安全。

多家媒体对此进行了报道，社会反响很大。[①] 8月29日，来自高等学校、研究机构、出版社的语言文字领域专家在商务印书馆举行座谈会，就《现代汉语词典》收录字母词情况及国家相关法规的基本内涵、语言文字规范观念、语言文字管理工作等问题进行了讨论，《光明日报》等30余家媒体的记者同时出席了座谈会，笔者也应邀出席。在座谈会上，笔者指出：

> 准确评价一种语言现象，不能空谈这个现象是好还是坏，应该分析这种语言现象是不是能够及时、有效地满足当下交际的需要。语言是为交际服务的，因此交际价值是评价语言使用的一个基本标准。如果把交际价值作为最重要的评价标准，那么我们对一些特殊现象的认识就可能更加到位一点。“纯洁语言”实际上是一个伪命题，没有超时空的那种纯洁和健康。由此，语言学工作者应该及时、有效地为日益丰富而复杂的语言生活服务，这是语言文字工作应有的定位，也是群众路线的基本要求。编写词典也是一种服务交际的有效方式，也必须符合这个大的原则。《现代汉语词典》收录现实语言生活中的若干字母词并做出解释或说明，正是适应了语言交际的现实需要。

---

① 暂不论上引内容中存在的很多语言知识和语言学知识的偏差，类似这样的认识虽然简单粗暴却又相当有市场，尤其是抬到汉语危亡、中华文化传承危机的高度来号召。然而事实是，虽然当下的字母词使用比以往更加普遍，但汉语的生命力并未受到影响，中华文化也同样展现出勃勃生机。限于本书主旨，此不赘述。关于字母词的理解及汉语交际中使用字母词的规范问题，我们将在第六章有所涉及。其实，《现代汉语词典》2005年第5版就在词典正文后收有附录“西文字母开头的词语”（1831—1835页），但当时并没有引起多少社会反响；第6版在收词量上有所增加。2016年出版的第7版附录“西文字母开头的词语”（1761—1766页）在第6版基础上又有调整，共收条目235条，其中新增条目EV、HR、O2O、PM10、RFID、UHD、VCR、VR共8条，删除条目C3I系统、CMMB、FLASH、GMDSS、ICQ、IDD、ISDN、ISRC、MD、MMS、SMS、SPA共12条，同时将e-mail改为E-mail。

这次“联名举报”事件的出现，未必完全是坏事，说明目前社会上有一些人对《中华人民共和国国家通用语言文字法》中的相关内容理解得尚不到位，有的职能部门颁布的语言文字使用规定中某些条目并不符合语言交际的实际情况，因而需要我们进一步阐释、宣传和贯彻《国家通用语言文字法》，进一步思考某些方面的问题，进一步调整某些方面的认识，进一步做好某些方面的工作。当然，如果拿语言问题来借题发挥，尤其是上升到某个“高”层面，那就是另一个问题了。此次事件也反映出，也许有不少问题我们一直没有意识到，没有认识清楚，没有谈透，没有做深入研究，以致潜藏了下来，到了一定的时候就会出现。

其实无论是学理思考，还是现实争论，都涉及一些本质的问题，如语言的本质是什么，语言交际的本质是什么，语言规范化的根本目的是什么。还有就是民族、国家的生存与发展和语言文字的生存与发展的关系到底怎样。有些人一看到汉语传统中没有或较少的某些现象进入到汉语交际中，就认为汉语乃至民族文化已经到了紧急危亡的关头。然而，历史的经验告诉我们，这些都并非事实。现实也告诉我们，随着中国经济、社会的发展，汉语的交际空间更广大了。

后来,《光明日报》和新浪网等多家网络媒体对这次座谈会的情况做了专题报道（参见《〈现汉〉收录字母词引专家争议》,《光明日报》2012 年 8 月 30 日第 3 版）。其中有的媒体干脆将笔者的发言概括为“‘纯洁语言’是个伪命题”或“‘汉语纯洁性’是个伪命题”或“‘纯洁’是个伪命题”作为标签，虽不尽意，但也大体反映了笔者一个方面的理解。关于所谓的“纯洁语言”，于根元（2002）做过这样的分析：

运动的连续性决定了任何事物都具有周边事物和前后事物的一些属性。事物是矛盾的统一体，不都是“非此即彼”。往往是“亦此亦彼”。对立通过中介转化。语言跟其他现象一样，存在着中介状态。语言的中介状态，典型的就是地方普通话。对说地方普通话的人，一是要鼓励，二是对其中的一部分人有比较高的要求。后来，学者们进一

> 步认识到中介语常常是学习语言的正常过程，学习语言的过程就是必然有许多不到位也就是不规范也就是不纯洁的语言现象的过程，人们在这个过程里就要交际。要把这种过渡状态跟语病区分开来。由此，不少学者对纯洁语言的口号进行了反省。20世纪90年代，不少学者讨论语言观的时候，讨论了这个问题。1997年12月23日许嘉璐代表国家语委在全国语言文字工作会议上作的主题报告里明确提出语言文字不搞“纯而又纯”。近几年来我们对语言文字不搞纯而又纯有了进一步的思考：语言是为所有的人服务的，人是分层次的，而且是不纯的，人不纯谈什么语言纯。语言是发展变化的，发展变化了，人又要学习，这个学习又要有一个过程。还有，由谁来纯洁语言呢？不规范的语言现象也是不断新生的。不纯洁是语言正常运动的正常表现。语言是大海。我们是在不纯的情况下搞规范。规范是为了更好地交际，不是妨碍交际，不是为了纯洁语言。语言规范实际上不是规范语言本身，是规范人的语言使用。

这里面谈了很多不搞“纯洁语言”的事实和理据，尤其是从语言规范化的根本目标（即“规范是为了更好地交际，不是妨碍交际，不是为了纯洁语言”）来认识。

回到上面所引笔者在座谈会上的发言内容，基本上代表了笔者关于语言规范研究的基本认识。当然，这还只是面上的说明，深入的论证和分析则需要专题的研究，尤其是需要对语言规范化的基本原理（如语言规范化的原则和策略、语言规范化的依据和作用、语言调节和变异的条件及机制、新的交际现象的语言价值和语言学价值等规范语言学的元问题）做出反映真实语言生活且合乎学术逻辑的系统探讨。原理不清，则是非难明。为此，笔者在这20多年里以新中国成立以来的语言规范化实践为研究背景和对象，对语言规范化理论与应用问题进行了系统研究。笔者曾出版《语言在交际中规范》（中国经济出版社，2005），本书（《语言规范理论探索》）是其姊妹篇，是我们对语言规范问题的进一步思考。

二 本书的研究背景和基本理念

凡是社会生活变动比较大、新事物新思想出现比较多、多方面多层次互动交往比较频繁的时期，语言使用就比较活跃，新的语言现象就容易出现，语言规范问题往往也就比较突出。改革开放以来，尤其是互联网时代到来后，语言生活的变化更是可以用日新月异来形容，语言使用中的问题自然也是纷呈迭现。无论是学术界还是一般使用者，都对语言运用中的规范问题表现出极大的关注。20 世纪 50 年代是新中国成立以来语言生活大变化的第一个时期，社会生活的巨变以及白话书面语系统的完全建立，都使得汉语规范成为了这一时期学界的重要论题。由于理论准备不足，学界更多的是重视对语言规范现象事实本身的整理和阐释①。从20世纪八九十年代开始，我国的语言生活进入了一个持续的大变化大发展的新时期，与此同时，应用语言学界对语言规范理论进行了广泛的探讨，形成了很多非常有价值的认识。如中国社会科学院语言文字应用研究所现代汉语规范研究小组（于根元主持）曾于 20 世纪 90 年代中期进行过系列性的现代汉语规范理论探讨，形成了系列性的研究成果（部分成果参见本书附录“现代汉语规范讲话”）。于根元先生在《二十世纪的中国语言应用研究》（书海出版社，1996）中总结了那个时期现代汉语规范研究中“学术上的十八个重

① 那个时期也有语言规范理论的探讨，有的至今仍有非常重要的指导意义。在 1955 年 10 月 25 日现代汉语规范问题学术会议上，罗常培、吕叔湘先生做了主题报告《现代汉语规范问题》，第一次全面阐述了现代汉语规范工作的意义，深入探讨了一系列原则性问题。报告特别提出：“语言规范是人们在语言实践中逐渐形成的，规范的模糊与分歧不是出于偶然，因而规范的整理也不能草率从事。武断和教条是不能解决问题的，需要的是虚心和谨慎，勤恳的调查，耐心的研究。”这个主题报告是“这次会议的最重要的文件，是这次大会最重要的成果。……报告以巨大的理论价值和切实的指导作用，成为现代汉语规范的理论基石和丰碑”（于根元，1996：132）。李宇明先生 2019 年 8 月 9 日在第五届罗常培语言学奖评奖颁奖仪式上的发言《重读罗常培、吕叔湘〈现代汉语规范问题〉——纪念罗常培先生诞辰 120 周年》中进一步指出，该报告“同时也是一篇代表中国智慧与实践的重要的语言规划学文献”。当然，总体而言，这个时期的理论意识还不够强，深入的理论探讨还不多见。然而，更值得反思的是，当下有的语言规范认识和工作甚至远未达到《现代汉语规范问题》所定下的基调。

要新见解”，具体包括：一、对新中国成立以来的现代汉语规范化工作和研究以及当前规范化的形势给予较高的评价；二、交际值是衡量规范的原则；三、规范就是服务；四、要为不同层次的人们服务，要为人们长期的、短期的、简单的、复杂的多种需要服务，要尽可能地为最大多数的人服务；五、规范需要科学的研究和行政管理相结合；六、发现和推荐新的好的语言现象更重要；七、语言有大量的中介状态；八、区分过渡状态和语病；九、不同风格的语言有不同的规范要求；十、刚柔相济；十一、多角度地分析规范；十二、色彩是个动态的系统；十三、惯性原则；十四、层次性；十五、潜与显；十六、预测观；十七、语言传意者“功力、思维、情趣”三要素；十八、从规范评议失误中学习（具体内容参见于根元，1996：209—225）。研究语言规范就是要在为所有层次交际参与者服务的过程中积极推进语言生活的健康发展，因此特别需要有积极规范的眼光，这样得出的认识才能站得住、立得稳、行得远。参照当下的语言生活来看这些学术见解，仍然可以说都是重要的“新见解”，体现的是语言交际和语言规范化的基本原则和根本目标。

世纪之交，相关的语言规范研究理论成果不断出现。如戴昭铭（1998、2003）《规范语言学探索》和施春宏（2005）《语言在交际中规范》是专门探讨语言规范理论的专著，戴著还是第一部以“规范语言学”为名的理论著作。吕冀平主编（2000）的《当前我国语言文字的规范化问题》从民族共同语的推广和词汇、语法、文字等方面对该时期语言规范化实践方面存在的问题做了系统梳理。然而，新世纪以来语言规范理论探讨总体上放慢了脚步，理论的创新性有所减弱。当然，这个时期学界对具体现象、特定领域的规范分析仍在进行着。如史灿方、孙曼均（2008）的《语言规范与语言应用探索》多从个案出发论及语言规范问题；赵小东（2012）的《现代汉语句法规范研究》有部分理论思考，但更多的是对各类语言规范现象的分析；朱楚宏（2015）的《汉语规范化中介现象论》则是针对汉语使用中（特别是用词造句方面）正误难辨的、有争议的语言现象从语用上、学理上进行剖析；张文忠、夏军（2019）的《语言文字规范十五讲》主要是对各类用法是否合乎规范的说明。对特定领域语言规范现象的分析有罗维明（2011）《大众传媒语言规范论稿》、宋北平（2011）《法律语言规范化研究》等，这类语言规范研究基本上以匡谬正俗式的评议为主。同时，规范知识的普及工作也受到关注，在此方面最有代表性的是1995年创刊的《咬文嚼字》杂志，该刊对各种规范现象的关注和分析起到了很好的规范辨析和示范作用，而且该刊编辑的规范观念比很多著作的认识要更加前沿。戴昭铭（2012）《现代汉语规范化答问》是普及性规范知识读本，而各种“规范手册”则基本上是汇集或讲解国家发布的规范标准。

近些年，新的媒体交际和表达方式的出现引发了很多新问题、新观念，语言规范理论问题便又在一定程度上引起了新的重视。其中代表性的成果就是作为国家社会科学基金重大项目的同一批次、同一论题的两项同名结项成果：李宇明主编（2020）的《新时期语言文字规范化问题研究》论题广泛，对语言文字各个系统的规范化问题做了很多理论新探索，同时涉及很多操作策略分析；沈阳、邵敬敏主编（2017）的《新时期语言文字规范化问题研究》主要包括基础语文教育中的语言文字规范问题和港台语言现状及对大陆语言文字规范的影响，有很多专题性的理论思考。

虽然有了这些成果，但总的来说，面对现实交际中如此丰富而又复杂的语言生活和语言现象，学界在语言规范理论上的建树仍不充分，很多研究中就事论事的情况还比较普遍。很多讨论中关于语言规范化的性质和任务、原则和方法的一些提法，至今还停留在20世纪五六十年代的水平，对语言本质的认识和对语言规范的理解都显示出不少局限。而且毋庸讳言的是，关于语言规范问题的讨论，经常在比较低的层次上反复，而且似乎人人都有理、常有理。戴昭铭（1998：228）曾说：“在汉语规范问题研究中，在汉语规范化的具体工作中，都普遍存在着理论水准不高和理论空气薄弱的状况。这种状况大大地影响了研究水平和工作效能的提高，因此当务之急是从事汉语规范问题的理论探讨，提高这一领域的学术研究和具体工作的理论水平。”这种情况今天仍然存在。

密切关注现实语言交际的发展和需要，并能及时有效地服务于这种发展和需要，是语言规范化学科建设和发展的基石。语言规范化是通过对语言表达进行规范的方式来规范人的语言行为，因此语言规范化的本质是及时有效地服务于人的语言行为的发展和需要。没有静态的、超时空的语言规范，只有交际中的规范、在交际中规范，语言规范化的效果要根据满足交际的实际情况来衡量。新的语言现象和交际方式出现了，一时认识不清判断不明，是正常的情况，但不要因为自己不熟悉、不喜欢、不合自己已有的认知模式，就认为不规范。如网络语言刚开始出现时，就曾被很多人先入为主地贴上“污染语言”的标签，编写网络语言词典被视为编写“黑话词典”。[①]语言交际的发展过程已经反复说明，新媒体的出现、新的交际场景和交际手段的出现，自然会出现新的表达旨趣，产生新的表达方式，因此不宜将新酒装在旧瓶子里，沿用旧的观念和方式去规范新的语言现象，而要将交际值原则（即以交际到位的程度作为判断规范与否的根本依据）作为语言规范化的根本原则。这样才能形成原则的坚定性和策略的灵活性的统一，才能真正夯实语言规范理论的实践基础。主张理论要接受实践的检验，这并不是说理论不重要，或者理论不如实践重要，而是说理论要与实践相结合，理论与实践的结合要体现为相互提高的过程。在现代汉语规范化的探索中，理论和实践的关系也不能分析为谁先谁后的关系，而是相互促进、互利共生的关系。语言规范化在语言研究中最具现实性，理论与实践结合得好，能解决一大片问题；结合得不好，会带来较长时间的负效应。有些研究者谈起语言规范问题来容易陷入某几种误区，这常常与不结合语言现实来及时调整自己的认识和理论有关。当下的语言教学中，语言规范知识的教学比较薄弱，对语言观、规范观的培养比较缺乏，这也与人们仍然不大注重语言理论和语言生活的结合以及如何结合有关，而这种结合是极具理论价值和现实意义的。

对交际生活中语言调节和语言变异的过程、方式及其规律、规则进行

① 参见于根元（2001）《中国网络语言词典》“前言”中的相关引述及剖析。令人欣喜的是，对于网络语言性质的认知，这些年有了很大发展。然而，这种凡陌生必可疑的认知模式，至今仍有很大的市场。若从更大的层面来看，这种表现实际是人类进化过程中自我保护意识的产物。

机制分析和原理建构，是语言规范研究学理探索的根本路径。[①]语言规范化固然是实践性很强的领域，但进行相关研究离不开学理的深入探讨，比如：语言规范研究的本体论、认识论、方法论，语言规范化的基本原则、依据和策略，语言交际和语言发展的关系，语言中介状态和不规范现象的关系，规范的动态性和层次性，语言规范与新思潮、新媒体的关系，语言规范化中规定性和前瞻性的关系，规范服务的路径和方式，规范工作的时与势，语言系统和语言文字工作的惯性，语言规范化工作中的得失和进退，语言文字立法的基础和操作，语言规范和语言文明建设的关系，科学研究和行政管理之间的关系，语言规范化和语文教育的关系，等等。这些方面本质上都可以落实为对语言调节和语言变异及其关系的观察和思考。尤其需要注意的是，语言规范问题，虽然体现为语言问题，但实际上很多时候并非语言系统本身的问题，因此研究语言规范一定要放到整个时代的思想、观念、趋势中来进行学理思考。目前仍有不少人认为语言规范研究没有什么理论，理论层次比较低，不能看作严格意义上的学术研究等。回顾一下新中国成立以来这 70 多年里的现代汉语规范研究，会发现语言规范理论中思辨的力量不够，很多时候还限于感悟式的点评，对一些基本问题、基础概念都缺乏明确的认识，如什么是规范、规范化的本质和对象是什么、通过哪些方式才能获得规范成效等。甚至语言规范化的定位问题也很值得商榷。有不少谈理论的文章，过了一些时候就觉得有不少欠缺，解释力不够，这恐怕主要不是语言事实本身的发展问题，而是当初理论本身缺乏动态的观点，缺乏分析的态度，缺乏思辨的精神。理论要辩证，要有前瞻性。直接指向现实的规范理论研究更要有前

---

① 语言调节和语言变异是随着社会语言学的兴起而受到重视的两个概念。我们曾基于两者之间的关系对这两个概念做了新的定位："语言调节是指在交际要求和语言内部平衡趋势的协调和制约下，对语言现象和语言系统的结构要素及其关系的价值做出某种程度的调整，使语言适应和满足动态功能的要求，充分发挥其作为人类最重要的交际、思维、认知工具的作用。语言变异是指随着交际要求和结构功能的变动，语言现象和语言系统的结构要素及其关系出现变化，以反映语言的变动趋势，展示语言作为人类最重要的交际、思维、认知工具的动态性本质特点。"（施春宏，2005：174）就语言规范化与两者之间的关系而言，它们既是语言规范化的实现手段，又是以语用和谐作为根本目标的语言规范化的表现方式。关于语言调节和语言变异的内涵及其关系的具体理解，参见施春宏（1999b、2005）。

瞻性，而这就必须将辩证的分析贯穿始终。

由此，我们想到了一些至为迫切的问题：为什么几十年来规范认识总是反反复复，规范化工作也有不少进进退退？为什么有些不恰当的认识一直在发挥着较大的影响？为什么反对语言规范化的呼声仍有不小的市场？总之一句话，为什么现代汉语规范化不能形成可持续性发展？从大的方面来说，当然与社会背景、全民文化素质有关。从规范研究和实践本身来看呢？我们发现与两个方面关系比较密切，一方面是长时期里现代汉语规范理论建设比较薄弱，另一方面是现代汉语规范化队伍建设（尤其是干部队伍建设）比较薄弱，而这两者实际上都可以归结为后者。现实让人总体感觉是，研究力量比较分散，研究气氛不够浓厚。就现状而言，要想建立一支视野开阔而又脚踏实地、有科学工作者品格和事业家眼光的研究队伍尚需时日。

三　本书的基本结构和主要内容

在这 20 多年里，我们一直在对语言规范的理论问题和实践问题做着系统的思考和探索。前期成果多集中于《语言在交际中规范》（施春宏，2005）。在随后的研究中，我们除了对语言规范化的原则问题做出进一步思考外，更加侧重于语言生活、语言教学、语言工作中的规范问题。大体而言，主要从三个方面来推进相关研究：一是从学理层面分析语言规范的基本机制和语言规范化的原则、策略、依据等；二是对新中国成立以来的某些特定规范化方式做一个全面的摸底考察；三是对若干特殊语言现象从语言规范角度重新认识。这些研究，既有定性的思考，也有定量的考察，定性指导定量，定量服务定性。尤其是对若干长达数年甚至数十年的语言规范化现象所进行的大时间跨度的系统定量考察（主要参见第三章、第四章、第五章），为语言规范理论研究提供了一种研究方法和方法论的参照。

除第一章“绪论”外，本书的基本结构和主要内容安排如下：

（一）语言规范化基本原理阐释

这是对语言规范化基本原理的思考，也是为本书基本观点做出定位。**第二章**“语言规范化的基本原则”是在现代科学哲学和现代语言学观念的背景下重新讨论语言规范化的基本原则、主要策略及其相互关系。基于语言规范的基本机制，我们重新梳理了理性原则和习性原则的内涵，以此为基础，从语言规范化的根本目标、操作效度、当前的学术范式转换等方面来分析理性原则和习性原则在理论价值和实践价值方面的差异，并由此推导出语言规范化应以理性原则（交际值原则）为主导性原则，习性原则只能成为下位层次的原则或策略，进而讨论语言规范化过程中原则和策略的互动关系问题。在此基础上，我们主张，语言规范化的根本目标是使语言交际更加有效、及时、到位；对规范化基本原则的理论分析应该体现大的追求：规范化知识的增长。这章还列有一篇附文，讨论现代汉语规划的基本原则，包括系统性原则、需要性原则、循序渐进原则、刚柔相济原则。**第三章**“语言规范化的基本依据”讨论的是语言规范化的另一个原理性问题，而且是学界一直聚讼不已的问题。针对学界关于语言规范化依据（实际上也可看作原则和策略的表现）的分歧情况，我们首先选取有代表性的分析样本，在详细归纳规范化依据类型的基础上，定量统计各类语言规范化依据的使用情况。然后引入“在境”和“离境”两个概念对统计数据做出定性分析。通过考察和论证，我们认为，从根本上说，基于理性原则的在境依据是语言规范化的基本依据，基于习性原则的离境依据只能作为一种参考。这与第二章的理论推导所得出的认识是一致的。在语言规范化过程中，应该将基于现实同一性在境分析的理性原则作为基本原则。语言规范化的依据问题，过去常以思辨式讨论为主，随机性很强，本章的定量考察对如何认清相关争议问题非常有参考价值。

（二）语言规范化专题定量考察

语言规范化的原则、策略、依据，最终必然体现在具体现象的分析中。这部分与学界的一般考察不同，我们将新中国成立以来这数十年的语言规范化工作作为考察背景，选择了两个具有时间连续性的特定现象（即不同阶段高校现代汉语教材中的规范评议内容和历年高考语文试卷中的病句试题）作为考察对象，对大学和中学教学语法的具体表现、演变过程、基本规律及存在的问题做出系统的定量考察，并对其中蕴含的语言规范理论问题做出探讨。**第四章**“大学教学语法规范考察：以现代汉语教材为例”系统考察《暂拟汉语教学语法系统》（1956）发布以来高校现代汉语教材中语法规范评议的基本阶段、演变路径及理论蕴含等问题，以此揭示大学教学语法规范中的基本问题。语法评议是现代汉语教材中的重要内容，也是有效实施教学语法的重要手段，它在一定程度上反映了编写者和学界对汉语语法系统运作规律及语言交际生活的理解和思考。我们根据教材编写内容的性质差异，将这 60 多年里 101 种现代汉语教材中所呈现出来的语法规范评议演变过程划分为四个阶段，并分别从十多个方面对不同阶段的规范评议类型进行统计分析，概括每种评议类型发展变化的基本情况，并归纳总结出影响现代汉语教材语法规范评议的基本因素。这种定量考察得来的认识告诉我们，现代汉语教学语法和教材编写应该跟上学术发展的时代步伐，充分做到基础性和前沿性的统一。**第五章**“中学教学语法规范考察：以高考病句试题为例”对 60 年来高考语文病句试题所反映的语言规范情况做了系统考察，以此揭示中学教学语法规范中的基本问题。根据考查内容、方式及分值分布的变化，高考语文病句试题的命题情况可以划分为四个发展阶段，最常考查的类型是与搭配不当、关联词语、成分残缺以及歧义相关的病句。高考病句命题受到来自语言生活、语言研究、汉语自身特点和语文教育等方面的影响，这其中折射出了语言观和语言规范观的变化和调整。在此基础上，我们还对中学语文教学中语言知识尤其是语法知识教学的本质提出了新的思考。这两章所论都是社会很重视但学界几乎没有做出理论分析的论题。基于这种 60 多年时间跨度的材料的定量分析而得出的认识，有助于我们清楚了解高等教育和中学教育中语言规范化认知和实施的基本状况，对提升语言规范教育教学的水平很有启发。

（三）语言规范热点问题分析

社会互动交往越频繁，语言热点问题就越多，而且很容易引起全社会的关注，众声喧嚣，争鸣不已。然而，没有学理的探讨，就容易在低层次上打转转，以致常常情绪在场，理性缺席。前文所述的针对《现代汉语词典》第 6 版收录字母词所引发的举报事件就存在这样的情况。这里选取两个热点现象来讨论，主要是借此阐释其中的理论蕴含，至于由其引发的这样那样的社会争议暂不涉及。**第六章**“网络语言的价值与规范”讨论网络语言的交际性质和学术意义。我们首先归纳了有关网络语言的语言学和非语言学方面的争议，在此基础上，讨论网络语言的语言价值和语言学价值。网络语言的语言价值指的是网络语言为网络交际乃至日常交际提供了特定的语言成分，形成了特定的结构关系，实现了特定的功能；网络语言的语言学价值指的是网络语言的形成和发展、形式和功能以及由此而引起的语言学与非语言学争议为语言学研究在观点、方法、内容、事实等方面启发了新的思考，产生了新的认识，得出了新的结论，预测出了新的趋势。从网络语言的价值与规范可以看出，只有重视考察语言交际的每一个窗口，才能更加有利于促进语言学知识的增长，推动语言生活健康和谐地发展。**第七章**“辞书规范与辞书编撰”从如何理解辞书功能出发来讨论辞书规范问题。我们首先讨论辞书规范内涵的实质及其外延的层级，在梳理学界对辞书规范理解分歧的基础上，辨析辞书规范所牵涉的相关基本概念之间的关系，如规范和规定、规范和描写、约定俗成与惯性、自觉规范、预测与后效应、辞书规范的弹性问题等。显然，很多争议都来自概念不清、所指不明。现实中学界对辞书规范乃至语言规范的所指因理解上不具备同一性而争执不下。我们同时还以《现代汉语词典》为例，讨论辞书收词系统性的内在规范问题，以及辞书收词与辞书定位之间的关系。

（四）应用语言学研究的理论思考

语言规范研究是应用语言学的一个特定领域，我们研究语言规范，都是以应用语言学理论为指导的。**第八章**“应用语言学研究的理论思考”讨论应用语言学的基本内涵和我国应用语言学研究应该注意的一些问题。于根元（1996、2002、2008）及于根元主编（1999）等将应用语言学理解成“应用｜语言学”和“应用语言｜学”的结合。这样，应用语言学就不能简单地看作理论语言学的应用，还同时有自己的理论，尤其是需要建立和发展自己的理论。我们赞成这样的认识，上面各章对语言规范理论和实践的阐释与分析，便是以此为基本依据的。本章结合我国应用语言学发展逻辑来重新审视应用语言学研究史论结合的现实意义。

本书还包含一个全书**附录**“现代汉语规范讲话”，这是于根元先生组织的中国社会科学院语言文字应用研究所现代汉语规范研究小组关于语言规范问题讨论的基本认识，包括现代汉语规范回顾、规范的涵义和原则、规范就是服务、规范的层次性、不规范的原因和规范的途径、现代汉语规范失误例析、主体化和多样化相结合等内容。这个附录不但有文献意义，而且在当今的学术背景下也是非常前沿的，具有很高的学术价值和很强的现实借鉴意义。

最后说明一下本书中经常用到的“规范”和“规范化”这两个术语之间的关系。总体而言，这两个术语在规范语言学界的论著中并未做出严格区分。本书则除引文依原文使用外，试图大体做出这样的分工：若讨论的是语言交际本身的情况，则用“规范”，如“语言规范现象、大众传媒语言规范”；若讨论的是人们对交际现象所采取的行为，则用“规范化”，如“语言规范化工作、规范化实践”。在两者无须区分、无法区分、合二为一时，则用“规范”，如本书书名中的“语言规范理论”，以及“语言规范问题、语言规范实践、语言规范过程、语言规范研究、规范标准和依据、语言规范的理论和实践问题”（除非侧重指规范化行为、方式时用“语言规范化问题”等）。此所谓析言有异，浑言无别。另外，“规范”还可用作动词，指“使合乎规范”，如“规范评议、规范就是服务、规范日常交际行为”，此时其含义基本与“规范化”相同。由于“规范”既有名词、形容词用法，也有动词用法，因此在一般情况下，用“语言规范”来概言“语言规范”和“语言规范化”并不引起误解，依靠特定语境即可了解其具体用法。

第二章
语言规范化的基本原则

一 引 言

关于语言规范化的原则这个问题，学界主要从两个层面来探讨。一个层面是就语言文字系统的各个子系统及其要素而言，如语音、词汇、语法、文字[①]的规范化原则问题，其中讨论最为活跃然而争议也最大的就是词汇的规范化问题，这些争论涉及词汇系统的各个组成部分，如新词语、方言词、外来词、古语词、专业用语；甚至更为具体的方面，如网络词语、字母词等。在这些方面，尤其在新词新语方面均有新的反思和总结，比较有代表性的如于根元（2001），国家语委“新词新语规范基本原则”课题组（2002），于根元等（2003），金惠淑执笔（2004），于根元（2007），齐沪扬、邵洪亮（2008），施春宏（2010）等。另一个层面是就整个语言系统而言，从语言规范化的基本原则这个宏观层面来认识。这方面的论题相对集中，焦点就是理性原则和习性原则的关系问题。其中，用力较勤的有邹韶华（1991、1996、1999、2000、2001、2004a 等）、施春宏（1998a、1998b、1999a、2000a、2001d、2005、2009a 等）、曹德和（2005、2006、2013）等。邹文认为，习性原则是语言规范化的根本原则；施文在重新梳

① 语言和文字本属不同性质的符号系统，但学界在讨论语言规范化问题时，往往将文字也包含在内。由于这样做并没有引起误解，因此这里也依此处理。

理各种基本原则的内涵、提出语言规范化原则的分层设想的基础上认为，理性原则是主导性原则；曹文则认为前两者都有偏颇，在区分语言和言语的基础上，应以稳固性、社会性、语用功能为语言规范化的根据，以效应原则、伦理原则为言语规范化的根据。于根元（1995、1996、1999、2006等）则结合应用语言学理论和新词新语研究，就规范化原则问题提出了很多重要的见解，如交际值是衡量规范的原则、规范就是服务、发现和推荐新的好的现象更重要、区分过渡状态和语病、惯性原则、预测观或者说前瞻跟踪观等。其中不少见解已为学界所普遍接受。另外，戴昭铭先生虽然没有直接讨论语言规范化的基本原则，但他的很多文章都涉及两个原则之间的关系，在这个方面做了不少重要探索（戴昭铭，1986、1996、1999等）。戴文总体上倾向于理性原则，只是在对理性原则的内涵及其作用的理解上跟施文有不同之处。其实，邹文和曹文所理解的理性原则也不完全一致，他们跟施文的理解也有些不一致。[①]由此可见，虽然各家都在谈理性原则，但认识上颇有差别，而且似乎没有也很难取得一致性的意见，因此有必要做进一步的探讨。[②]

本章在既往研究的基础上，进一步在现代科学哲学和现代语言学观念的背景下来重新探讨这个问题。跟传统认识相比，现代科学哲学对科学范式的转换和知识增长的过程有了“革命性”的认识；同时，现代语言学对理论的解释力和预测性的追求使语言学研究中建立模型的意识得到了强化，这就必然要充分展开对原则和规则、策略之间的互动关系的分析。我们认为，关于

---

① 当然，很多文献不是做专题研究，而是将原则的探讨放在现代汉语规范问题的总体论述中，影响比较大的如罗常培、吕叔湘（1956），吕冀平、戴昭铭（1985）等。另外，凡是关于语言调节功能的研究，也必然对语言规范化原则问题有所涉及，如王希杰（1995a）、施春宏（1999b）等。这里对此不再展开。

② 有时研究语言规划基本原则的论著也与语言规范化的基本原则有关，如于根元（1992）提出科学、适用、稳妥、动态四原则，高勤丽、施春宏（1999）提出系统性、需要性、循序渐进、刚柔相济四原则，陈章太（2005）提出科学性、政策性、稳妥性、经济性四原则，郭龙生（2006）提出实事求是、与时俱进、辩证统一、积极稳妥四项方法论原则。这些讨论将关于语言规范乃至语言规划的基本原则的讨论逐步推向深入。当然，这里面还有一些问题需要讨论，如不同研究者提出的原则自然会有差异，那么就需要对这些原则的有效性、必要性及其作用层面进行进一步论证，以避免出现自说自话的现象。

语言规范化原则的探讨应该对此有所体现。基于这种认识，我们将从下面几个方面来展开论述：首先重新梳理理性原则和习性原则的内涵；接着从语言规范化的根本目标、操作效度、当前的学术范式转换等三个方面来讨论理性原则和习性原则在理论价值和实践价值方面的差异，并由此推导出语言规范化的基本原则应该是什么；最后讨论语言规范化过程中原则和策略的互动关系问题。文章总体上围绕语言规范化的实践目标和理论目标而展开。

需要说明的是，人们从宏观层面上还提出了很多其他的原则，比较重要的如刚性原则和柔性原则（以及刚柔相济原则）、动态性原则和层次性原则、通用性原则或普遍性原则、系统性原则或整体性原则、效率性原则或经济性原则，以及简明性原则、适切性原则或得体性原则、描写性原则、人文性原则、伦理性原则等。其实，这些原则大体都可以归入理性原则和习性原则的探讨之中，而且大多是基本原则的下位层次的原则。也就是说，现代汉语规范化的原则是分层次的（施春宏，2000a），这里讨论的是最基本的层次，或者说最高的层次，属于指导性原则的层次。

二　理性原则和习性原则内涵的再认识

既然讨论的是语言规范化的基本原则，那么首先就需要对理性原则和习性原则有个明确的界定。然而从现有的文献来看，学界的认识差异很大，而且还有一个变化的过程；同时，这种认识上的差异甚至牵涉到对语言运用是否需要规范化、能否规范化这个根本问题的认识。因此，我们首先需要厘清理性原则和习性原则的内涵。

对习性原则，认识上虽有一个变化过程，但基本内涵和理论目标还是比较一致的。起初作为理性原则的对立面，习性原则指的是不合理性的习惯性，病句修改类论著在解释那些虽不合“理”但却在使用的现象时大多指的是这个方面，如过去对“恢复疲劳、打扫卫生”这类所谓“习非成是”的现象的解释就是如此。后来，习性原则的内涵有所调整，更明确地指“以流行程度为主”（邹韶华，1996）。当然，对如何衡量流行程度，认识上有所差异，大多数人认为习性实际上就是约定俗成，也可以说是高频使用。换个说法，习性常常指使用的人多，使用的时间长。但对理性原则的理解则很不一致。有人认为“所谓合理，这个理就是逻辑事理”（邹韶华，1991），因此理性原则常被看作是“以逻辑事理为主”（邹韶华，1996）。但是曹德和（2005）认为理性分析还包括是否符合语言组织规律、言语交际规律以及语言演变规律。曹文同时指出理性原则也有很多不足之处。作者认为，将理性原则作为评价规范与否的根据，既缺乏可操作性，又缺乏合理性，因为可以视为理性原则基础的规律不止一条，有的考察对象符合这条规律却不符合那条规律，遇到此类情况，人们自然会觉得左也不是右也不是。然而，根据施春宏（1998a、2000a、2005）的分析和当前人们的规范实践，这两种看法也许都存在着对理性原则乃至理性的误解。如《咬文嚼字》自2002年第7期起持续数年设有一个很重要的栏目叫“百家会诊”（2007年第12期结束），针对现实中有争议的现象进行评议，“编辑附言”则做了概括和取舍。如下面是其中跟词形选择相关的问题：

“隐君子”还是“瘾君子”？（2002年第10期）
“身份”还是“身分”？（2003年第2期）
“惟一”还是“唯一”？（2003年第4期）
“想象”还是“想像”？（2003年第7期）
“惊爆”还是“惊曝”？（2003年第9期）
“备受欢迎”还是“倍受欢迎”？（2004年第1期）
“入闱”还是“入围”？（2004年第4期）
“杀手锏”还是“撒手锏”？（2004年第5期）
“埋单”还是“买单”？（2004年第11期）
“树阴”还是“树荫”？（2004年第12期）
“执著”还是“执着”？（2005年第1期）
“三部曲”还是“三步曲”？（2005年第4期）
“不瘟不火”能否写作“不温不火”？（2005年第6期）
“跷”大拇指还是“翘”大拇指？（2005年第7期）
“文身”可以写作“纹身”吗？（2006年第1期）

一“枝”铅笔还是一“支”铅笔?（2006 年第 3 期）

“终身教育”还是“终生教育”?（2006 年第 12 期）

“登陆网站”还是“登录网站”?（2007 年第 2 期）

“做客”和“作客”有区别吗?（2007 年第 4 期）

“拷问历史”还是“考问历史”?（2007 年第 5 期）

营、赢、盈：花落谁家?（2007 年第 7 期）

“年轻”等同于“年青”吗?（2007 年第 8 期）

我们通过对这个栏目中基于“说理”的论证做了分析，发现真正属于“逻辑事理”的分析并不多；而且大多数文章对相关现象的分析并非简单地基于使用频率或约定俗成，而是从现实使用中发现运用之理（付翠、施春宏，2010；具体分析参见本书第三章）。这正如该栏目 2007 年第 1 期的“编辑附言”所说:“令人欣慰的是,‘会诊’诸家并没有单纯以出现频率作为判断的标准，而是更多地将注意力集中在理据的辨析上。”

我们曾对现代汉语规范化过程中规范评议失误现象做过比较全面的调查（参见施春宏，1998a），并对语言批评的嬗变特征及其存在的问题做过系统的分析（参见施春宏，2001d），发现语言批评的失误有很多是由于我们对理性原则之“理”的理解不到位进而对理性原则和习性原则的关系认识不到位而造成的。我们觉得，对理性原则的理解必须把握好以下几个方面:（a）理性不等于逻辑事理，这是首先要明确的前提;（b）理性原则当然就是拿出理据来，但理性不只是说明单一规则的运用，还需要说明不同层次规则之间的协同作用;（c）现有论著中对某些现象的解释体现了理性的追求，但未必就是合乎“理性”的;（d）理性不能解释的地方未必就是理性的失败;（e）曾被某些论著批评的现象，在语言现实中并没有消失，甚至使用得越来越多，这也并不就意味着理性的无所作为;（f）“语言是发展的”并非理性原则的陷阱，也不能成为习性原则的必然论证;（g）习性原则所能说明的现象也不必然意味着理性原则的不足，很多表现为“习性”的现象中蕴含着高层次的“理”;（h）理性原则不但要考虑语言结构自身之理，语言之外的要素对语言交际的影响中蕴含的“理”也必须考虑到。我们对现代汉语规范评议失误情况的全面梳理，正是想说明我们对“理性”的片面理解导致规范化的不足。当然，这不是说在语言规范化过程中完全排斥习性原则。由于学术探索是一个不断迭代更新的过程，因此在一定程度上，在一定的语言侧面，我们仍需要推重习性原则。不过，重视习性原则的特定价值并不是将它看作理性原则的对立面，而是将它作为理性认识一时不能到位时的具体策略来使用。对此下文在讨论语言规范化的策略时再做探讨。

也许这样来理解理性比较合乎学术追求和语言实践：理性是从现实同一性的角度观察语言事实（施春宏，1998b），在语言现象的时空分布中分析其价值，从中找出可靠的根据，并由该根据进行合乎逻辑的判断、推理，确立语言规范化具体的原则、标准、方式，从而对规范化对象做出合理的解释、评价、预测（施春宏，2000a）。这样就必须将交际值或者说语用价值作为现代汉语规范化的根本依据（于根元，1996；施春宏，1998a）。

人们之所以将理性原则中的理性看作逻辑事理，是因为有一个大的背景，即长时期里我们以评议为主的语言规范化工作一直以“匡谬正俗”为基本出发点，而且对很多现象的批评（这些现象在长时期的语言生活中“批而不倒”）都是从逻辑事理的角度出发的。理性之“理”被单一化了，从而也使语言规范化工作平面化了。这样看来，虽然这种单一化的理解有其存在的特殊性，但也不能就此认定理性原则之“理”就必然指逻辑事理。其实，即便在那个时期，我们的规范实践中的“理”也并非单一地指逻辑事理，也并非只是指语言结构规则、演变规则之类。有时语言之外的“理”对语言运用的影响也很显著。对此，有先生指出：“规范与否除了受词语本身内部诸因素的影响，恐怕更多的还要受词语外的某些因素的制约，而我们对这些因素并未完全认识和深入研究，未及本质。这也提醒我们，规范与否不能只看词语本身，一定要考虑到词语外的因素，要看使用。”（于根元等，2003）

这就是说，我们对理性原则之“理”，也必须从理性的角度重新审视，将其放到现代学术研究和规范实践中本该在的位置上去。其实，并没有哪个人文社会学科将“理”只理解成逻辑事理。而且，我们已经有了很多成功的规范实践，其中所坚持的“理”也不是只有逻辑事理。[①]

这里需要对“约定俗成”稍做说明，因为人们常将习性跟约定俗成等同看待。凡是反对规范化的都是以“语言现象是约定俗成的”这一认识为基本理论依据的。他们认为，没有人为的干预，语言照样会发展；历史上并没有什么语言规范化，语言交际也照样能有效进行。因此，语言规范化类似于一个伪命题。这样泛泛地说，似乎没有什么问题。然而如果深入到语言生活实际当中，尤其是深入到现在这种频繁、广泛而深入的交际当中，我们就会发现，有了恰当的规范化以及与之相关的标准化、信息化工作，确实能给语言生活带来更大的便利。规范化要做的就是促进和引导工作，并不是去改变语言发展的方向。这与约定俗成在本质上是不矛盾的。坚持理性原则，并不意味着凡是约定俗成的就要反对，相反，我们更科学地尊重约定俗成。由于极端的约定俗成论者只重结果，必然会忽略或无视影响交际顺利、高效进行的因素的存在。实际上，约定俗成只是我们找不到有效理据时的“最后一招”（last resort）。

三　从语言规范化的根本目标来看

基本原则是和根本目标相一致的。语言规范化主要是希望语言使用者将来怎么做，包括按照以前可行的规则和方式接着做，以及构造更适合表达的规则和方式去创新，而不是单纯地总结以前做了什么，更不是要求语言使用者固守既有的规则和方式不变。也就是说，总的目标是立足交际，面向未来，保护个性，鼓励创新，促进和引导语言生活的健康发展。一言以蔽之，就是使语言交际更加有效、及时、到位。规范化的目的不是为了

① 为了避免对“理性原则”的误解，我们更愿意用“交际值原则”或者表达更为具体的“现实同一性原则”来代替理性原则，虽然我们认为它们在核心内涵上是一致的。下面的论述基本上将它们看作同一性的概念，但为了跟习性原则比较时讨论的方便，这里仍然使用理性原则这个术语。不过，有的地方由于强调或避免误解的需要，我们便用“理性原则（交际值原则）”这样的表述形式。

维护语言的稳定和纯洁，稳定和纯洁实际上是个近似伪命题的主张。语言是在交际中规范的，而交际者和交际行为、交际关系是动态的、分层次的，因此不存在真正意义上的稳定和纯洁的交际状态。

我们注意到一个显著的现象，凡是对现代汉语规范化表示担心和质疑的，都认为现代汉语规范化会限制个性，影响创新，影响语言生活的多样化。如有先生认为："语言的每一发展和变化就是突破旧的'规范'，创新总是在不规范中产生。如果守住'规范'，词义就不要引申变化了，语言也就不要创新了，现在我们大家只好在网上打甲骨文。""如果个性化的语言必须限制着用，如不能用'网络语言'，不能用当地方言，不能……，那么，最'规范化'、最少个性化的语言时期，就是'文革'时期的报纸。"（钱乃荣，2004）这里面恐怕有一些对当前语言规划政策和语言规范化根本目标的误解，但我们长时期里对新的、个性化的语言现象有所偏失的规范理论和规范实践的确容易给质疑者留下这种印象，以致提出这样的看法："'语言规范化'的提法，与语言的本质不相符合，与语言学的理论的 ABC 也相违背。"[①] 这实际是在提醒我们，要使语言规范化真正有存在的价值，首先需要面对如何处理新的、个性化的语言现象。语言毕竟是在交际中存在和发展的，交际性是语言的根本属性。

也就是说，从语言规范化的根本目标来看，为了使交际更加积极有效，任何规范化原则尤其是基本原则，首先必须能够适应并积极倡导语言生活的多样化，能够鼓励创新，从而促进和引导语言生活的健康发展。而要做到这一点，必然需要有一种合理的评价标准和机制来推动我们的规范化工作和语言实践。而对创新和个性的评价，只有在交际中才能有所判断，并没有超时空的创新和个性，因此，将交际值即交际到位的程度作为规范的标准和依据便是一种必然的选择和取向。

---

① 钱乃荣（2004、2005）主要是从推广普通话和保护与发展方言与方言文化的关系来探讨现代汉语规范化问题的，有很多发人深省的论述。其实，多样化是语言生活的大趋势，推广普通话并不意味着"只强调主体性而忽视社会语言文化的多样化及其互相争荣和杂交优势"（钱乃荣，2005），而是坚持主体化和多样化相结合，既反对一体化的提法和做法，也反对随意化的提法和做法（于根元、施春宏，1998）。

鼓励创新不仅指鼓励语言交际活动的创新，也包括鼓励规范理论乃至语言学理论的创新。也就是说，对规范化基本原则的理论分析应该体现一个大的追求：语言规范知识的增长。这是一个很重要的理论认识。这里以这半个世纪里人们对“程度副词＋名词”用法的认识变化为例来说明。众所周知，各类教材在描写名词的语法功能时都有这样的规则：（性质）形容词可以受程度副词修饰；名词不能受程度副词修饰。据此，下面这样的句子就应该被看作不规范的用法：

（1）叫马丁的男孩向谷小欣露出一脸很阳光的笑容。（朱晓琳《守望马其诺防线》，《中篇小说选刊》2005 年第 3 期 6 页）

（2）乐医生觉得阿卡说得对，说得很哲学，但也是越说越糊涂。（王手《本命年短信》，《中篇小说选刊》2007 年第 3 期 27 页）

很长时间里，人们正是这样判断的，让事实来迁就某些理论。可是，显而易见的是，现在很少会有人对这种现象进行批评了。[①] 为什么呢？是习性原则改变了语法规则了吗？似乎不是这么简单，因为“很桌子”“很天花板”之类的表达似乎很难“习非成是”。是“阳光”“哲学”这些词变成性质形容词了吗？[②] 似乎也不是。面对这种现象，以前人们不是从这种表达的语用价值来评判，而只是从既有规则来裁决，而且也没有考虑既有规则适用的层次

---

① 根据能不能进入“程度副词＋名词”的组合及名词词性转变的可能，名词可以分为这样三类：（a）“科学、艺术”类；（b）“中国、城市”类；（c）“桌子、台灯”类。任何一个好的理论应该能够说明：a 类名词比较容易发生词类转变，能够进入“～化”中；b 类名词虽然不容易发生词类转变，但能够进入“～化”中；c 类名词既不容易发生词类转变，也不能够进入“～化”中。在此基础上，一个好的理论应该能够预测名词进入“程度副词＋名词”组合中的可能性及其可接受度的高低。对此，施春宏（2001c）有过初步分析。

②《现代汉语词典》第 5 版（商务印书馆，2005）将“阳光”标注为“属性词”（即一般所言的区别词、非谓形容词），属于形容词的附类。该词典对“属性词”的解释是“一般只能做定语，……少数还能够做状语”（1267 页）。“阳光”作为属性词的释义和举例是：“❷积极开朗、充满青春活力的：～女孩｜～少年。❸（事物、现象等）公开透明：～采购｜～操作。”（1576 页）。至 2016 年第 7 版都基本如此，只是义项❸释为“（事物、现象等）公开透明的”。按此，例（1）“很阳光”中的“阳光”不宜看作属性词。可见该词的功能类型正在发展过程中。这里仍将它看作跟“哲学”相同的句法表现。

性，因此都必然对此用法提出批评。后来，人们逐渐发现了这种创新性使用的交际价值和语言学价值，并将这种用法的动因主要归之于活用、转类（现在常用转喻的说法）、临界现象、“突破”规范等。这已经属于具体的理性分析了。随着研究的深入，大家逐渐从名词内部各个类别的层次差异、名词语义结构中成分的性质差异、语用效果等语言的内部和外部角度入手，探讨这种现象得以出现和使用的特定价值，使得对此现象的认识进一步深化（参见于根元，1991；张谊生，1996、1997；储泽祥、刘街生，1997；施春宏，2001c、2005 等）。这样就使我们对词类划分的标准、范畴的原型性特征、句法和语义的关系、语法和语用的关系等有了新的认识。

正是基于知识增长的追求，理性原则的一个鲜明的特点就是常常能带来反思。如下面这种两面词语的某些一面性用法，一般容易从逻辑方面去批评：

（3）鹦鹉会跟人学说话的事，我听人家说过，我也相信，可是它是不是最聪明，我可有点怀疑……

于根元先生曾批评过上例中“是不是”这种用法，后来又认为当初的评改是不对的（于根元，1984）。类似这样的批评和自我批评还有很多。那么，这种反思是不是就意味着习性原则的解释更到位呢？其实，这只是体现了人们在学术准备不充分的前提下可能出现的某些情况。因为倘根据习性原则，也是以批评为主的，而这种自我批评，正是对以前没有认识到位的一种纠偏和提高。这正是理性原则的魅力所在。可以这么说，现有规范知识的增长主要是由基于理性原则的分析而带来的。在语言研究的其他领域乃至所有的学术研究领域，这种批评和自我批评更是比比皆是。这种批评是建设性批评，批评是为了建设，并促进了建设。这里闪烁的是理性的光辉，我们并不因为这些批评和争议的存在而怀疑理性的探索价值及其带来知识增长的可能性。

探讨语言规范化的根本目的，还可以从现代医学的根本目的得到启发。中国科学院院士韩启德先生的一段话对我们很有启发：“我还要强调一下医学的根本目的，我现在跟我们医学院的医生，甚至高龄的医生来讨论这个问题，医学到底要干什么？有人说这还不简单吗？医学就是给人看病，原来看不好的病，我把它看好了，不就行了吗？甚至再扩大一点，我再把疾病也给预防了，那不是好了吗？我说不，为什么呢？这不是我们医学最根本的目的，医学最根本的目的是保持人的健康。什么是健康？现在世界卫生组织定了一个提法，健康是躯体、精神和社会上的持续完好状态。大家注意这个定义，不光是躯体上的完好状态，还要精神上的、社会上的。”（韩启德，2003）笔者觉得，这里很好地区分了积极医学（保持和促进人的全面的健康）和消极医学（治病乃至防病），而积极医学才是医学的根本目的。这不是说消极医学不重要，而是说它跟积极医学不在一个层次上，它只是实现积极医学目的的重要手段。当然，在特定条件下，消极医学可能是最主要的手段和策略。而且，即便是消极医学，也要追求“药物治疗的个性化”：“任何一种药，对同样一模一样疾病表现的人，对你有效，对他就没效，主要是人体对这个药物的代谢、对这个药物反应的基因都是不一样的。通过人类基因组对基因的研究，将来就可能做到用药的个性化，根据你的基因特性来决定你用什么药，他用什么药，你一天用 3 片，他一天用两片，针对人的个性来给予治疗。”（韩启德，2003：174）这才是高层次理性的医学追求。医学如此，语言规范化也应如此。

四　从语言规范化的操作效度来看

无论是哪种基本原则，最终都要落实到具体的操作过程中，并根据操作的效度来评判原则层次的高低。任何一个根本性的原则，必须是指导性强、适应面广、解释能力强的原则。

也许有学者正是从上面提到的理性原则的学术准备是个过程这个方面看到了理性原则的不足之处，从而否定了理性原则作为规范化原则的价值。如有先生指出：“将理性原则作为规范度评价根据，除了缺乏可操作性，同时缺乏合理性。目前我们有关母语的认识还很肤浅，正如有的学者所说，我们今天了解到的可能只是冰山的一角。在进行规范度评价时，主张以尚未真正把握的规律为根据，无疑是强人所难。”（曹德和，2005）这里或许有对理性原则误解的成分，如果将理性原则具体化为交际值原则，也许这种认识会有所改变。其实，在人类知识增长的过程中，认识的不充分、知识的永远不完备对任何学科而言都是必然的，但并没有哪个学科因此而放弃理性的指导地位。理性原则的价值就在于不断寻求规律，并利用已获得的规律性知识来指导人们新的实践，从而进一步发展、完善理性知识。规律的把握、知识的获得总是在研究的路途中。

如何判断语言规范化的操作效度？实际上就是要解决好这样两个根本问题：一是能做什么和不能做什么，二是什么时机做最合适。一个发挥作用层面较大的指导性原则显然比发挥作用小一些的指导性原则，其操作效度相对要高；一个能够在语言交际过程中发挥作用的原则显然比在事后发挥作用的原则，其操作效度相对要高。

习性原则最重要的操作手段就是计算相关语言现象的使用频率。这就牵涉到如何计算使用频率的问题。这个问题看似说一不二，但正如邹韶华（1996）所指出的那样，“起码需要解决如下一些问题”：（一）何时使用习性原则？“一个新出现的语言现象，经过多长时间的考察期才可以进行流传程度的计量分析？根据口头流传还是书面流传？如何找出第一次使用的时间？”（二）如何得出使用频率？这包括下面这样一些问题：什么人的使用频率？什么书面材料的使用频率？如何确定不同语体的使用频率？如何确定语言内部不同情况的使用频率？邹先生认为：“上面这些问题解决了，习性原则才能贯彻，语法规范的依据才得以科学化。”然而，从语言规范化的角度来考虑，上面这些问题能够得到较好的解决吗？这种频率计算毕竟不像计算语言学中在特定的大规模语料库中的字频统计和词频统计那么容易操作。而且，如何有效区分考察的语料、语言现象、语言使用者、语体、色彩等的内部层次，正需要理性原则的引导。何况很多现象正处于过渡阶段或中介状态呢。其实，在历史比较语言学时期对这个问题就已经有所认识：“我们不能采取或然率（probability）的方法，因为符号的种类不同，价值也不一样。或然率计算法只有应用于一些性质相同、标准相同的事物才能有效。语言事实不是这样的。正因为语言事实的性质和它们的特殊细节必须在每一种情况下估价，所以要适当地利用这些事实，全靠语言学家的机智、见识和判断力。”（梅耶，1924/1992：75）关注语言使用者的层次之别，关注语言成分的性质之别，关注语用场景的细节之别，是语言规范化首先要面对的问题。

总的来说，习性原则的困境主要表现在这些方面：（a）对新的交际现象认识不及时；（b）对一次性现象的处理难有作为；（c）对过渡阶段、中介状态的认识不充分；（d）对创新性的追求不够。这些都是习性原则的操作效度难以体现的地方。于根元先生对此有个很好的比喻：茶树的老叶子当然也是茶叶，但不能由此认为新叶子就不是茶叶了。一个比较现实而典型的现象就是，我们如何根据习性原则来判断网络语言的规范程度？有先生这样认为：“从整个语言的发展以及整个民族的语言形态来讲，还是不能放纵网络语言。因为它对语言的规范是一种侵害。一个民族的语言很重要的一点就是稳定性，不稳定就会造成交流障碍。网络语言不属于正规语言，是一种在特定人群内传播的‘行话’，有点类似于江湖的黑话，只有在圈子内的特定人群才能理解。”（北京教科院基教所研究员王晓春语，《网络语言能否“漫游”校园》，《现代教育报》2004年12月21日）这里面有许多似是而非的认识。对这种基于新的交际媒体的新的社会方言，批评的声音和宽容的声音都很大，这里提供了很多值得反思的地方。

理性原则（交际值原则）最重要的操作手段就是判断交际到位的程度，这就牵涉到以什么标准来判断交际到位的程度。我们的初步看法是：在特定的交际过程中，交际目的达到了，比较得体，很难用别的说法来替换它，或者替换了不一定比它好，就应该是合乎规范了。[①] 这个“特定的交际过程”，既可以指某个具体的交际过程，也可以指群体的现实使用。前者如一次性用法、新的用法；后者指较为广泛的使用时空，如普通话作为全国通用语在不同方言区之间的交际中具有较高的使用价值，方言在特定的交际群体和特定的场景中也有较高的使用价值。这显然不是简单地根据使用人数多少、使用时间长短来决定的。普通话和方言作为一种语言现象，从

① 参见郭龙生执笔（1995）、于根元（1996：210），这里稍有调整。

语言学层面上看，其价值（即作为交际工具的价值）是相同的，但它们的使用价值是有区别的。当然，理性原则在操作过程中也必然会遇到一些困境，比如：（a）一时认识不能到位怎么办？（b）不同人的理性认识不一致怎么办？（c）不同的理据之间如何协调关系？这些问题当然也不能完全解决，这就需要高明的策略来协调。

既然两个原则在具体操作中都会遇到一定的困境，那么我们在语言规范化过程中就需要采取合适的策略。对此我们将在下一节单独论述。即便同样是面对困境，产生困境的动因和解决困境的可能性也并不相同。我们的研究发现，以前理性认识的差异，大多并非从具体交际中的价值高低来判定规范与否，而是根据语言学论著教材中的说法、名家名著中的用法、大报大刊的用法、辞书的解释、原初语境中的用法来套，然而我们认为，这些都只能作为具体语言使用规范与否的参考，不能作为根本的依据。因此，要想很好地贯彻理性原则，就需要将理性判断的标准放到交际值上来。

比较而言，大家对理性原则操作效度的最大担心来自不同人在理性认识上的不一致。如下面这些实例（均引自邹韶华，2004a，具体分析参见该文），在理性分析的层面上均曾引起广泛争议，但在使用之初若根据习性原则同样不能解决问题：

（4）我恢复疲劳的方法通常是读书。（“恢复疲劳”是否合乎逻辑）

（5）大楼一片漆黑，只有他的房间还亮着灯。（前后句的意思是否有矛盾）

（6）冲出亚洲，走向世界。（“亚洲”和“世界”的概念关系运用是否恰当）

（7）太阳那么灿烂，春光那么明媚，花圈那么凄艳。（“凄艳”是否属于生造词）

（8）永远的辉煌 / 永远的绿色 / 思念到永远。（“永远”是否属于词性误用）

当然，我们可以说，根据习性原则，它们当初是不规范的，现在用的人多了，用的时间长了，也就规范了。这里面实际上存在着一个解释循环：

现象出现之初总是不规范的，如果继续被人用下去也就规范了，否则就不规范；那些现象之所以规范或不规范，就是因为被一直用了下来或没有被接着使用；语言现象总是从不规范到规范。如果我们进一步追问：为什么这些现象能够从不规范到规范，而另一些现象并不能呢？这就不是习性原则所考虑的问题了。如果不对此做出回答，其实采取的还是鸵鸟策略。又如，我们对下面句子中的“乱九十糟”“眼球吃冰淇淋”“太监水稻”该怎么确认它的规范地位呢？这些应该都是比较到位的表达，但恐怕并不能从习性原则来确定规范与否，一是它们被人初次或比较早地使用，二是能否为大多数人使用并不可知，三是继续使用下去的可能性也不大。

（9）你说，没有我的日子，乱七八糟。其实你要庆幸你的日子里没有我。拥有我的日子，更是乱九十糟。（引自网上的一段话）

（10）铁男知道，老总就是这么一个大张旗鼓喜欢女人的人，充其量也不过是眼球吃冰淇淋而已，现如今这样的男人就算是好男人了。（张欣《有些人你永远不必等》,《小说选刊》2003 年第 11 期）

（11）于是，漫长的寻找过程开始了，要找到这样一株雄花退化而且杂交之后产量猛增的“太监”水稻简直是大海捞针。（《袁隆平：科学着，农民着》,《读者》2005 年第 1 期）

其实，就上面这些例子和邹文中的其他例子来看，批评的一方常常并非根据交际值来判断，而是比较机械地运用逻辑事理、过去有无这种用法、教材专著中的说法如何等来判断。

对由于理性认识的不一致而引起“聚讼纷纭”现象的担心当然有其合理性，但这里面也有一些对理性原则认识不到位的地方。理性原则也不是主张某个人、某条理的说一不二，而是追求在讨论中深化认识，然后人们对这些深化了的认识逐步达成某种共识，并不完全以某个人的言论为唯一依据。大家可以畅所欲言，在批评中创新理论，这也正是理性原则所鼓励的。目前人们对上面这些例子所体现的语言现象的看法已经基本达成了共识，认识上有了很大的提高。对任何理性分析，都要充分认识到理论的可错性。我们相信科学并不意味着科学研究过程中不会出差错（其实出差错倒是常见的事）。理论研究在一定程度上实际就是一个在理论指导下的试错的过程。这种错误当然指不可避免的错误，而不是有意的出错，也不是由于对现有知识的无知而违背基本原则的出错。

因此，从各种原则所遇到的困境来看，相对而言，根本性的原则必须是适应面广、解释能力强的原则。它不但关心用的人多、用的时间长的语言现象，而且必须能对新现象、一次性现象、过渡阶段和中介状态等动态现象做出有效的说明。而这正是理性原则（交际值原则）的价值所在，唯有秉持理性原则才能更好地逐步逼近语言交际的真相。

其实，习性原则和理性原则操作效度的根本差异来自语言观和决策过程的不同。建立在习性原则基础上的约定俗成观是事后决策，比较中庸，很不主动，一般似乎不会犯错误（但也并非必然不犯错误）；而建立在理性原则基础上的交际观是事中决策，难度大，但很主动，容易发现问题并找到解决问题的关键。这也是人们在语言规范化过程中虽然不时出现错误但从不放弃理性分析的根源之所在。我们主张“规范的服务观”，要使服务有效、及时、到位，必须在语言交际的过程中进行。

五　从当前的学术范式转换来看

提倡理性原则为主导原则，合乎当前学术理论范式转换的大背景。就语言规范化而言，这种学术范式的转换有语言生活更加多样化这个现实基础。

当前的语言交际环境有一些明显的不同于以往的特点：民间话语的市场扩大了，从而使交际的群体更加多样化；在主体表达仍然是主流的前提下，社会方言的层次更加丰富；语言的交际功能得到进一步深化的同时，语言的游戏功能也有了新的体现；经典作品在语言交际中的引导作用有所下降，而适合中等文化层次的通俗作品的表达形式在语言交际中的影响力则在增强；语言规范的观念有所刷新，对自己不理解、不好接受的语言现象多了一些宽容。也就是说，现在正处于一个话语狂欢的语言交际时期，也是一个语言消费的时期。在这种交际背景下，新的交际层次时有出现，新的表达方式时有翻新。语言规范化的基本理论应该能够适应这种多样化的语言生活，而不能只是简单地采取约定俗成的“等着瞧”的策略。那种只注重沉淀下来的语言事实（所谓演变）而对发展中的语言事实（所谓用变）有所忽略的做法，显然失去了很多话语权。规范化原则必须在语言生活中处理好用变和演变之间的关系。

与此几乎同时发生的是，当前的学术范式也发生了很大的转变。与语言规范化相关的大背景很多，从近年来语言规范研究的实践来看，有些在观念和方法上的影响比较直接，如科学哲学的发展、系统科学（尤其是复杂系统理论中的非线性理论）的兴起、认知科学的发展，解释学的追求、后现代主义观念的盛行等。

正是在这种背景下，语言学自身的研究范式也发生了很大的变化。大的转向就是“从描写语言符号系统内部的成分和构造的结构主义向解释语言的运作机制、进而揭示人类心智特征的认知主义的转向”（袁毓林，2001）。那种简单系统的观念，那种建立于特征范畴系统的知识系统的观念，那种线性机制和动因的观念，那种以归纳法为根本方法的研究观念，那种共时和历时相隔离的观念，都有了很大的调整。这既有语言观的调整，更有方法论的变化。随着语料库语言学的发展，归纳法被赋予新的阐释；随着形式主义语言学的兴盛，演绎法则得到人们更多的青睐，其地位越来越为人所倚重。这既缘于演绎法自身的优势，也是简单层次的传统归纳法的局限所致。著名科学哲学家查尔默斯指出：“为什么我认为归纳主义应该摈弃的主要理由是，和其他与之竞争的更为现代的观点比较起来，它越来越不能对科学的本性提出新的和有意义的见解，这一事实使得伊姆雷·拉卡托斯（Imre Lakatos）称归纳主义纲领为正在退化的纲领。”[①] 而目前的习性原则采取的基本上还是简单层次的归纳法。

由此可见，当前大的学术范式是，无论是形式主义语言学还是功能主义语言学，都从以描写为主转变到描写和解释结合尤以解释为重。这当中，语言认知研究的发展则更加促使人们重新思考语言形式和意义之间的关系。

① 对归纳法的效度及其局限的分析，参见查尔默斯（1976/1982）。

它对语言规范研究的影响更为直接和显著，如对动因和机制分析的强调、原型理论这一理念的引入、隐喻转喻理论的运用，都使以前一些争论不休、悬而未决的问题有了比较好的分析切入点。还有，像标记理论、语法化和词汇化理论、语言类型学、韵律理论、语体理论等新兴理论都给语言规范理论带来了很多启发。如关于语用频率效应问题，实际上可以用标记理论和类型学做出新的、系统性的解释。众所周知，一对反义词，其分布很不平衡，一般而言，表示正向、积极意义的词语要比表示负向、消极意义的词语分布范围广。这便体现出一种语用频率效应（邹韶华，1993、2004b）。这固然是一种约定俗成的现象，但这种约定俗成是有广泛的认知基础的，这种现象完全可以运用标记理论进行合理的解释（参见沈家煊，1999）。频率效应是一种结果，是语言交际的质在量上的体现。又如，我们以前对异形词的认识采取的大多是非此即彼的分析模式，然而现在，人们引入原型理论对此做了新的分析（施春宏，2001b；苏宝荣，2002；余志鸿，2004），描写得更充分了，解释力也更强了，这就使异形词规范整理做得更加谨慎而科学。由于语言成分、语言使用表现的连续性的客观存在，基于习性原则的规范认识大大落后了。原型理论跟习性原则从根本上是不协调的，原型理论特别强调对中介现象、过渡环节的分析。规范知识的增长跟语言学知识的增长相关联；规范知识的增长很大一部分就来源于对这种连续现象尤其是中间段、中介现象、过渡环节的认识。由此，人们提出了规范度这个概念（于根元，1995）。目前习性原则似乎主要还是采取“是”或“非”的判断模式，然而很多现象只是可接受程度以及规范程度的差异，是不宜也无法做两极判断的。

主张习性原则是规范化基本原则的论述，常常将任意性看作习性原则的基础（邹韶华，2004a）。而在这种大的背景下，对很多传统所谓“习性”的成分、诸多“批而不倒”的现象，人们都试图在新的理论背景下重新阐释，许多曾经被看作任意性的东西都找到了可靠的理据。如关于“一直以来”“长期以来”的规范地位，近来人们分析了它们之所以长期存在的动因及其交际价值（胡勇，2006；周静、杨海明，2007）；对“七月流火”“昨日黄花”“豆蔻年华”等新的语用现象，人们从词语用变和演变的规律来探讨它们的特定交际价值（施春宏，2006）。由此人们逐渐认识到，凡对语言的现实同一性价值（交际值、语用值）认识得不够到位，都容易造成“理”上的偏离，真正理性的分析应该建立在特定交际价值分析的基础上，凌驾于特定时空的“理”是不存在的。我们认同这样的看法：“（认知功能学派）相信句法里存在着任意性的成分，但他们不是把任意性当作出发点，而是作为找不到动因时‘最后的一招’。”（张敏，1998：32）

语言生活的变化和语言研究范式的转变，必然带来语言观念和语言规范观念的转变。静态的语言观已经不为大多数学者所坚持，动态的观念深入到研究的各个层面。“匡谬正俗”为主的规范观受到了普遍的质疑，“规范就是服务”的观念逐渐成为指导人们规范实践的主导认识。而那种坚持“此亦一是非，彼亦一是非”的所谓动态观，只是一种机械的阶段论，从本质上看还是静态观（参见庄莹执笔，1994；于根元，1996：209—225；施春宏，1998a、2000a、2005）。语言的动态是交际值的波动，而不能简单地看作成分的出现消失或使用人数的多少、使用时间的长短。另外，从科学哲学中的证伪主义范式来考虑，这种“此亦一是非，彼亦一是非”的阶段观也是不能证伪的。按照这种阶段观，无论现在我们对某个现象的批评是否正确，只要这个现象后来被广泛使用了，它就归因于约定俗成；如果这个现象后来退出了交际领域，它也归因于约定俗成。结果，约定俗成、习性变成了一个无所不能的筐，表相的客观性掩盖了问题的本质。[①] 而理性原则是合乎证伪主义要求的。其实，对一个初显现象的规范地位，按习性原则即便想去证实也是不可能的。这样看来，习性原则从根本上影响了规范知识的快速增长。

六　从原则和策略的互动关系来看

仅就原则本身探讨原则问题可能有局限，而将原则和策略结合起来讨

① 徐烈炯（1997）在说明语言学理论与语言事实的关系时指出：“以前常常听到有人用‘约定俗成’来搪塞。谁跟谁约定？约定了什么？怎样约定的？‘约定俗成’是一句毫无意义的遁词，决不能替代语言学理论的研究。”

论会更有说服力。因此，我们最后从语言规范化过程中原则和策略的关系这个角度来探讨语言规范化的基本原则问题。

从上面的论述中可以看出，理性原则和习性原则似乎各有短长。一个比较自然的想法就是：能否在语言规范化过程中将两者结合起来？其实，问题不在于能不能结合，关键在于该如何结合、在何处结合。

于根元（1999）根据规范手段和目标的不同，将语言规范化策略区分为消极规范和积极规范，前者指匡谬正俗，后者认为跟匡谬正俗相比，发现和介绍新的好的语言现象更重要。施春宏（2001d）区分消极的语言批评和积极的语言批评，上文根据韩启德（2003）的论述区分消极医学和积极医学，其理论立足点和目标都是相通的。如果我们根据交际过程中规范化工作所处的阶段，又可以将它区分为事后规范、事中规范和事前规范。显而易见，相对于前瞻加跟踪的事中规范和事前规范而言，事后规范要消极得多，采取的策略或依据往往就是用的人多、用的时间长。当然，这不是说某个现象用的人多、用的时间长反而是不规范的（恰恰相反，这些现象往往是规范度比较高的），而是说此时我们规范化的操作空间就有限了。理性原则不但可以运用事后规范的策略对语言现象进行描写和解释，更主要的是还可以努力地运用事中规范甚至事前规范的策略对语言现象进行即时的分析甚至前瞻性的探讨。而习性原则必须等到语言现象的使用频率达到通用层面之后才能更好地体现其作用。这样看来，前者显得比较积极主动，后者则有些滞后。基于规范就是服务的观念，我们认为，也许将理性原则（交际值原则）作为语言规范化的基本原则更为合理。[①] 理性原则在归因推理的基础上探寻现实的合理性，从而指导未来的应用。理性原则不但能提高“消极规范”的水平，而且更体现了对“积极规范”的追求。

当然，这不是说习性原则在语言规范化中就不起作用了。习性原则和理性原则不是对立的，而是在不同层面上发挥作用。而且在很多方面两者是相通的，在解释的效率上没有多大差异。不过，相对而言，理性原则所

---

① 交际值原则在操作层面上还可以进一步具体化为现实同一性原则（施春宏，1998b、2000a）。理性原则、交际值原则、现实同一性原则，一个比一个具体，一个比一个便于操作，但其本质是一致的。

能起作用的时空要广得多、深得多。我们的基本看法是，一方面，作为基本原则的理性原则，它是语言规范化的主导性原则；另一方面，以理性原则为主导，并不意味着就置习性原则于不顾，习性原则是相对下位层次的原则，是策略层面的原则，或者说，就是一种在特定条件下可以使用而且有时使用得极为有效的策略。但如何使用这种策略，还得靠理性原则的指导。实际上，理性的对立面并不是习性，而是非理性，而非理性的语言规范化显然是不可能的。对“习性”中蕴藏着的理论进行深入挖掘更能提高规范化的水平和效度。

这样说来，我们在语言规范化过程中必须处理好原则和策略两个层面。原则是主导性的，策略是偏于操作性的；原则是宏观的，策略是相对具体的；原则是引导性的，策略是推动性的。两者都不可或缺。有的下位层次的原则具有较高的操作性，如于根元等（2003）中提到的整理新词新语的若干原则，大多比较接近策略；有的上位层次的策略具有较高的指导性，如下文提到的“积极沉默”的策略，也可以看作比较高层次的原则。也就是说，下位层次的原则可以化归为策略；上位层次的策略可以提升为某个层次的原则。原则可以帮助我们面对特定对象时积极地选择针对性的策略；策略可以帮助我们在遇到难以处理的问题时有效地从原则那里寻求指导。这似乎有些类同于宪法和部门法的关系。总的来说，原则应该以引导为主，策略应该以操作为主。因此，在语言规范化实践中，原则和策略必须相结合，两者之间存在着互动的关系。

如果从交际值（即交际到位的程度）是衡量规范的唯一尺度这一基本原则出发，下面这些规范依据则只能作为规范与否的参照（当然有时是极其重要的参照）：用的时间长；用的人数多；原初语境中的意义、形式和用法；语言学论著教材中的说法；名家名著中的用法；大报大刊的用法；辞书的描写。① 当然，这不是说这些依据都是有问题的，而是说这些依据只有结合具体的交际情境才能体现其作为依据的价值。于根元（1999）指出：

① 其实，如果严格根据习性原则所坚持的以使用频率或者说流通度作为判定规范与否的标准，这些标准中除了“用的人数多”之外，其他任何标准同样都不能作为评判语言现象是否规范的根本依据。由此可见，理性原则和习性原则在一定层面上也有相通之处。

“语言是发展变化的，我们主要不是往后看以前有或没有某种格式，而是往前看是否需要和允许有某种格式，更主要的是看这种交际是否到位了。”只有这些依据能够很好地帮助我们分析交际到位的程度时，它们的效度才能发挥。我们之所以不能将它们作为基本的依据，就是因为利用这些依据时，稍有不妥，就容易陷入静态的规范观之中。这样，我们就需要寻求有效的策略。

策略应该具有明确的操作性。语言规范化中的具体策略很多，人们的认识尚不充分，但总的来说，大的接近原则层面的策略也许至少应该包括下面这样几种。

一是无罪推定的策略。这是戴昭铭（1996）借鉴西方现代法学基本原理而首先提出来的语言规范化的重要原则，它在观念和方法上都具有重要意义，是语言规范研究的重要收获。相对于理性原则（交际值原则）而言，它是下位层次的原则，由于具有较高的可操作性，因此我们将它看作高层次的策略。凡是遇到一种交际中存在的语言现象，在未能准确地判定它的交际值时，便将这种现象看作是一种有交际价值的现象，直到我们找到充分的证据证明它规范度很低，影响了交际，我们才认为它是不规范或不够规范的。这样就能宽容地面对新的现象、一次性使用的现象、不合“常规”的现象。如关于网络语言，就不能先入为主地认为这种交际方式是不合乎规范的。其实，它所违反的只是我们建立在平面媒体上的惯常表达而已（当然，其中必然有不规范的现象）。又如有一段时间不少学者和管理者、政策部门笼统地反对广告语中使用仿拟成语，有的还专门做出相关规定，违者罚款。其实，这就是对仿拟手法在广告语中的使用所做的“有罪推定”，未能做到实事求是，没有具体问题具体分析，反而使管理无法到位，既影响了管理的效果，又影响了管理者的形象。邹韶华（1996）指出：“在难以用习性原则表态的情况下，我们只能使用理性原则。”如果将此观念向前推进一步，是可以产生无罪推定的策略的。

二是积极沉默的策略。这涉及规范化工作的划界问题。具体说来，这是一个对可说和不可说、可为和不可为、必为和不必为的“划界”问题。我们之所以提出这样的一个策略，主要是针对半个世纪以来现代汉语规范化过程中的偏失而言的，同时也是由于理性原则必然面临的“理性”分析过程中学术准备不充分的问题。从语言规范化的历史和现实来看，提倡这个策略都尤为重要。提出这个策略还受到维特根斯坦哲学思想的启发。维特根斯坦在《逻辑哲学论》“前言”中说：“这本书的全部意义可以用一句话概括：凡是可以说的东西都可以说得清楚；对于不能谈论的东西必须保持沉默。”（维特根斯坦，1931/1996：23）正因为学术准备是个永无止境的过程，因此在学术准备不充分的地方，为了避免说过头的、武断的话和做过头的、武断的事，积极沉默的策略就显得尤为珍贵。这就要求语言规范化工作者对自己的身份和作用有个清楚的认识，对自己不了解、不理解、不熟悉、不喜欢的那些语言现象尤其不能操之过急，在未对现象本身做深入分析时，少说跟风的话，少做跟风的事，不能满足于追求轰动效应、新闻效应、跟风效应。在有所为时要有所不为，不能知其不可为而为，因规范过敏而出现过规范过度现象。

需要说明的是，大体而言，沉默有两种：消极沉默和积极沉默。两者似乎都是走着瞧，但一个是走的时候不瞧，停下来再瞧；一个是边走边瞧，走到哪儿瞧到哪儿。对习性原则而言，它对语言变化过程中的现象采取的沉默是消极的沉默，等待最后结果的呈现；如果不沉默的话，则容易导致匡谬正俗为主的规范化模式。这似乎是一种简单化的策略，但同时也是一种逃避责任的策略。对理性原则而言，它努力地约束自己在学术准备不充分的时候不发言、少发言、商榷式地发言，这是一种积极的沉默。维特根斯坦（1931/1996：105）把“对于不可说的东西我们必须保持沉默”这句话作为《逻辑哲学论》的最后一章（该章仅此一句），意蕴深远。对规范化的对象和范围，必须有个明确的认识，“（规范的）是可能给交际带来某些情况或者问题的语言现象，而且是规范能够起到一定作用的语言现象。……不是所有的语言现象都要去规范一下，要管应该和能够管的，不要管不该和不能管的”（于根元等，2003）。这是一种高明的应对策略，是对语言交际本质的把握和对规范化工作本质的把握。也就是说，“理性不是要求处处做出决定，对还不能做出决定、根据还不充分、认识水平还没有达到的情况，就不要匆忙下结论，更不要下否定性的结论”（施春宏，2005：165）。

不能笼统地说语言“演变的最大的社会力量之一是中国人所说的‘习非成是’。错两次固然变不成正确，但是次数多了，什么错误都会变成正确”（赵元任语，转引自邹韶华，2004a）。其实，真正属于“习非成是”的现象也许并不多。规范化工作必须考虑到哪些所谓的“突破”既有用法的现象实际上会成为通则，哪些不能，对能成为通则的要鼓励，实在拿不准的就沉默。积极的沉默是必需的，这不是逃避，而是使规范化意识和规范化工作更加辩证。知道哪些方面需要规范化，哪些地方规范化工作可以发挥一定的作用，这需要一种智慧。积极的沉默就是要辩证地处理好“言说”与“沉默”之间的关系，在“言说”与“沉默”之间保持必要的张力。

三是学术批判的策略。这里的批判是学术意义上的，如同康德《纯粹理性批判》中的“批判”。学术批判，既要批判又要有学术，批判的方式是学术性的，批判的目的是发展学术，推进语言生活。这种认识本是在学术发展过程中不言自明的道理，但这里之所以特别提出来，是有几个方面的考虑。在阅读当前的规范化论著时，总的感觉是个人自说自话的时候比较多，讨论、争论的时候比较少。有时某个观点或概念已经出现很久了，而且他人已经论述得比较深入了，却被当作新的看法提出来。其次，有时将语言工作看作政治工作、政治任务，使得“批判”政治气息有余，而学术意味不足，这就容易造成因“多言”而“失言”的现象。再次，就是对相关学科的最新进展关注不够，学科内自说自话的现象比较普遍，这样就容易使规范研究在整个大的学术背景下出现“失语”（失去话语权）现象，因为学科间很多大的原则是相通的。既然学术准备是个长期的甚至是永无止境的过程，那么学术批判就应该成为推动学术发展的根本动力；也只有做好学术批判，才能做到积极沉默。没有学术批判，就容易把规范化当成扁平的东西，甚至做成扁平的东西。没有学术批判，就不容易对主体性和多样性的关系有深入的了解和理解。其实，对语言规范化而言，我们甚至似乎连这样一个根本性的问题也没有得到合乎逻辑的阐释，即：语言规范化的对象到底是什么？上面在分析积极沉默的策略时，提出不能知其不可为而为，其实通常的情况倒是不知其不可为或不必为而为，这也与学术争鸣不够充分和深入有关。

四是语用频率的策略。我们也可以将它看作习性原则、约定俗成原则，作为理性原则（交际值原则）的下位原则。上文已经指出，这实际是理性原则不到位时不得已的补救办法。我们不赞成将习性原则定为语言规范化的基本原则，而是将它放在策略的层面，这并不意味着我们认为对语用频率的考察在规范化工作中就没有价值了。恰恰相反，重视理性原则同样需要重视语用频率变化所体现的深刻的语言交际之理。如异形词的整理问题，如何在互为异形词的两个词中选择规范词形，最常见的办法就是在合适的语料库中比较它们的使用频率。[①] 运用频率方法来评判的最有效的操作对象就是这些有两个或多个“异形”表达、能够根据频率高低来决定取舍的语言现象（虽然实际操作也很难）。对无法进行频率比较的语言现象（如初显的、一次性的、只此一类的），就不便操作了。频率分析是一种极其有效的、重要的考察角度，但不是目的。目的是要看到发展的趋势，而不是将频率高低跟规范与否简单挂钩。

上面这些大的层面的策略，大多是从消极层面来考虑的，它们都是基于我们对规范化过程中得与失的分析而提出的。当然还有其他的策略，尤其是积极的策略。这里只是提出这几种现实针对性比较强的偏于消极的策略，至于更积极的策略，则需要进一步分析。

我们之所以强调策略的差异以及原则和策略的互动关系，还与规范化在不同的语言层面发挥作用的路径和方式不同、规范化工作不能一刀切有关。现在学界对语言系统的层次性已有比较深入的认识了，它既有相对稳定的内核，如基本音系、基本语法、基本词汇以及文字系统，又有比较活跃的外围，如一般词汇（尤其是新词新语）、流行语、广告用语、修辞用法、某些语法格式、某些音素和个别读音等。而且这中间还有过渡层次，它本身也还需要分层次。[②] 再加上使用者的层次，问题就更复杂了。对核心部分，应该多一些指令；而对外围部分，则必须以指导、推荐、引导为主。语音、文字的规范化主要由管理机关、职能部门经过调查研究确定标准来

---

① 当然，如何有效选择语料统计异形词的词频及如何理性看待统计的结果，这是个需要重新思考的重要问题。而且运用频率统计也并不意味着理性原则在此的失效。

② 参见于根元（1996）、施春宏（2005）等的概括。

推行，而其他方面则更多地通过多种渠道的探讨、示范来推动。其实，对核心部分进行规范，争议往往很少（并非没有），关键是非核心的部分，这方面更需要规范化工作的艺术性。习性原则的长处在于对比较稳定的部分可以拿出一个倾向性的看法，但对不够稳定的部分则难以处理。而我们如果提出一个基本原则，则应该对两个层面都适用。曹德和（1997）以鲧禹治水的策略不同为例来比喻规范化工作的两种方式：堵和疏。疏不是一点不堵，而是关键在于何处疏何处堵。在该堵的地方堵，该疏的地方疏，且以疏为主。其实，这跟刚柔相济是相吻合的。刚柔相济不是一半刚一半柔，而是该刚则刚，该柔则柔，该刚中见柔就刚中见柔，该柔中见刚就柔中见刚。任何工作都必须坚持原则的坚定性和策略的灵活性的结合。如果是原则的灵活性和策略的坚定性，那就会分别变成机会主义和教条主义。

七　本章小结

一个领域里的基本原则，应该内涵丰富、适用面广、体现学术性上和实践工作中大的追求。基本原则要能引发讨论并促使研究深入，从而使知识顺利且迅速地增长。这样的原则才能鼓励和指导人们“判天地之美，析万物之理”（《庄子·天下》）。

通过对语言规范化基本原则的探讨，我们的基本认识是：习性原则和理性原则不是对立的，而是在不同层面上发挥作用；语言规范化的基本原则是理性原则（交际值原则），但这不是说习性原则无所作为，而是应该将它放到策略层面上去操作；语言规范化要在原则和策略的互动过程中体现交际的本质。理性原则不但能提高“消极规范”的水平，而且更体现了对“积极规范”的追求，从而使规范者和语言使用者的规范水平从知识型规范发展为能力型规范。不将习性原则看作基本原则并不意味着想怎么使用语言就怎么使用，交际值才是衡量语言规范程度的唯一尺度。任何语言现象都是有历史的，都存在于历史之中。判断交际值必须从语言交际活动本身出发，用的人多、用的时间长只能作为判断交际值的一种外在参照。

总体而言，习性原则对“趋同”比较看重，而对“求异”显然重视不够。然而，“求新求异的要求使语言永远处于动态的发展变化中，表达的手段也总是丰富的、多变的。由此形成了千变万化的个体风格差异。与此同时，社会的影响还在语言使用中造成一股趋同的力量。求异和趋同这两股力量相辅相成，推动着语言中新词新语新用法的产生和广泛使用”（刘一玲，1993）。语言总是在趋同和求异中发展的，趋同和求异的协同作用使语言和语言交际既稳定又丰富、鲜活。规范化不但要能评价通例，而且要善于发现创新，积极鼓励创新。不能满足于做一个“保守派”，“保守派”很容易滑入“顽固派”。不应该用“纯洁语言”的旗号来反对交际中新现象的出现。相对于“顾后”而言，语言规范化更重要的是要有“瞻前”意识，见微知著。后见之明固然重要，但先见之明则更是审时度势的要求。

由于语言是在动态交际中发展的，因此语言交际及其任何部分都呈现出两端相对分明而中间较为模糊的状况。我们以前对原则层面和具体现象分析层面这两端关心得比较多，而对处于中间层面的策略层面关心得并不够。其实，当我们对原则不好把握时，可以从策略的可行性上比较各种原则之间效度的差异。只有原则和策略有效互动，才能遵从语言现象使用的波动规律去规范语言生活，促进和引导语言生活的健康发展。

只要语言交际存在下去，语言规范化工作就必然会有存在的价值，关于语言规范化原则和策略的认识就会继续讨论下去。如果从另一个层面来看，这种讨论也并不全然意味着需要或能够找到一个明确且唯一的答案，而在于根据语言交际和语言工作的发展不断提出新的问题，不断探寻解决问题的路径和方法，不断地在原则和策略的互动中促进和引导语言生活的健康发展。即便“语言规范化”本身的合法性受到新的质疑和否定，也能启发人们进一步思考，从而将问题引向深入。另外，对语言规范化基本原则的认识虽可继续从具体规范化工作的得与失中得到提升，但当前更需要做形而上学层面的深入思考。这里只是提出一些粗浅的看法，希望借此引出更多的讨论。

【本章附文】试论现代汉语规划的基本原则[①]

现代汉语规划是一项理论性和实践性都很强的事业，必须在科学、稳妥、有效的总原则指导下进行。有了正确的原则，才能有正确的方法和步骤，才能使规划工作卓有成效，才能使语言健康地发展，使人民群众的语言生活充满生机与活力，才能使语言文字在社会主义现代化建设中发挥更重要的作用。科学，要求合乎语言的发展规律，合乎社会的发展趋势，合乎语言生活的实际。稳妥，要求政策有连续性，顺乎人心，因势利导，积极推进，掌握分寸，逐步进行，并建立明确具体的目标机制和迅速广泛的反馈机制。有效，要求目标明确，措施得力，可操作性强，既能大面积推行，又能局部调整。具体说来，包含以下几个基本原则。

一　系统性原则

语言规划的系统性可以从三方面理解。

（一）语言规划范围的系统性，即语言地位规划和语言本体规划的相关性和互动性。而且地位规划和本体规划都各成一个系统，如本体规划内部就包括音系、语法、词汇、语义、文字诸系统。既要认识到地位规划是本体规划的先决条件，又要认识到本体规划对地位规划的巨大的推动作用。以往我们对于本体规划的研究和实施比较注重，而对地位规划的认识不够深入。随着海峡两岸交往的深入和香港与澳门的回归，随着我国与世界各国日益广泛密切的交流，随着普通话作为全国通用语的主导地位的进一步加强，随着少数民族语言和方言的特定作用的发挥以及方言与方言的交错影响，任何一项语言文字政策的制定、推行都会产生或大或小的影响，必须对可能出现的问题做好预测工作，制定相应的对策。语言规划既不能孤立自己也不能孤立别人。

---

① 本附文发表于《北京广播电视大学学报》1999 年第 4 期，署名：高勤丽、施春宏。收入本书时文字略有改动。

（二）语言规划程序的系统性，即调查与研究、预策与决策、施行与反馈、修正与推行诸过程之间的相关性与整体性。语言规划可以建立理想的模式，但绝不是真空中的事业。没有充分的认识、广泛的调查和深入细致的分析，必然会招致决策的片面性和工作的机械性，甚至导致语言规划跟着语言现象跑，或者语言现象已发生了很大变化，而语言规划仍然没有变化等情况出现。此时，所谓的规划反而会束缚语言的发展，干扰人民群众的语言生活。放在温室里不行，单打一也不行，静态的规划则更是失去了规划的真正意义。从目前工作的情况来看，尤其需要指出的是，根据系统性原则进行预测，仅有定性的经验性的预测还不够，必须有定量的科学性的分析，在预测的基础上做出科学的决策。未雨绸缪才能取得主动权。

（三）从语言规划制约因素的系统性来看，语言规划是个全方位的工程，它既受语言内部各要素的制约，也受历史发展的制约和社会变革的影响，更受语言规划者自身素质和社会群体参数的制约。这些因素是在语言发展中动态制约的。语言规划必须考虑到语言、语用、社会诸系统的整体性、相关性、结构性、层次性、目的性和社会适应性，尤其要重视语言系统内部和语言系统与其他各系统间的动态平衡。

语言规划系统性的三方面是紧密相联的，它们基本上可以看成是内容、步骤和条件的关系。要充分注意系统的最优化原则，达到系统的最佳功能。长期以来，我们对语言规划自身的系统性没有全面的认识，缺少语言规划的理论建设，从而导致制订计划时比较乐观，具体执行时常为复杂情况困扰而显得有些悲观。

二 需要性原则

语言规划的需要性是指在制定语言的方针政策、确定语言使用的标准规范时必须以提高社会交流的效率为目标，适应语言生活和社会生活的发展变化，更好地满足人民大众交际、思维、认识的需要。美国语言学家豪根（Einar Haugen）说过：“哪里有语言，哪里就有规划。”我们可以补充说：“哪里有需要，哪里就有规划。”需要性是我们制订语言规划的动力和依据。

我们要分清现实的需要和潜在的需要、表层的需要和深层的需要、全社会的需要和某些群体的需要、外在的需要和语言自身发展的需要等。不同层次的需要之间是有交叉的。作为一项指向未来的事业，只有充分考虑到多层次的需要才能制订出科学实用的语言规划。

需要必须和条件相结合。简言之，需要指社会发展对语言规划的要求，如语言教学、语言的信息化处理、国际间的语言文化交流、不同民族和方言群体的交往，以及语言生活的丰富多彩等。条件指及时而有效地满足需要的可能性，如语言本体和语言应用的调查和研究、语言与其他学科的相互渗透和结合、语言文字方针政策的制定和施行、语文工作者队伍的建设等。这样，在制订语言规划时就应区分即时性政策和长期性政策、全国性政策和地方性政策、一般性政策和具体领域内的政策等。

还要注意的是，语言虽然既不属于经济基础，也不属于上层建筑，但政治和经济发展的需要往往深刻地影响到语言规划的制订与实施。语言与政治的关系到底保持多大距离，何时近点儿何时远点儿值得深思。20世纪五六十年代，党和政府迫切需要组织群众，宣传群众，提高广大干部和群众的思想和文化水平，进行社会主义改造和建设；人民群众也迫切需要学习科学文化知识，加强社会交往，领会党和政府的指示精神，适应新的工作和生活。在这种情况下，党和政府将推广普通话、简化汉字、推行汉语拼音方案作为一项全社会的事业来开展。在新时期，改革开放的进一步深入和汉语在国际上地位的逐步提高、语言文字的信息处理和现代汉语规范化、生动复杂的语言生活等，对语言规划又提出了新的要求。

三　循序渐进原则

循序渐进就是要根据不同的时间、地点、场合和使用者而使语言规划工作和措施有先后缓急轻重的区别。语言规划是一项长期、复杂的事业，它有个惯性规律，存在着后效应。循序渐进要求语言规划按照一定的程序依次进行，逐步深入。语言规划总体趋势是缓慢发展、稳步前进的。规划要有历史的延续性，朝令夕改是与语言规划背道而驰的。语言规划的决策并非一成不变，但修改要有一定的道理，要切实可行。语言规划的调整要以小步微调为主。当然，我们说以小步微调为主，并不排斥抓住机遇，促成质变。语言发展与语言规划是两个不同的概念，不能借口语言发展的渐变性而否定人们促成语言规划质变的可能性。这样语言规划就在连续性中呈现出一定的阶段性。一个时期可以有一个主体目标，分清工作的主次缓急，但也应该注意到各项工作的相互配合，不能简单划一。新中国成立以来的现代汉语规划工作的核心是推广普通话和汉字改革，而推普工作又以推广普通话的语音标准为重点。社会的剧烈变革往往成为质变的契机，然而质变后的巩固消化和吸收发展将是一个漫长的过程。《汉字简化方案》公布后，汉字必须有一个相当长的稳定时期，以利于社会的交际和发展。目前仍需要大力提倡与推行汉字的规范使用。而且质变也不一定同时表现在所有的方面。语言不发展是不可能的，除非废弃（包括主动放弃和被迫放弃）；语言的急剧变化也是不现实的，除非扰乱交际。发展有周期，变化也有周期，语言规划也有它的周期，因此，追求轰动效果，制造新闻效应都是不可取的。“二简”的公布主要是急躁冒进的产物。在进行现代汉语规划时，要既不冒进也不保守，循乎自然，因势利导，做促进工作。

四　刚柔相济原则

该宽则宽，当严则严。极端纯语言倾向者无原则地迷恋刚性，容易失去人心，失去语言规划工作者的威信；极端自然倾向者无原则地要求宽容放任，容易各行其是，结果等于取消了规划。我们认为应该区分语言的核心部分和外围部分。核心部分主要包括语音系统、基本词汇、基本语法以及文字系统等，外围部分主要包括一般词汇（尤其是新词语）、临时用法、修辞用法等。核心部分与外围部分之间有中介物、交叉段。核心部分一般能够制定标准也容易制定某些标准，具有同一强制性质的标准制定后要言必行、行必果；而且某些一致性的标准也必须结合实际制定不同层次的要求。外围部分只能做指导性规划，有的只能放到语言生活的市场中去调节，此时要多一些引导、推荐工作。当然，硬性标准中也有软的地方，施行时要有弹性原则，不能一刀切。如文字标准比较容易制定，且易强制执行，但规范字形的手写体形式却相当不易。管理者嫌麻烦，试图以划一的标准来对待，因而碰壁较多。其实，文字标准也不仅仅是刚性。近来有不少地方政府部门出台了强制使用规范汉字的措施，结果都没能很好地执行，值得深思。要以推荐性的规范意识去正确引导人民群众的语言生活。

而且，对不同的社会参数所采取的工作原则也有一个刚柔相济的问题，如对播音员、演员在语音方面的要求应比较严格，对编辑、记者在书面语方面的要求应比较严格，对北方方言区的要求比对其他方言区的要求应严格，对教育宣传行业和窗口性行业比对一般性行业的要求应严格，对政府部门比对其他部门和自然群体的要求应严格，等等。总之，必须考虑到各方面的层次性。当前，我国处于语言文字使用十分活跃的时期，新的语言现象层出不穷，但同时也出现了较为严重的混乱现象，尤其是对语言文字的规范使用认识不清，管理不力。现在，语言文字立法的必要性与可行性开始被认识并加以论证，并着手研究、拟订我国语言文字基本法草案，将语言文字工作纳入法制管理轨道。这是实行刚柔相济原则的重要一步。

刚柔相济从另一个角度来说，也是为了使工作有情感，得人心。人民群众一时不很理解、难以接受的，就不要顶着去做；要逐步做好说服、引导工作，要分析语言规划工作本身是否存在问题。要使语言规划真正融入到人民群众的语言生活中去，不可能一蹴而就，任何毕其功于一役的做法都是不切实际的。切忌贵族派头、长官作风，要多一些平民意识。制订规划既不能弹性太大，也不能铁板一块，没有回旋余地。

以上四原则贯穿在语言规划的始终，是指导语言规划深入、持久、有效进行的依据。它们并不彼此孤立，而是相互关联的。系统性是语言规划的前提，它制约着语言规划的各个环节；需要性是语言规划的动力，它指出了语言规划的目的和方向；循序渐进是语言规划的过程，它要求语言规划要有步骤地、稳妥地进行；刚柔相济是语言规划的方式，它从工作态度和措施上使语言规划切实可行。

管理就是服务，语言规划便是管理，便是服务。这是现代汉语规划的立足点和根本目的。必须放下贵族架子。语言规范化是语言本体规划的核心。要使语言文字真正切实有效地为人民服务、为社会服务，必须进行有效的规范化，进行长期的规划。能否使语言更好地为人民大众的交际、思维、认知服务，能否使人民大众的语言生活更加健康、丰富、活跃，是检验现代汉语规划、规范工作有没有做好的根本标准。为了有效地管理和服务，遵循科学的原则去实施语言规划，特别要强调的是，必须加强语言规划工作者队伍的建设，尤其是干部队伍的建设。这在《新时期的语言文字工作》中已经明确地指出了。现实的问题是，语言文字政策的执行者未必能充分理解语言规划，语言学工作者未必受过语言规划的训练。认识不清、职责不明、措施不力必然成为工作的陷阱。要使语言规划工作得以顺利、深入、持久地开展下去，必须有一批既懂理论又能实践、视野开阔而又脚踏实地的干部队伍。语言规划成功与否、效果好坏，归根到底决定于干部队伍的素质。应该对那些根本不懂语言规划的语文工作者进行启蒙教育，并将现代汉语规划的理论渗透到各个层次的教学中去，真正使语言规划深入人心。

第三章
语言规范化的基本依据

一 引 言

关于语言规范化依据的讨论，原则层面的看法主要有三种：习性原则、理性原则、其他。这些都是定性的分析，目前仍各执一端，相互间很难说服。究其原因，除了语言系统和语言生活本身的复杂之外，也许对这些规范化依据的认识本身就缺少一个相对“客观”的依据。甚至人们在谈论语言规范化依据时，对具体操作层面的依据类型及其整体使用状况也没有一个系统的整理，更不用说做出量化的分析了。为此，本章选取有代表性的分析样本来定量分析学界在规范化实践过程中具体使用各种依据的实际情况，试图通过比较分析，对语言规范化的基本原则及其具体依据取得一个定性的认识。

针对语言应用现实中经常引起争议的语言现象，《咬文嚼字》杂志曾开设了一个很重要且引起读者广泛参与的栏目，叫“百家会诊”，对相关现象进行集中评议。[①] 该栏目自 2002 年第 7 期开设，到 2007 年第 12 期结束，共

① 该栏目一般提前公开要讨论的话题，向广大读者广泛征求讨论意见，从某种程度上来说，这也是就某一有争议的语言现象进行的变相问卷调查。因此，将其作为考察对象，在分析对象的广泛性和客观性上就有了一定保证，从而也使定量分析得出的数据有了相对可靠性。另，该栏目于 2007 年第 12 期结束，但从 2010 年第 2 期开始，《咬文嚼字》又开设了“独具慧眼”栏目，形式跟“百家会诊”栏目一致，但没有了“编者附言”，有的加了“编者按”，有的没有。

会诊话题 66 个，涉及的内容层面有文字、词汇、语法、标点符号等。每个话题都有正反两方面的论证，“编者附言”则做了概括和取舍。这是认识、总结语言规范化依据乃至原则的颇具学术性的样本。本章便以此为基础，归纳整理争议各方的规范化依据，初步分类统计各种语言规范化依据所占的比例。我们试图通过这样的定量分析，取得相对客观的统计数据，并在此基础上得出某些定性的认识，为进一步讨论语言规范化依据问题和从事现代汉语规范化工作提供一个参照。

“百家会诊”栏目虽然涉及面很广，但大多数话题都是讨论跟词汇有关的语义和语用方面的规范问题，尤其是跟词形选择和词义变化相关的问题，这也是语言规范学界长期以来的重点评议对象。在 66 个会诊话题中，除去与标点有关的 9 个话题、1 个文字话题（即 2003 年第 11 期“人名用字能否简化”），其他的 56 个话题基本如此。[①] 有的虽然可以看作语法问题，但也可以从词汇角度来认识。本章的考察便以对这 56 个话题的评议为分析对象。

作为参照，我们还以《中国语文》杂志社先后编辑出版的《词语评改五百例》（1984）和《词语评改千例》（1992）为代表，定量分析不同时期人们对语言规范化依据的主体认识及其演变轨迹，以期在横向和纵向上对语言规范化依据的使用情况有一个比较全面的整体认识。

二　语言规范化依据的基本类型及其定量统计

在对语言规范化依据的基本类型进行整理分类时，我们力求精细化，在分析各个具体评议依据的基础上进一步概括出上位层次的类型，最后试图归纳为几个原则层面的几种类型。

具体而言，“百家会诊”栏目论争双方所涉及的语言规范化依据，大致可以划分为以下类别（括号中对相关类别做出简单解释和说明）：

① 2002 年第 9 期的话题是“含有月日简称表示事件的词组能否不用汉字”。由于它涉及词形的数字表达和汉字表达的选择问题，跟纯粹的汉字异体、繁简、普通话用字和方言用字之间的字形选择问题有差别，这里便没有将它作为文字话题来处理。

A. 语源（从词语或语素的本义、来源出发，强调语源的重要性和不可随意更改性；这里还包括普通话中来自方言系统和专业行业领域的词语，评议者认为也应保持原有本色）

B. 有影响的用例（报纸杂志、名家名著、重要文件等用法，重在突出影响性。如果只是在某种依据之下纯举例性质的，则不归为此类依据，也不再讨论）

C. 权威规定和说明（工具书、国家语文政策、相关标准和规定、电脑字符集收录等）

D. 权威的语言学观点（包括语言学家的观点、语言学论著的相关分析、语言学教材的相关说明等）

E. 使用时间长短

F. 使用频率高低

G. 使用人数多少

H. 使用范围广狭

I. 约定俗成（这里主要包括没有明确从E、F、G、H几个侧面来考察的依据，包括这样一些认识：有广泛的群众基础，有口语基础，影响深远，相对稳固性，大众化，语言实践中有这样的用法等）[①]

J. 特定语言结构规则（运用词法或句法等语言结构规则进行论证，大体属于语言本体自身的分析）

K. 基本表达效果（表义清晰、准确、通俗、丰富、明确区分度等，满足基本交际需求）

L. 特定语用效果（特定色彩效果和修辞意味等）

M. 特殊语用心理（求新、求异、求雅、求简，合乎流行时尚、认知心理惯性和思维习惯）

---

① 学界一般理解的“约定俗成”就是指上述E、F、G、H几个方面，特别是“F. 使用频率高低”。我们也认为E、F、G、H是从不同侧面对“约定俗成”进行的诠释，也可看作是不同的操作手段或实现手段，但为了使分类更加细化，统计更加客观，我们将其分开处理，这里的“I. 约定俗成”特指没有明确从上述不同侧面进行评述但又强调语言现象是长期而广泛的实践所形成的这一依据。其实，对这一依据的理解在相关评议中是相当不确定的，这里从宽理解。

N. 交际空位（特定交际中存在空位，能够满足此交际需求的对象便填补了此项交际空位，这种交际空位既可以是组合关系上的也可以是聚合关系上的）

O. 交际分工（所考察的两种形式表面看是异形、等义的问题，实际上通过研究考察明确二者有不同分工侧重点，进入不同交际领域，满足不同交际需求）

P. 系统性（体现了文字、词汇、语法等内部的系统一致性，具有类推能产性等）

Q. 语言是发展的（其方式包括自身调试和人们的灵活运用等）

R. 逻辑事理

S. 其他（包括一些零散依据和不明确的依据）

毫无疑问，这样的归纳虽然已经比较具体了，但或许仍有进一步调整的空间。这有几个方面的原因。一是各类依据之间并不是边界完全清晰的，比如“使用人数多少”“使用频率高低”与“使用范围广狭”之间是存在交叉和包含关系的，三者并没有本质的差别，而且也都可进一步概括为“约定俗成”，但考虑到它们是对实际语用情况的不同概括点，评议者在分析相关语言现象时又是区别对待的，因此我们这里仍分开处理。再如“基本表达效果”和“特定语用效果”之间，也没有完全明确的界限，二者都是从交际效果来考察的，“基本”和“特定”之间只是某种程度上的差别。二是有些依据并不能明确归为哪一类，有些依据又似乎可以同时归入不同的类别。三是不同的评议者对同一个评议依据的理解和使用并不完全一致。基于这些复杂性，我们不可能建立起一个边界完全清晰的分类模式，只能在我们的理论范围之内寻求分类和归类分析的最大明晰性，而且有时需要根据评议者对用例的分析来推断其所凭借的依据。当然，这并不意味着这样的统计就失去了客观基础，我们在整理中发现，各个评议者对上述各种依据的核心内涵的理解还是基本一致的。这就需要我们在分类和归类的过程中要始终贯彻一致性原则，无论采取哪种策略来处理，要保证统计工作前后的一致性，这样才可以使最终得出的数据有一定的价值。而且通过整理我们也发现，不同规范化依据之间是存在层次差异的，从依据到原则是需要且可以逐层概括的。

为了便于准确理解和有效归纳，这里先对归类统计中的有关处理策略做出具体说明：

1. 同一作者立论和驳论的依据都包括在内，原文不明显的依据，根据其对用例的分析或具体的说明加以概括后分类。如2006年第10期第36页《“精典”，请走开》一文，作者指出：“在字典辞书中，‘精典’更是绣花针沉海底——无影无踪”，即从反面指出其没有辞书收录，这也是作者规范化依据的一个方面，属于驳论依据，故计作C。

2. 纯说明引介性质的文章，没有明确表明自己的观点，或表明观点后未做具体说明论证，此类文章不作为统计对象。如2002年第12期第39—40页《提供四条用例》一文，作者仅举出《南方周末》上四处用“1990年代”的用例，供讨论参考，未做详细分析论证。再如2007年第2期第41—42页《网络时代的混乱》一文，作者提出“登陆”与“登录”的混用问题，并列举出《人民日报》和2006年“央视春晚”的混用例子，最后指出“这一现象不利于语言的规范发展，该对它们作一番清理了”，通篇未针对其运用规范化依据做出说明论证。因此这两类文章都不作为统计对象。

3. 有些间接性依据，虽然没有直接针对会诊话题本身，或者本身不够明确和肯定，但仍可以作为侧面依据或模糊依据处理，计作“0.5”。如2004年第2期第43页，评议者说：“由此我有一个猜想，‘惊艳’一词也许是现代人对《西厢记》情节的一个概括。它的意思是张生惊于崔莺莺的艳丽；引申开去，凡遇到漂亮女子而感到吃惊者，都可称为‘惊艳’。如果此说成立，无论是‘库娃惊艳上海’，还是‘中国电影惊艳巴黎’，都属误用。”这里作者并没有明确考察《西厢记》是“惊艳”的语源出处，但其整体分析思路是由前至后推导的，所以计作“0.5A（语源）”。再如2004年第3期第42页，评议者援引陈原先生批评“成功丛书系列”时的说法，虽未直接针对会诊话题“提出质疑”，但这里二者有相通之处，可算作作者的一个规范化依据，计作“0.5D（权威的语言学观点）”。

4. 考察中，在两种意见之间进行说明论证时，如果强调两种意见都有道理，则二者的依据都完整计算在内。如果在强调两种意见都有道理的前提下，又有明显倾向的，则只将倾向意见的依据完整计算在内，而另一方倾向性稍弱的依据计作 0.5。如 2006 年第 6 期第 43 页《总称亦作单称》一文，针对“一个词汇”的说法能不能成立，作者首先说明，在逻辑上，作为总称的“词汇”不适合又作为单称与个别词语搭配，即从逻辑上指出其不合理之处。但作者下文又着重指出，在语言实际中，将“词汇”等同于“词语”的用法至少已经出现了三四十年，现在更是俯拾即是，人们已习以为常，渐渐深入人心，并举出大报大刊中的用例和其他旁证。这是论其合理可用之处。总体来说，文章的基调是承认“一个词汇”这种用法的，但是文章初始利用逻辑事理依据指出这种用法的不合理之处，这个话题本是一个表面上看属于“是与非”的判断，但作者分别陈述了“能与否”的依据，所以论证不合理的意见中所使用的依据计作“0.5R（逻辑事理）”，而倾向性意见（即合理可用）中所使用的依据另行完整统计。

5. 某类依据统摄之下，又有其他依据类型的，只以上层依据作为统计对象。如 2003 年第 2 期第 41 页《“身分”源远流长》一文，作者首先指出“身分”早于“身份”，前者使用历史更长，下面分别举出《辞源》和《汉语大词典》的书证来验证这一观点。因此这里只统计规范化依据“E（使用时间长短）”，两部词典的书证在此依据统摄之下，不再另行统计“C（权威规定和说明）”。

根据上文所归纳的语言规范化依据及我们所采取的统计策略，初步的统计结果见表 3.1：

表 3.1　语言规范化依据的类型及其分布情况

规范化依据	2002（4）	2003（7）	2004（11）	2005（11）	2006（11）	2007（12）	合计（56）	百分比①（%）
A. 语源	4	8	16	17	11.5	19	75.5	9.77
B. 有影响的用例	3.5	7.5	8	12	12.5	19	62.5	8.09
C. 权威规定和说明	7.5	8	23.5	11	13.5	13	76.5	9.90
D. 权威的语言学观点	2.5	2	2	7	7.5	2.5	23.5	3.04

① 由于小数四舍五入的原因，各依据百分比总和为 100.01%，而不是完全精确的 100%。

续表

规范化依据	2002（4）	2003（7）	2004（11）	2005（11）	2006（11）	2007（12）	合计（56）	百分比（%）
E. 使用时间长短	1	3	3	2	5.5	3	17.5	2.26
F. 使用频率高低	2	6	7.5	6	6	4.5	32	4.14
G. 使用人数多少	0	0	0	0	3	0	3	0.39
H. 使用范围广狭	3	1	8	5	0	1	18	2.33
I. 约定俗成	5	5	7	9	6	1	33	4.27
J. 特定语言结构规则	0	7.5	2.5	4	6.5	3	23.5	3.04
K. 基本表达效果	15	15	24	18	17	12	101	13.07
L. 特定语用效果	8	2	7	8	5	7.5	37.5	4.85
M. 特殊语用心理	3	3.5	4	3	4	0	17.5	2.26
N. 交际空位	1	5	1	6	2.5	0	15.5	2.01
O. 交际分工	2	7	6	2	10.5	25	52.5	6.79
P. 系统性	3	7.5	5	4	2	2	23.5	3.04
Q. 语言是发展的	4	11	9	15	8	10.5	57.5	7.44
R. 逻辑事理	3	6	22	15.5	24	8.5	79	10.22
S. 其他	9	4	1	5	1	4	24	3.10

注：（1）年份后括号内的数字表示考察范围内的话题数，如“2002（4）”表示 2002 年有 4 个考察的话题；（2）“百分比”一列是在合计数据基础上，统计 2002—2007 年每个依据类型在所有使用依据（共 773）中所占的百分比。

上表中的数据是会诊诸家在各自文章中所用规范化依据的归类统计。当然，由于问题本身的复杂性，加上笔者个人统计过程中或许存在归类不到位的情况，这里得出的结果并不是绝对数据。但即便如此，仍能得出一种倾向性的认识，体现一种相对的客观性。

特别有价值的是，“百家会诊”中每个话题最后都有一个“编者附言”，编者在统观诸家讨论的基础上对讨论意见进行了概括和取舍，所以相比较而言，编者应能更客观地、全局地统察所规范的对象，该部分所使用的规范化依据从理论上讲也应该更能代表规范学界主导性倾向的声音。所以我们将“编者附言”所使用的依据类型单独进行了统计，结果见表3.2：

表3.2　“编者附言”中语言规范化依据的类型及其分布情况

依据	频次	百分比（%）
A. 语源	11	9.1
B. 有影响的用例	3	2.5
C. 权威规定和说明	5	4.1
D. 权威的语言学观点	0.5	0.4
E. 使用时间长短	1	0.8
F. 使用频率高低	5	4.1
G. 使用人数多少	0	0
H. 使用范围广狭	4	3.3
I. 约定俗成	7.5	6.2
J. 特定语言结构规则	3.5	2.9
K. 基本表达效果	18.5	15.2
L. 特定语用效果	7.5	6.2
M. 特殊语用心理	2	1.6
N. 交际空位	7	5.8
O. 交际分工	17	14.0
P. 系统性	7	5.8
Q. 语言是发展的	11.5	9.5
R. 逻辑事理	9.5	7.8
S. 其他	1	0.8

三 在境依据和离境依据及其作为规范化依据的地位

习性原则和理性原则是目前学界关于语言规范化依据讨论最多的方面，也是争议最大的方面（如戴昭铭，1998；施春宏，2000a、2009a；国家语委“新词新语规范基本原则”课题组，2002；于根元等，2003；邹韶华，2004a）。在以何种原则作为语言规范化基本原则这一问题上，讨论诸家目前仍各言其是，未能取得共识。[①]然而，很多时候的分歧不仅在于对问题本身的认识有差异，而且对基本依据的理解就有不同，也就是说，有时争议各方对习性和理性内涵的理解就有不同，这必然会引起不必要的争论和分歧。总体来说，学界关于习性原则的理解差异不大，起初作为理性原则的对立面，指的是不合理性的习惯性，即所谓的“积非成是”；除此而外，主要指“以流行程度为主”（邹韶华，1996），用的人多，用的时间长，名家名著、大报大刊用过等。而学界对于理性原则的理解则众说纷纭。有人比较系统地归纳了各家对理性内涵的认识（施春宏，2000a），提出对理性原则的认识要立足于现实同一性（施春宏，1998b），并提出以交际值（语用价值）作为衡量规范与否的标准（于根元，1996；施春宏，1998a）。所谓“现实同一性”，就是考察语言现象“在特定时间特定地点的特定关系中的特定的表达效果”（施春宏，1998b、2005）。现实同一性是语言现象交际值的具体体现，因此，基于现实同一性的语言规范化原则也可以称为交际值原则（语用值原则）（于根元，2005、2008）。而理性就是以现实同一性参照下的交际值作为规范程度的衡量标准。因此，理性、现实同一性、交际值（语用值）是不同视点下对同一种性质的认识，三者在本质上是一致的。然而，即便有此认识，人们在对习性和理性的认识上仍会有分歧，如有很多文章就简单地将理性理解为逻辑事理。基于这种实践的和理论的现状，我们引入两个相对容易理解和操作的术语来对规范化依据做进一步的归类，这就是：在境和离境。“在境”（in-context）的分析指在评议相关语言现象时，以所评议的对象在当下交际中的语

① 其实，是否能达成共识，甚至是否需要共识，这是一个需要讨论的问题。讨论的关键在于如何使问题更加明晰，使论证更加可靠，使认识更加辩证。

用价值作为评议的依据；“离境”（out-of-context）的分析指在评议相关语言现象时，援引当下交际之外的情况作为评议的依据。概而言之，所谓“境”，就是指语言交际的现实同一性、语境的现实同一性。由此可见，习性原则的依据大体属于离境的分析，理性的依据大体属于在境的分析。从在境和离境的角度对语言规范化依据做出新的区分，可以使我们更容易把握理性原则和习性原则的内涵和外延。以此为基本标准，我们可以对上面较为具体的语言规范化依据做出进一步的归纳和概括。

比较明显的，K（基本表达效果）、L（特定语用效果）属于对象本身的语用效果方面，而 M（特殊语用心理）、N（交际空位）、O（交际分工）、P（系统性）属于交际需求方面，这两类依据是很典型的基于现实交际、体现交际值的方面，很自然地归入在境分析。E（使用时间长短）、F（使用频率高低）、G（使用人数多少）和 H（使用范围广狭）是对语言实践外部情况不同侧面的反映，I（约定俗成）则是对四者的一种上层概括，它们基本反映所规范对象的外部表现情况。B（有影响的用例）是基于影响较大的用例对规范对象的使用所做的外部验证。两类依据都属于离境分析，它们不是从具体规范对象的实际使用出发，而是从对象之外的因素来谈的。

至于 Q（语言是发展的），既可以看作交际需求，也可以看作贯穿于语言规范本身的一种规范观或者语言观的认识论和方法论层面。其实，对“语言是发展的”这句话，有两种不同的理解：一种基本立足点是习性的，一种基本立足点是基于现实同一性（语用价值、交际值）的。单纯跳跃式看待不同时期的语用实际，彼时期用的人少、频率不高、范围不广，到此时期使用人数多了、范围广了、频率高了，便说是语言发展了，语言现象就从不规范变得规范了。这种“此亦一是非，彼亦一是非”的语言发展观是机械的阶段论，常常成为套话似的口头禅，并没有从具体发展的动因和机制上去探讨交际值的波动。基于现实同一性也就是基于理性的语言交际观，注重发展内部的动因的揭示，以及重在阐释是如何发展的，即发展的路径是什么。这种动态性是理性原则的一个基本立足点，二者在现实同一性参照下的交际值上实现结合。如 2003 年第 12 期第 43—44 页《为“黑名单”喝彩》一文中，指出“黑名单”由原来指“反动统治者或反革命集团为进行政治迫害而开列的革命者和进步人士的名单”转为指“违法者、违规者、违约者的名单”，符合汉语词语发展的规律。[①]新用法的出现，既有很深的社会基础，也有语义系统的制约，从而实现“旧瓶装新酒”，赋予旧词以新义。作者随文还列出“黑帮”作为旁证。这种语言的发展观是基于理性的、在境的，体现了前后交际值的波动。相反的情况如2003年第4期第44页《“惟一”卷土重来》一文，文中先举出1978年《光明日报》文章《实践是检验真理的唯一标准》用的是“唯一”，后举出2001年7月1日江泽民在庆祝中国共产党成立八十周年大会上的讲话文件中用到“要坚持实践是检验真理的惟一标准”，这里用的是“惟一”，便得出江泽民同志“顺应文字发展的潮流”的结论，以此提出主张，在语言运用方面，应该“与时俱进”。其实，这里关于语言文字发展的观点，仅是基于大报大刊重要文件中有影响的实际用例，没有说明变化的动因或者路径，没有考虑到《现代汉语词典》修订本（1996年版）对“唯一”和“惟一”及其系列词形的不当调整[②]对大报大刊、重要文件语言使用的影响，没有在交际值（语用价值）方面进行验证。这种所谓的语言发展观就习性而言也是机械的、离境的。

A（语源）、C（权威规定和说明）、D（权威的语言学观点）、J（特定语言结构规则）和R（逻辑事理）可以看作对规范对象的解释层面的依据，但其中又有不同的层次。其中C和D是基于既成条文规定，也就是所谓的“权威”，由这类依据所做出的分析，不是立足于当下交际，可以看作离境依据。而J和R两类，从它们跟语境的关系考虑，常常是处于离境和在境

---

① 《现代汉语词典》第7版（2016年版）对“黑名单”的释义为：“❶反动势力为进行政治迫害而开列的革命者和进步人士的名单。❷指有关部门开列的不合格产品或违反规约的企业、个人等的名单，通过一定渠道向社会公布。”现在该词又有了进一步发展，如微信中将不想看到的朋友圈中的微信使用者删除或拉入“黑名单”中。

② 《现代汉语词典》修订本（1996年版，后来出现新的版本后，此版被编者统一视为第3版）在“唯”字头下释为：“同‘惟[1]’，用于下列各条（属‘惟[1]’的条目有时也作‘唯’）。”下列条目有：唯物辩证、唯物论、唯物史观、唯物主义、唯心论、唯心史观、唯心主义。（1309页）在“惟[1]”字头下释为：“❶单单；只：～一无二。❷只是：他学习很好，～身体稍差。”下列相关条目有：惟独、惟恐、惟利是图、惟命是听、惟我独尊、惟一、惟有。此前各版本基本如此，2002年增补本（后统一计作第4版）仍是如此；而从2005年第5版开始，上述对“惟[1]”的释文均调整到“唯”中。

之外的中间状态，但人们在实际使用中仍偏于离境。至于A（语源），显然是偏于离境的，不过从实际使用来看，有时人们对它的依据价值及分析效果有所保留，常常只是作为参照。由于实际使用中存在交叉的情况，因此我们暂且将A、J、R处理为中间状态（虽然实际偏于离境状态）。还有一类就是上文提到的可做两种理解的Q（语言是发展的），也归入中间状态。

根据上述分析，可以得出语言规范化依据系统中在境依据和离境依据分布表，见表3.3：

表3.3　在境依据和离境依据的分布情况（%）

评议者	典型在境（K、L、M、N、O、P）	典型离境（B、C、D、E、F、G、H、I）	中间状态（A、J、Q、R）	百分比总和
会诊诸家	32.02	34.42	30.47	96.91①
编者附言	48.70	21.40	29.10	99.20②

从“会诊诸家”和“编者附言”各类依据的百分比来看，前者的“典型在境”稍低于“典型离境”，但后者的“典型在境”明显高于“典型离境”，超出一倍有余。整体来说，编者倾向于使用在境依据。这正如编者在2007年第1期第41页的“编者附言”指出的那样：“令人欣慰的是，‘会诊’诸家并没有单纯以出现频率作为判断的标准，而是更多地将注意力集中在理据的辨析上。”由于理性原则的分析立足于现实同一性，即是一种在境分析，因此，这也在一定程度上可以说明理性原则是语言规范化的基本原则。

“编者附言”基本是对会诊诸家意见的概括性取舍，如果以此意见作为参照，很难将诸家意见明确地一分为二（一致与不一致）。然而其中明显与编者意见不同的地方还是可以区分出来的。因此，我们在已有统计基础上，另行统计不一致意见中规范化依据的使用情况。因为编者的意见基本代表规范学界主导倾向的声音，因此我们大体可以做出这样的推测：明显违背

① 此列的百分比不含“S（其他）”类的占比3.10%。两者（96.91% + 3.10%）相加的总和为100.01%，说明参见表3.1注。

② 此列的百分比不含“S（其他）”类的占比0.8%。

编者所主张的依据，误评误判的可能性就比较大。当然，编者的意见不一定都是正确的，我们这里的统计仍然是想体现一种趋势和倾向性认识。与“编者附言”明显不同的意见所使用的依据如表 3.4 所示（根据失误率高低进行了降序排列）：

表 3.4　不同于“编者附言”所用的语言规范化依据类型及其分布情况

规范依据	2002（4）	2003（7）	2004（11）	2005（11）	2006（11）	2007（12）	失误合计	总依据	失误率（%）
R. 逻辑事理	3	4	12	5.5	13.5	3	41	79	51.90
A. 语源	1	7	6	16	6	2.5	38.5	75.5	50.99
C. 权威规定和说明	3	5.5	6.5	5	5.5	4.5	30	76.5	39.22
J. 特定语言结构规则	0	4	0	2	1.5	1	8.5	23.5	36.17
B. 有影响的用例	1	3	2	5.5	7	4	22.5	62.5	36.00
G. 使用人数多少	0	0	0	0	1	0	1	3	33.33
N. 交际空位	0	0	1	4	0	0	5	15.5	32.26
D. 权威的语言学观点	1	0	1	4	0.5	1	7.5	23.5	31.91
S. 其他	2	0	0	2	1	2	7	24	29.17
E. 使用时间长短	0	1	0	1	2	1	5	17.5	28.57
M. 特殊语用心理	2	0	0	0	3	0	5	17.5	28.57
L. 特定语用效果	1	0	2	2	3	2.5	10.5	37.5	28.00
I. 约定俗成	1	1	1	2	4	0	9	33	27.27
K. 基本表达效果	1	3	5	3	6	6	24	101	23.76
P. 系统性	0	1	2	1	1	0	5	23.5	21.28
Q. 语言是发展的	1	1	1	0	4	4.5	11.5	57.5	20.00
F. 使用频率高低	0	0	1	0	2	1.5	4.5	32	14.06

续表

规范依据	2002（4）	2003（7）	2004（11）	2005（11）	2006（11）	2007（12）	失误合计	总依据	失误率（%）
H. 使用范围广狭	0	0	0	0	0	0	0	18	0.00
O. 交际分工	0	0	0	0	0	0	0	52.5	0.00

从上表可以看出，在 19 种语言规范化依据中，占前 8 位（失误率超过 30%）的依次是 R、A、C、J、B、G、N、D，这值得我们深入分析。在这 8 类依据中，C、B、G、D 都是离境依据；R、A、J 则属于中间状态，但值得注意的是，A（语源）是明显偏于离境的，甚至也常常做离境来分析；R（逻辑事理）的用例分析也往往不怎么照顾具体表达效果，偏于离境[①]；J（特定语言结构规则）所依据的规则往往也是就现有论著、教材和工具书中的认识来评析，同样偏于离境。这 8 类中只有 N（交际空位）属于在境分析，其失误率之所以同样比较高，可能与人们对这种理论的认识比较晚、对它的具体内涵和操作方式理解得还不够透彻有关。总之，失误率高的依据基本上都是偏于离境的评析。进一步看，R（逻辑事理）、A（语源）这两者的失误率高达 50% 以上，明显高于其他类型。就这种对错各半的分析而言，从根本上看，就影响了它们作为规范化依据的根本地位。另外，从使用依据的总数来看，R、C、A 这三种类型也是相当高的，占第 2—4 位（参见表 3.1），说明这是人们极其常用的依据，但它们的失误率却占了前三位。可资比较的是，使用依据总数最高的是属于在境分析的 K（基本表达效果），其失误率相对较低[②]。至于认识上居于两端的 Q（语言是发展的），使用依据的总数也很多，失误率也不怎么高。更值得注意的是，O（交际分工）的使用总数还是比较高的，但基本没有出现误判的情况[③]，而它比较典型地代表

① 从逻辑事理来评析是可以的，问题出在我们在使用这种依据时，基本上将语言之理只看作逻辑事理，因而出现了很高的误判。因此对这种依据的认识，不能仅仅从字面来看合适与否，而要从实际出发看人们是怎样具体使用的。详细的讨论参见施春宏（1998b、2005）。

② 用表达效果来评析具体语言现象是一种正确的选择，之所以还出现了一定的失误率，是因为对何谓表达效果、如何才能达到特定效果，有时我们在学理上研究得还不充分。

③ 在我们统计的范围内，H（使用范围广狭）使用中的失误率也为零，但因其使用频率比较低，所以这里未做进一步分析。

了在境的分析：一是从具体的交际值来分析，二是具有很强的操作性。

由此可见，从总体上看，离境依据在规范化实践中的失误率要远远高于在境依据；就具体依据而言，失误率最高的几类都是离境依据，而几无失误的都是在境依据。误判现象的存在是一种必然现象，但如果某种依据出现的失误率过高过频的话，那么它作为评判依据的地位就需要重新考量了。当然，在境依据也有误判的情况，如同医学中的“误诊”，这就需要我们进一步做好学理的研究工作。[①] 我们不能因为有误诊情况存在而废弃医学，关键在于提高确诊的概率，降低误诊的频次和概率。

另外，就在境分析也可能出现错误的判断、离境分析也可能有正确的结果而言，问题还有值得思考的另一面。从这里可以看出，如果对语言现象的现实同一性分析不到位或者自身理论储备不充分的话，所谓的在境分析也可能出现失误；而有的语言现象即便做离境分析，也不影响对其交际价值的判断，即其在境效果和离境效果并没有形成冲突，因此这种情况下的离境分析自然也能对语言现象的使用与否做出相对可靠的说明。也就是说，我们主张基于现实同一性的理性原则是规范化的基本原则，并不意味着凡是主张理性的就是正确的、凡是习性的就是错误的；主张跟实际的认识和操作还是有距离的。然而基于理性、在境分析的主张会逐步提升我们的认识水平、判断能力，带来规范化知识的增长。由此可见，问题的根本不在于是采取离境分析还是在境分析，而在于当离境分析的结论与实际的表达效果相冲突时，该采取何种指导原则和策略。而离境的依据往往很难解决问题，这也是离境分析失误率很高的原因，同时也能说明离境的分析并不意味着必然会得出错误的结论这种情况。这也提醒我们，在讨论规范

---

① 误诊学是西方医学界近年来兴起的一门学科，我国也开始了这方面的研究，专门研究诊断中的失误，从另一个角度指导诊断。据资料统计，全世界1980—1986年间各国临床误诊率大致在15%—40%之间。1980年，天津医学院临床诊断的复查结果显示，与诊断完全不符的占29%，与诊断部分不符的占14%，两者相加高达43%（沈英甲《终极诊断》,《中国青年报》1995年1月10日第8版）。《国外医学》刊登过一篇日本医生所做的统计，该材料显示，一次门诊确诊率仅为25%（转引自张凤耀《对“现代医学”的质疑》,《光明日报》1998年10月20日第5版）。对误诊学的认识有助于我们认识现代汉语规范化过程中出现偏差或失误的情况。

化原则时，需要将“基于习性的分析、基于理性的分析”和“习性标准、理性标准”区分开来。从根本上说，基于理性原则的在境依据是规范化的基本依据，基于习性原则的离境依据只能作为一种参考（虽然有时是理性分析一时不到位、理论准备一时不充分时的重要参考）。

四　语言规范化依据使用的演变轨迹

上文我们将2002到2007年“百家会诊”的评议文章作为统计对象，它基本代表了当时学界在语言规范化过程中所凭依据的基本情况。然而，通过对现代汉语规范化历程的研究（施春宏，2005），我们发现学界对各类规范化依据的认识和使用是有一个变化过程的。如果对此变化过程也进行系统分析的话，将会更加有利于我们对语言规范化基本原则及其策略的认识。为此，我们以《中国语文》杂志社先后编辑出版的《词语评改五百例》（1984）、《词语评改千例》（1992）（以下简称《五百例》和《千例》）为代表，并与“会诊”相对照，定量分析不同时期人们对规范化依据的使用情况，从而探寻在此问题上人们主体认识的变化及其演变轨迹。[①] 因“百家会诊”文章绝大多数涉及词语使用的问题，而《五百例》《千例》所涉及的内容比较驳杂，包括词语、句式、文字、语音、标点及编校等诸多方面，因此，为保证前后统计内容的基本一致，我们仅从两书中选取“用词”和“词语搭配”两类作为统计对象，以期在基本一致的前提下进行比较。后两书与“百家会诊”所收文章体例不同，无法以频率来计算，因此比较三个样本中各类依据所占的百分比，如表3.5所示：

① 《中国语文》杂志社还编辑出版了《语文短评选辑》（中华书局，1959）。由于时间关系，暂未统计。

表 3.5　三个样本中各类语言规范化依据的分布情况

规范依据	《五百例》(%)	《千例》(%)	会诊 (%)
A. 语源	3.33	10.37	9.77
B. 有影响的用例	5.00	3.70	8.09
C. 权威规定和说明	6.67	9.26	9.90
D. 权威的语言学观点	0	0.37	3.04
E. 使用时间长短	0	0	2.26
F. 使用频率高低	0	0	4.14
G. 使用人数多少	1.67	0.74	0.39
H. 使用范围广狭	0	0	2.33
I. 约定俗成	10.00	6.67	4.27
J. 特定语言结构规则	18.33	20.00	3.04
K. 基本表达效果	8.33	10.37	13.07
L. 特定语用效果	3.33	2.22	4.85
M. 特殊语用心理	0	0	2.26
N. 交际空位	1.67	1.48	2.01
O. 交际分工	3.33	3.70	6.79
P. 系统性	0	0	3.04
Q. 语言是发展的	1.67	0.74	7.44
R. 逻辑事理	36.67	30.37	10.22
S. 其他	0	0	3.10

比较这三个样本，“典型在境（K、L、M、N、O、P）”依据所占的百分比分别为：16.66、17.77、32.02，呈现递增趋势；“典型离境（B、C、D、E、F、G、H、I）”依据所占的百分比分别为：23.34、20.74、34.42，总体

也呈上升趋势（其中《千例》略有下降）。从增长幅度来看，“典型在境”的分析几乎翻了一番。而且我们发现，《五百例》和《千例》中规范化依据的使用情况总体比较一致，而跟“百家会诊”中的情况有一些显著差异，尤其体现在J（特定语言结构规则）和R（逻辑事理）两个方面。这两类依据在《五百例》和《千例》中都占有很高的比例，而到了“百家会诊”中则显著降低。这说明，在长期的规范化实践中，人们对于规范化依据的使用，由事理逻辑、语言结构规则分析为主逐步过渡到语用值和语用现象的多角度分析为主，“在境”依据的使用越来越受到重视。有意思的是，“百家会诊”中的“典型离境”分析似乎也有明显增长，这似乎不好解释。其实，前文指出过，我们将A、J、Q、R四种类型看作典型在境和典型离境的中间状态，然而，人们在规范时常常将J和R做离境的分析，《五百例》和《千例》正是如此。如果将这两类归入离境分析的话，那么，《五百例》和《千例》对语言现象所做的离境分析要远远高于在境分析，也远远高于“百家会诊”中的离境分析。基于这样的讨论，我们认为，在近年来的现代汉语规范化实践中，在境分析的依据正逐步成为主导的依据，虽然目前离境分析仍然常常作为重要的参考标准。[①] 考察语言规范化依据使用的变化情况，还有一个更有趣味、更具有启发性的情况。《咬文嚼字》“百家会诊”栏目（2002年第7期—2007年第12期）中讨论的不少话题曾在“会诊”之前该刊所登文章中出现过，如今作为会诊对象，经过一段时间的观察，尤其经过大家的一番讨论之后，很明显看出该刊编者在前后观点态度上发生了某些转变。这种直接性的对比更能显示出编者和规范学界不同时期对规范化依据的主体认识演变轨迹。下面列出编者前后重复讨论过的话题，并梳理前后观点的差异和所使用依据的前后对照情况，结果分别见表3.6和表3.7：

① 施春宏（2005）在回顾现代汉语规范化历程时，将1978年以来的现代汉语规范化工作分为三个阶段：恢复和发展阶段（1978—1985）、徘徊和思考阶段（1986—1994）、争鸣和推进阶段（1995—2004）。本章对规范化依据使用情况的统计分析跟这种阶段划分是相合的。

表 3.6 编者使用语言规范化依据情况的先后对比（一）

话题	初始观点和依据	会诊后的观点和依据
0210 “隐君子”还是“瘾君子”？	以“隐君子”为规范词形——C	吾从众，提倡用“瘾君子”——K、I
0212 20世纪90年代能否写成“1990年代”？	赞成——K	接受有个过程，目前采取“两法并存”——Q、K
0303 能否说“曾经的男友”？	不合规范——D、R	保留观察期
0403 “提出质疑”对吗？	批评——R	反思，倾向于接受此用法，与“质疑”并行不悖——L
0410 “国际间”的说法对吗？	批评——R	有两个“国际”，“国际间”要慎用——O、K
0503 “一直以来”的说法对吗？	否定态度——R	仍持否定态度，但尊重语言实践，不再批评此用法——R（0.5）、N
0507 “跷”大拇指还是“翘”大拇指？	通行辞书中已有统一明确的意见，用“跷”——C	两者并存，不能轻易否定“翘大拇指”——M、H
0509 “令人堪忧”对吗？	兼语结构，不能表达“令人担忧”的意思——J	仍然坚持此用法不该提倡——D、K
0510 “空穴来风”怎样用？	随着误解人数不断增多，以后有可能“将错就错”——G	为其增添新义是水到渠成——C、I、Q
0607 能说“某某是‘十大杰出青年’”吗？	犯了两部分数量不等同的错误——R	类推性有限，提倡加“之一”，但口语中不是错误——P、I、K

注：“话题”一列，前面的数字表示该话题出现的刊次，如“0210”表示2002年第10期。

表 3.7　编者使用语言规范化依据情况的先后对比（二）

观点和依据	离境依据（B、C、D、E、F、G、H、I）	在境依据（K、L、M、N、O、P）	中间状态（A、J、Q、R）
初始观点和依据	2C、D、G、	K	J、5R
会诊后观点和依据	C、D、H、3I	5K、L、M、N、O、P	2Q、0.5R

注：这里的“初始观点和依据”即之前文章中所持的观点和所使用的依据。凡是重复讨论的话题，在“编者附言”中均有说明。

通过对比编者前后的观点及规范化依据的使用情况，我们可以发现其中某些认识上的变化。总体来说，后者与前者相比，多了一些对语用价值的分析以及一时分析不易到位的宽容和耐心，少了一些纯粹逻辑事理性的判定；多了对两种表达不同分工的探索和说明，少了一些非此即彼的两极断定；多了对工具书的建议和引导，少了对权威工具书现有释义的简单依从。在境依据的使用类别更加多样和丰富，更加注意区分规范的层次性。比如，不同语体采取不同的处理策略（如 2006 年第 7 期《能说“某某是‘十大杰出青年’”吗？》），不同语用领域采取不同策略（如 2004 年第 9 期《“综合症”和“综合征”》），正规出版物和民间语文生活中的不同处理策略（如 2004 年第 12 期《“树阴”还是“树荫”？》）等。这正是更多地从现实同一性出发，把理性的分析放在了习性的说明之上。随着研究和观察的深入，人们在理性的认识方面是不断深化的。一些原本貌似“非此即彼”的词形选择问题，经过实践的检验和认识的深化，才发现其中有分工和侧重的不同。如 2004 年第 1 期第 47 页“编者附言”中指出：“通过八年来的观察与思考，我们和大多数读者朋友一样，认识到了这两个词（‘备受欢迎’和‘倍受欢迎’）其实各有侧重。”这也是规范化依据“N（交际分工）”在编者和诸家所使用的依据中占有很大比例的原因。这体现了认识总是在积极沉思和学术批判中不断深化的。可以这样说，在境的理性分析更能实现语言规范化知识乃至语言学知识的增长；而且规范化知识乃至语言学知识的增长，很多是来自运用理性的工具对过去所谓的习性重新认识的结果。

五 本章小结

本章通过选取有代表性的分析样本，对目前语言规范学界所使用的规范化依据进行了分类整理和归类统计，在定量分析的基础上客观考察各类依据的实际运用情况，并就此对相关依据的操作效度及其关系做出了新的思考。从某种程度上说，这种定量分析为新时期确立语言规范化原则、有效开展语言规范化工作提供了一个相对客观的依据，也为语言规范化理论研究提供了一种方法和方法论的参照。

基于此，本章得出这样一些基本认识：语言规范化依据基本上可以分成在境依据和离境依据两大类；相对而言，在境依据的操作效度远远高于离境依据；在语言规范化过程中，应该以在境分析为主，离境分析可以作为在境分析一时难以到位时的参考；不但要强化离境依据的操作范围及对其背后蕴含的学理的分析，同时也需要对在境依据的理论内涵及其操作方式做进一步的探讨。在境依据强调分析特定语言现象的现实同一性（交际值），因此接受理性原则的指导；离境依据则更多地跟习性原则相关联。通过对离境依据和在境依据在现代汉语规范化实践过程中的相对效应的分析，我们对语言规范化过程中理性原则和习性原则之间的关系有了一个新的认识。我们认为它们实际上处于不同的层面：基于现实同一性在境分析的理性原则是语言规范化的基本原则，而习性原则更多地作为一种参考，接受理性原则的指导，在策略层面起作用。这既符合历时和共时的规范化实践使用趋势及使用情况，其相对较低的失误率也验证了该类原则性依据在实际应用中具有很强的实践意义和较高的理论价值。以往学界对理性原则的质疑，很大程度上来自理性原则的操作性不强。这里面有一些问题：习性原则的操作性如何？[①] 表面上的可操作性方式跟实际上的操作效果是否协调？理性原则的不易操作体现在何处？坚持理性原则的人之间“打架”时，

---

① 对于习性原则的局限，很多学者（如于根元，1996；戴昭铭，1998；施春宏，1998a、2000a、2009a；曹德和，2006 等），包括主张习性原则为语言规范基本原则的学者（如邹韶华，1996）也注意到了它在实际操作中存在的问题。这些问题集中体现在操作中的不易限定以及规范化操作空间的有限上。

是否都是真的在用“理性”分析问题？这些都是需要进一步深入分析的问题，并不是简单的“理性”和“习性”这样的概念所能概括的。而且，很多所谓的习性，往往属于理性，即有学理，其中有的是我们认识不够和研究不够而当成了习性。

我们通过对离境依据和在境依据及其关系的分析，试图为语言规范化基本原则的确立以及未来的现代汉语规范化实践提供一个新的视角。在现代语言学观念的背景下，从事现代汉语规范化的实践工作和理论探索，都需要寻找新的突破口。也许在境的分析会使我们的认识更加容易到位。只有在境的分析，才能将交际值（语用价值）作为判断语言现象规范与否的标准，才能在分析语言现象时将描写性和解释性相结合，才能将归纳、演绎、溯因的基本方法论原则结合在一起，探讨语言现象的时空关系，评判语言现象的特定价值。

第四章
大学教学语法规范考察：以现代汉语教材为例

一 引 言

语法规范是语言规范中的重要组成部分，伴随着语言生活的不断变化和语法研究的不断深入，语法规范研究也在不断发展。语言规范知识的传播，除了社会交际过程中的宣传、管理之外，最重要的路径就是各级各类学校的长期教育。在学校教育过程中，实施语言规范的基本路径就是教材的编写使用和教学效果的评测，这既包括高等学校中使用的教材和采取的评测，也包括中小学尤其是中学的教材和评测。基于此，我们便以数十年来现代汉语教材和高考语文试卷病句试题的发展过程为例，定量考察大学和中学这两个阶段语法规范所涉及的具体内容、不同时期语法规范观念和知识的演变过程及其中所蕴含的理论问题。本章集中考察现代汉语教材中所体现的大学教学语法规范问题，下一章集中考察高考病句试题中所体现的中学教学语法规范问题。

现代汉语教材是我国高等学校中文系基础课“现代汉语”使用的教科书，它承担着向中文及相关专业的学生传授现代汉语基本知识以及语言学知识的任务。其实，不仅中文系，目前汉语国际教育专业也基本使用同类的现代汉语教材，很少有体现独立专业特色的现代汉语教材[①]。外语类专业学习汉语知识时也往往如此。中学语文老师的基本语法知识、他们所传授的语法知识也基本来源于此。而在传授汉语语言学知识的过程中，语法规范的内容自然必不可少，甚至是关注的重点，同时也是教学测试的重要方面。其中规范评议既是语法规范化的重要手段，也是有效实施教学语法的重要手段。

所谓规范评议，就是对语言使用情况的好坏对错做出评价，并说明判断的依据。常见的规范评议多是从消极方面做出的评改，最典型的就是改病句，目前的现代汉语教材也是如此。但规范评议还包括从积极方面做出的分析和推荐。从积极规范出发，及时发现和推荐新的好的用法，更有引导意义（于根元，1999）。由于现代汉语教材中所呈现的语法知识更多地偏向于教学语法而非理论语法，而教学语法都带有观念上的倾向性和用法上的指导性，因此语法评议必然会成为现代汉语教材中的重要内容，它在一定程度上反映了编写者和学界对汉语语法系统运作规律及语言交际生活的理解和思考。然而，学界虽然对现代汉语教材编写问题做过不少整体思考或比较评议，但对高校教学语法的专题讨论并不多，因而缺乏对编写实践的具体指导，致使编写者在语法评议内容和方式等方面基本上都是“自由

① 基于此，近些年我们在相关教材的编写中做了不少探索，并尝试编写了一套具有汉语国际教育专业特色的现代汉语性质的教材《汉语纲要》（施春宏，2018）。该书在前言中说：“本书是一本系统介绍现代汉语语音、词汇、语法和汉字方面知识的基础性教材。基于对知识结构、读者需求和教学目标的理解，我们将本书定位为‘专著性教材’，即要求本书同时具备教材的品质和专著的精神。”本章所讨论的内容同样适用于这样基础性的汉语语言学教材。我们认为，面向国际汉语教师的语言学教材，其编写原则应体现这样一些追求：一是内容的适用性，系统介绍国际汉语教师需要掌握的汉语知识；二是策略的针对性，尽可能对汉语作为第二语言教学和习得过程中出现的偏误情况进行清晰的描写，并根据习得者母语背景的不同具体介绍相关纠偏策略和教学技能；三是观念的启发性，力求在描写和解释汉语系统及其习得表现和教学策略时体现出大的分析原则和思路，使读者不仅在知识上能举一反三，在观念上也能够烛幽发微。这是需要进一步深入探讨的论题，此不赘述。

裁量"[①]。有鉴于此，我们试图对此做出专题研究。为了全面考察高校现代汉语课程开设以来现代汉语教材中语法规范知识系统的基本情况，我们尽最大可能搜集到了《暂拟汉语语法教学系统》（1956年，下称《暂拟》）颁布以来直到2019年底这60多年间的"现代汉语"类教材共148种（若有上下分册之类，只要是配套出版的，均视作1种），并对其中101种涉及较多语法规范评议尤其是病句分析的教材做了系统梳理，试图勾勒出语法规范评议的阶段分化、基本类型及演变规律，进而探究影响其发展变化的基本因素，并希望借此对今后相关部分的教材编写提供参考。由于高校语法教学内容很好地体现了理论语法和教学语法的接口属性，因此这样的研究既可为语法理论研究提供新的参照，也可以新理论、新观念、新方法为观照，推动高校现代汉语课程的内容跟上学术前进的时代步伐。另一方面，由于种种原因，目前我国的中学语法教学很长时期里基本上处于一种缺失或停滞的状态[②]，而中学语文水平和认知能力的提升又离不开语言能力的培养，加上高考语文试卷中语法规范（主要表现为病句判断）又是必考内容，汉语二语教学中高级阶段的教学更是需要在语法教学方面有重大突破，因此，这样的研究具有很强的现实性。

这里我们首先要明确两个问题：一是本项研究所涉现代汉语教材的范围；二是现代汉语语法规范评议的内容。

对于第一个方面，我们选取的是《暂拟》颁布以来60多年里明确作为高校"现代汉语"基础课所使用的教材（包括高等学校文科函授教材、全

① 其实，不仅高校教学语法如此，连曾经"热闹非凡"的中学教学语法的讨论自20世纪90年代初开始便在"淡化语法"的声浪中逐渐减弱，现在已近寂然无声了。目前中学语文课本的语法知识也几乎成了文学和文化的点缀，即便出现，也主要体现在练习和考试中的病句分析上。如果说语法知识对中学语法教学有一些支撑的话，主要体现在讲解古代诗文的语句时，基本上是用现代汉语语法的知识系统来解决古文语法分析的问题。现在中学教育中与语法教学关联度最大的领域乃是外语（尤其是英语）学习。

② 目前中学语文使用全国统编教材（2017年在全国初中一年级投入使用，2018年初中一、二年级投入使用，2019年全面覆盖义务教育阶段所有年级；高中语文也于2019年9月分省市逐步推行），这套教材采取知识点释义介绍的方式"重现"了一些基础语法知识的内容，作为某几册教材的附录，其框架接近一般现代汉语教材。这在一定程度上是一种"回归"。当然，这样的处理仍是作为附带性的知识介绍。

国高等教育自学考试教材）[①]。20世纪50年代“文学”与“汉语”分科，现代汉语课程因此而设立。我们发现的《暂拟》颁布之后最早的现代汉语教材是杨欣安等编著的《现代汉语》（1956—1958）[②]。一般研究语法学史、教学语法史的著作在介绍现代汉语教材时也是从这个时期开始。我们目前所搜集整理的各种教材全面反映了这60多年来的整体情况。需要说明的是，这里所指的“‘现代汉语’基础课”与大学开设的汉语专题课程有区别。高校的语法专题课程很多，相应地，被用作语法专题课教材的图书也纷繁多样，如刘世儒（1963）《现代汉语语法讲义》、朱德熙（1982）《语法讲义》、吕叔湘（1979）《汉语语法分析问题》等语法专著都曾作为部分高等院校中文系语法专题课的教材。由于我们着重考察“现代汉语”基础课的教材，所以未将这些专著式教材列入其中。其实，判定现代汉语基础课教材有一个相对直观的判定标准，即这些专题课程教材往往都没有专门的语法规范评议内容。另外，这里所谓的“现代汉语教材”，并非只是指以《现代汉语》为名的教材，而是包括所有为现代汉语基础课编写的“现代汉语”教材；也包括未必正式出版，但其性质和功能与一般“现代汉语教材”相同的出版物，如葛信益编《现代汉语讲稿（语法、修辞、标点符号）》是1957年北京师范大学中文系油印讲稿，也列入了考察对象。同一本教材的重排本以及重订本中，若只订正编校失误的，则不计入；内容相同而由不同出版社重新出版的，也不计入。但某一教材在不同时期有不同修订版次，则每个版次视为一种；某一教材在正式出版前有试用本，若两者在规范评议内容和方式上有不小的差异，则视为两种，因为不同版次中蕴含了不同的理解和认识。另外，主要面向中小学教师、中等师范、民族地区的，则不计入；教材参考类读物也不在考察范围内。

对于第二个方面，我们考察的是现代汉语教材中涉及语法规范评议的

① 陆宗达、俞敏（1954）《现代汉语语法》（上册，群众书店）出版于《暂拟》之前，但是以北京口语为语料，同时其中也没有病句分析，故未列入考察对象。其他类似的专题教材均未收录。

② 杨欣安等1956—1958年间编著的《现代汉语》，由重庆人民出版社出版。其中杨欣安独撰第一册（1956）和第二册（1957），与人合撰语法部分的第三册（1957）和第四册（1958）。

内容，至于是否用了“规范”二字、是否做出了明确的解释，并不是根本。现代汉语教材中，有的内容即便是理论介绍，落实到具体现象的规范判断上，往往也都以评议的形式出现。需要注意的是，这里所言的规范评议，不仅指对错误用法的评议，也包括对争议用法、特殊用法的评议。因此，本项研究所论的语法规范评议主要包括两方面内容：一是传统所说的用词造句方面的语病，二是教材中重点关注的特殊语法现象，比如离合词的离合限度问题、“副＋名”的合法性问题、“全都……只有……”的逻辑问题。对相关语法现象若只是说明其语法特征而没有进行具体现象评析的则不收，比如只说“‘把’字句中的动词不能为光杆动词”，而没有列举具体误用实例进行评议，我们便将它们看成知识介绍，不列入考察范围。不同教材在处理评议对象上差异很大，有的非常重视，甚至安排专门章节来讨论；有的则涉及不多。我们对所考察的 101 种教材中从词到句子到句群的各级语法现象，凡相关教材所评，都加以分析，以期了解全貌。当然，虽然我们的分析范围相当广泛，但对具体现象的阐释并不充分，很大程度上带有资料性，以供学界进一步研究和编写教材时参考。另外，由于这 60 多年里的教材编写并不存在系统的规划，因此本项研究的统计结果虽然基本能够反映出类型和趋势方面的概貌特征，但自然也带有一定的或然性。然而，“即便如此，仍能得出一种倾向性认识，这种倾向能够体现一种相对客观性”（付翠、施春宏，2010）。如何更加系统地、动态地审视相关问题，需要放到更加宏阔的知识体系中进一步探索。

下面我们首先从语言规范观和规范评议的范围、方式等角度来考察现代汉语教材语法规范评议的基本阶段及其演变路径；然后对各个具体类型的发展过程做出详细的定量分析，揭示其中蕴含的某些变化趋势；在此基础上，从社会背景和学术研究等方面探讨影响现代汉语教材语法规范评议发展演变的基本因素；最后简要讨论现代汉语教学语法和教材编写与学术发展之间的关系。

二　现代汉语教材语法规范评议的发展阶段

现代汉语教材语法规范评议经历了60多年的发展，其中所秉持或潜存的规范观以及规范评议的类型和方式都有比较明显的变化。根据语言评议所持的规范观及评议类型的总体趋势，我们可以大体将其演变过程划分为四个阶段——匡谬阶段、停滞阶段、拓展阶段、深化阶段。[①]下面做一简单概括。

（一）匡谬阶段（20世纪50年代中期—60年代中期）

20世纪50年代中期至60年代中期是现代汉语教材语法规范评议的匡谬阶段。首先，新中国成立以来，高校开设“现代汉语”课程，现代汉语教材应运而生。其次，随着国家各项事业的大力开展，广大干部群众的语言水平亟须提高，政府和语言工作者都非常重视语法规范化，因此，将语法规范作为教材的重要内容也就理所当然了。1951年6月6日《人民日报》发表社论《正确地使用祖国的语言，为语言的纯洁和健康而斗争！》，同时连载吕叔湘、朱德熙的《语法修辞讲话》（1952年由开明书店出版）。为了构建服务于中学教学的汉语语法系统，1954年开始初步草拟，后经试用、修改而于1956年形成“暂拟汉语教学语法系统”，同年出版《汉语》课本和《语法和语法教学——介绍“暂拟汉语教学语法系统”》，随后，“汉语知识讲话”丛书（1956—1957年新知识出版社出版，1984—1985年上海教育出版社重印）与《汉语知识》（由《汉语》课本修订而来，人民教育出版社1959年出版）相继出版，共同构成了一套互相补充的教学语法系统，即“暂拟系统”，并在此基础上进行各类教材的编写。这些都足以说明政府和

---

① 施春宏（2005）《语言在交际中规范》第一章将新中国成立以来至2004年的现代汉语规范化工作大体分为两个时期六个阶段：第一个时期（1949—1985）包括：宣传、准备和积极学习阶段（1949—1954）、确立标准和大力推广阶段（1955—1965）、惨遭破坏和缓慢进行阶段（1966—1977）、恢复和深化阶段（1978—1985）；第二个时期（1986—2004）包括：徘徊和思考阶段（1986—1994）、争鸣和推进阶段（1995—2004）。本章所概括的阶段着眼于语法规范评议而非更为广泛的现代汉语规范化工作，但因语法规范评议是语法规范化工作的一个重要方面，因此两者有着较高的关联度。

语言工作者对语法规则学习和语法使用规范的重视。此后，高校现代汉语教材开始出现，且多以此为知识框架。我们共搜集到这个时期的现代汉语教材 12 种。

这一时期现代汉语教材中的语法规范评议（实际上倾向于更为广泛的语言使用评议）有这样几个特点：一是注重语言文字基础知识，其中关于搭配方面的问题比较多，这与当时人们的语言水平总体较低有着密切关系。二是用词造句主要的类型基本涉及了，但多就现象论现象，还没有系统化。由于相关理论研究并未展开，也就是说，还没有很好的理论工具用来分析，因此多处于语感或论感①的层面。三是在匡谬正俗的观念指导下，注重纠错式的实用性，常常体现为“说一不二”的情况。然而，“把语言规范化的工作重点放在匡谬正俗方面，忽视了前瞻性的引导工作”（吕冀平主编，2000：9）。四是对因为多个语言层面相互作用而产生的现象往往从常规单层面出发来判断对错，对复杂现象的理解往往容易出现失误，尤其是出现了很多后来看属于较低层次评议失误的情况。例如：

（1）一连游了好几次泳。（北京大学中国语言文学系汉语教研室编《现代汉语》147 页，高等教育出版社，1958 年版）

该例中将“游泳”作为离合词来使用，当时被认为是不规范的，但在随后的教材中则认为该例是规范的。这些都说明，教材中语法规范评议处于相对初级的阶段。

（二）停滞阶段（20 世纪 60 年代中期—70 年代中期）

1966 年，“文化大革命”开始，高考中断，与现代汉语规范相关的研究和教学都受到了严重破坏，新编的教材非常少，我们只搜集到了 5 种，均

① “论感”是在与语感相区别的基础上提出的一个重要的语言学概念。若将语感粗略地看作“交际过程中所体现出来的直觉地理解、判断和表达的语言能力”，那么，论感则是指“对语言现象背后的条件、理据和规则、规律的直觉判断或感受”，即“对语言交际中蕴含的某种理论因素的直觉感知”。参见于根元（2002）、施春宏（2009b）、施春宏等（2021）关于论感的相关阐释。

为1973到1975年之间试用或出版[①]，这可能跟当时社会环境适度放宽有一定关系。通过对这5种教材的分析，我们发现，这个时期对语法规范问题的讨论基本上还是承袭上一阶段的认识，仅有个别教材中出现了一些新类型，包括副词运用不当、并列不当等。属于并列不当的如：

（2）这是党和毛主席对工农兵学员的信任和寄予了无限的希望。（哈尔滨师范学院中文系现代汉语教研室编《现代汉语》142页，1973年油印本，未出版）

评者认为："前一个'和'没问题，后一个'和'有问题，前后连接的两项结构不一样，不能构成并列关系。应该把'寄予了无限的'删掉，改为'这是党和毛主席对工农兵学员的信任和希望'。"这类现象在后来有了更多的发现，其评改方式也为后来所沿用。

可以说，这一阶段教学语法规范评议基本处于停滞状态。整体上看，"现代汉语规范化工作乃至整个语文工作遭受很大破坏"，"语言生活污染很严重"（施春宏，2005：5）。

（三）拓展阶段（20世纪70年代后期—90年代末）

"文化大革命"结束以后，政治环境得到改善，教育事业也得到恢复和发展，汉语语法研究逐渐展开并取得前所未有的发展，在此大背景下，教学语法也进入了繁荣时期。这一时期出版了大量现代汉语教材，有不少教材对现代汉语教学产生了重要影响，初期如黄伯荣、廖序东主编（1979）的《现代汉语》、张静主编（1980）的《新编现代汉语》和张志公主编（1982）的《现代汉语》等；胡裕树主编（1962）的《现代汉语》于1979

① 这5种教材是：哈尔滨师范学院中文系现代汉语教研室编（1973）《现代汉语》，未出版；江苏省四所师范学院《现代汉语》教材编写组编（1973）《现代汉语》，未出版；四川师范学院中文系汉语教研组编（1974）《现代汉语》，未出版；安徽省教育局教材编写组编（1974）《现代汉语》，安徽人民出版社；哈尔滨师范学院中文系现代汉语教研室编（1975）《现代汉语》，黑龙江人民出版社。其中，第5种应该是在第1种（未出版）的基础上修订而成的，我们比较了两者的规范评议内容和方式，发现有不小的差异，这在本质上跟初版和修订版的关系相同，因此分别计入。

年出版修订本、1981 年出版增订本。其中很多教材多次修订，沿用至今，仍是现代汉语基础课的主流教材。后续教材甚多，我们共搜集到这个时期的现代汉语教材 52 种。

1981 年召开的“全国语法和语法教学讨论会”讨论通过了《“暂拟汉语教学语法系统”修订说明和修订要点》，1984 年公布了《中学教学语法系统提要（试用）》（下称《提要》）。它们虽是中学教学语法体系，实际上如同“暂拟系统”一样，对高校教学语法体系的构建也起着导向作用。从这里也可看出，现代汉语教学语法在不同层次上具有体系的一贯性。受其影响，大学现代汉语教材的编写也随之有所改变。如《提要》增加了“句群”这一句法单位，因此在本时期，有不少教材明确提到了句群运用的相关问题。另外，1986 年召开的全国语言文字工作会议将语言规范化和推广普通话作为第一任务，中国语言文字工作进入了新时期，这种态势对语言评议工作也产生了很大影响。

这个阶段现代汉语教材中的语法规范评议主要有以下特点：一是评议的内容范围扩大，对原有的评议类型进行了更为细致的划分，系统性更强。新增评议类型涉及从词到句到句群各级语法单位，为以后教材的评议提供了重要参考。二是对很多过去长期被视为误用的现象做出新的定性并尝试做出新的理解，如离合词问题、代词的指代问题、“贵宾所到之处，受到群众的热烈欢迎”等句法语义关系问题、“恢复疲劳”类固定搭配问题等。例如：

（3）游了一回泳。〔张志公主编《现代汉语》（试用本）264 页，人民教育出版社，1982 年版〕

评者认为这是规范的表达：“人们使用双音节词时，又愿意把双音节词变回到单音节词使用，以求变化。”“双音节词在发展过程中，不少词并不是很稳定，关系较松。”这种解释虽有进一步讨论的必要，但已触及这种用法所体现的语言运作机制。三是初步形成了规范分析中的动态观念和层次观念，逐渐将过渡状态和语病区分开来，不怎么赞成一刀切似的规范方式。当然，这个阶段在规范化原则上还缺少深入探讨，“纯洁”语言的意识仍有不小的市场，对评议对象的判断总体仍然过严，误诊的情况仍时有发生。虽然学者们开始对传统的“匡谬正俗”规范观进行了重新探讨，形成了一些新观念，但是这些新观念并没有充分体现在教材中，而主要是在传统观念基础上进行丰富和完善。也就是说，基于规范评议的理论创新仍显不足，但已开始注重不同语言层面交互作用对语言规范的影响，这为语言规范观的讨论和调整埋下了伏笔。

（四）深化阶段（21 世纪初至今）

世纪之交，应用语言学界和语言教学界展开了语言观和规范观的大讨论。学者们纷纷从理论上对以前“匡谬正俗”的静态语言观进行讨论，提出了一系列非常有价值的观点，基于动态观而形成的“交际值”理论以及由此发展出的层次理论、中介理论、潜显理论、人文性理论等都进一步深化了对语言规范的认识。学界曾对新中国成立以来现代汉语规范评议失误中的各种类型、依据和原因进行系统梳理（施春宏，1998a），进而提出了“规范就是服务”的积极规范观（于根元，1994、1996、1999；郭龙生执笔 1995；施春宏，1998a；于根元、施春宏，1998 等）。

在这种大背景下，作为语言规范的重要内容，语法规范在研究和教学上也有了一定的转变。[①] 这个阶段现代汉语教材中的语法规范评议主要有以下特点：一是对大量长期“批而不倒”的个案从新的角度做出阐释。尤其是对类似“副 + 名”这样很长时期都保有新异性的现象，尽可能为其合法性寻找句法之外的理据。二是对语言生活中产生的各种新的现象（尤其是网络用语）给予了较多关注，并从语言价值和语言学价值的角度来思考（施春宏，2010）。三是由于大众语言水平的提高、语法研究倾向等因素影响，这一阶段教材中主要的语法规范评议相对于上个阶段有所减少。如果说拓展阶段主要是在语法规范评议广度上有了发展，那么这一阶段则在语法规范评议深度上有着明显的追求，对评议现象背后所蕴含的动因、规律

① 截至本项研究展开时的 2014 年底，我们共搜集到第四阶段相关教材 32 种，下面的数据分析以此为基础。在此后几年，我们又陆续搜集到 47 种教材（包括 2015 年以后出版以及此前出版而当时未能见到者），作为分析的参照。其实，第四阶段后出教材虽然众多，但评议类型总体差别不大。

等分析有了较多的理论阐释。

当然，这一阶段的规范评议即便有了很显著的变化，但由于长期以来“匡谬正俗”观念的影响、教材编写的模式化以及对教材实用价值的考虑，一些新的更为合理的观念仍长期游离于高校教材之外。即使自本世纪初动态规范观、交际值原则在教材中就已开始有所体现，但也不能完全动摇旧观念的主导地位，流行的仍是“积非成是”“人多势众”的习性原则观、“此亦一是非，彼亦一是非”的所谓动态实乃静态的阶段规范观。如对何为生造词等涉及汉语构词机制现象的理解仍无根本突破，对过渡现象做离境的对错判断仍是主流，对广告用语中的创新用法仍不太接受，很长一段时间将网络表达排斥在日常交际之外等。因此我们看到，对教材中大部分语法现象的讨论还是延续传统的方法，缺乏充分的动态观察视角。这也使得规范新观念主要体现在学界讨论比较多的小部分现象上。

三　现代汉语教材语法规范评议发展过程的类型分析

如上所述，在这 60 多年里，现代汉语教材中语法评议的发展经历了匡谬、停滞、拓展、深化四个阶段。为了能够更为直观地认识各类语法规范评议的发展脉络，我们归纳整理了语法评议中涉及的基本用例类型，涉及词（词法和词语）、短语（句子成分）、句子（单句和复句）、句群各级语法单位以及逻辑事理，具体包括词法评议、实词评议、虚词评议、句法组合评议、句法位置评议、成分冗缺评议、特殊组配评议、特殊句式评议、杂糅评议、复句和句群评议、逻辑事理评议等 11 个方面。[①] 下面我们就来分别描写各种评议类型在不同阶段的发展变化过程，并基于 60 多年来语法研究和语言规范研究中观念和内容的学术发展过程分别做出简要评述，以期探索一些带有规律性的认识，尤其是发现语法评议与语言观念、规范观念、

① 需要说明的是，歧义问题也是语法评议的常见对象，但它与这 11 种类型多有交叉（常作为使用不当的后果），而且现代汉语教材中常常将“歧义”问题单独介绍，因此这里没有单独列为一类来分析。

语言研究状况之间的关系。由于第二阶段教材很少，只有 5 种，而且在类型和评议上基本沿袭第一阶段，因此我们将第一、二阶段放在一起讨论。

（一）词法评议的发展过程

词法评议主要涉及词缀、合成词拆分、简缩生造词三类，如表 4.1：

表 4.1　词法评议发展过程

类别	第一、二阶段		第三阶段		第四阶段		汇总	
	教材数量	比例（/17）（%）	教材数量	比例（/52）（%）	教材数量	比例（/32）（%）	教材总量	比例（/101）（%）
词缀	17	100.0	52	100.0	32	100.0	101	100.0
合成词拆分	9	52.9	20	38.5	7	21.9	36	35.6
简缩生造词	8	47.1	17	32.7	9	28.1	34	33.7

注：表中“比例”栏括号内的数字为该阶段中的教材总数，如第一、二阶段中的“(/17)”表示该阶段共有 17 种教材，其他两阶段类此。由于各阶段教材总数不同，我们采取计算比例的方法进行纵向比较。比例的计算方法为“某类型教材 / 本阶段教材总数 ×100%”。“汇总”栏中的比例数“(/101)”指“某类型教材数 / 所考察教材共 101 种 ×100%”。下列各表同此。

在词法误用评议中，（类）词缀问题是各教材一定都会关注的现象，没有例外。内容上，第一、二阶段介绍的用例基本上奠定了教材词缀部分编写的基础，随后的教材只新增了“族、然”等少数用例。然而，第一、二阶段没有叠音词缀；有的教材也把“们、着、了、过”看作构词虚语素（北京师范大学中国语言文学系集体编著《汉语讲义（初稿）》153 页，高等教育出版社，1958 年版；北京大学中国语言文学系汉语教研室编《现代汉语》140 页，商务印书馆，1962 年版）。到了第三阶段，“们、着、了、过”不再被看成是构词虚语素，不再与词缀放在一起介绍，而且有了多音词缀的概念。第四阶段，广受学界关注的“类词缀”概念开始进入教材（邵敬敏主编《现代汉语通论》120 页，上海教育出版社，2001 年版）[①]。这些变化与语法体系调整紧密相关。

合成词的拆分（如“游～泳”）呈现直线下降态势，从第一、二阶段的 52.9% 到第四阶段的 21.9%，这实际上与学界重新认识合成词拆分的可能性与机制有关。简缩生造词评议（如“敌特、关爱”）在四个阶段也逐渐减少，这也与学界对汉语词语构造的方式与机制重新有了认识有关。

（二）实词评议的发展过程

实词评议主要涉及代词、名词、形容词、动词、副词、量词、数词七类，如表 4.2：

表 4.2 实词评议发展过程

类别	第一、二阶段		第三阶段		第四阶段		汇总	
	教材数量	比例（/17）（%）	教材数量	比例（/52）（%）	教材数量	比例（/32）（%）	教材总量	比例（/101）（%）
代词	10	58.8	39	75.0	14	43.8	63	62.4
名词	11	64.7	31	59.6	13	40.6	55	54.5
形容词	9	52.9	28	53.8	12	37.5	49	48.5
动词	6	35.3	28	53.8	14	43.8	48	47.5
副词	1	5.9	20	38.5	12	37.5	33	32.7
量词	1	5.9	19	36.5	8	25.0	28	27.7
数词	1	5.9	17	32.7	8	25.0	26	25.7

由表 4.2 可知，各类实词使用评议的比例大体经历了由分散到集中的过程。第一、二阶段各类型比例差别较大，其中代词、名词、形容词的评议

① 这里说某个现象“始见于”某种教材，并非指这种现象一定首先为这种教材关注到（其实一般而言，教材呈现的知识是落后于学界具体研究的），而只是就我们考察的教材中所能发现的首见情况而言。

较多，量词、数词、副词的评议各只有一种教材提及。在各个阶段，代词评议一直比例很高，多与代词的指代功能和篇章衔接功能有关；名词评议多与其语义内容和语法功能相关；形容词和动词的评议多与它们被用作其他词类有关。至于数词、量词、副词，它们在第一、二阶段比例偏低，带有偶然性，没有成为关注的对象。除了代词之外，到了第三阶段，各类型评议的比例差别开始缩小：名词评议的比例降低，其他词类评议比例都有或多或少的上升，总体稳定在30%—60%之间。到了第四阶段，相对于上一阶段，各类型的比例都有所降低，相互之间的差别也进一步缩小，基本上集中在20%—50%之间。

实词评议的发展特点主要表现为：一是类型的丰富化，在第三阶段，出现了指示代词误用、动词误用为形容词、动词误用为介词、名词重叠等类型。这与新时期语言研究范围的扩展有关。二是对各个词类之间语法功能的定位逐渐明晰，此时词类之间的误用显得“更多”。三是对某些特殊类型的讨论和反思。比如对于“您们”，就经历了由全盘否定到比较认同的转变。早期否定这种现象是由于受“匡谬正俗”的规范观影响，后来逐渐接受也主要是根据“约定俗成”这一准则，但也吸收了学界关于其特定使用价值的分析（张寿康，1981；李庆义，1982；廖斯级，1982；周世安，1982）。

（三）虚词评议的发展过程

虚词评议主要涉及介词、助词、连词、语气词四类，如表4.3：

表4.3　虚词评议发展过程

类别	第一、二阶段		第三阶段		第四阶段		汇总	
	教材数量	比例（/17）（%）	教材数量	比例（/52）（%）	教材数量	比例（/32）（%）	教材总量	比例（/101）（%）
介词	10	58.8	38	73.1	21	65.6	69	68.3
助词	5	29.4	24	46.2	16	50.0	45	44.6
连词	5	29.4	18	34.6	12	37.5	35	34.7

续表

类别	第一、二阶段		第三阶段		第四阶段		汇总	
	教材数量	比例（/17）（%）	教材数量	比例（/52）（%）	教材数量	比例（/32）（%）	教材总量	比例（/101）（%）
语气词	2	11.8	6	11.5	3	9.4	11	10.9

在虚词评议中，介词使用一直是评议的重点，三个阶段均保持在60%—70%左右，这与介词数量多、义项复杂（尤其是虚化情况）、近义用法多有交叠有很大关系。相对而言，“对、对于、关于”之间的误用评议、“在……上/中/下”的误用评议在三个阶段都比较多，其他介词的评议相对分散，数量也较少。连词的评议比例变化不大，而语气词评议的比例一直较低，变动幅度亦不大。稍有特殊的是助词使用的评议，其比例有明显上升的态势，这与学界对助词范围的界定及使用中对某些助词的分化与强调（如“的、地、得”的区分）有一定关联。

虚词评议的发展特点主要体现为：一是类型丰富化。关于介词的评议，第三阶段的种类比第一、二阶段更多，比如介词“从”的滥用、“经过、通过”的错用。在助词方面，第一、二阶段主要关注助词“所”字多余与“着、了、过”的误用的现象，而到了第三阶段则没有“所”字多余用例，取而代之的是结构助词“的、地、得”的误用用例。关于语气词，第一阶段主要讨论“啊”的音变误用用例，而关于“呢、吗”等一般语气词的讨论是从第三阶段开始的。二是对现象的描写更为精细化。比如对“在……上”的讨论经历了从“中间不能加动词”到“中间不能加动宾短语”的转变过程。三是对某些长期存在争议的、由虚词参与构造的语法格式的使用价值有了新的思考。比如在第四阶段，有教材认为应该承认“V（双音）在了”的合法地位[①]，这实际牵涉到虚词使用中韵律和句法的交互作用问题。

① 有教材在评议“但第二天那竹签儿却又出现在了小墩子的旧铅笔盒里”时指出：“‘V（双音）在了N’的说法曾经被认为是不规范的，然而使用这种说法的人现在越来越多，已经不是个别人的一种偶发性言语行为。事实表明，它已经被社会所认同，因此不能判定为误用。”（邢福义、汪国胜主编《现代汉语》265页，华中师范大学出版社，2003年版）当然，这样的评议依据仍然是匡谬正俗式的，尚未涉及语言系统本身的理据探讨。

（四）句法组合评议的发展过程

句法组合评议主要涉及动宾不当、主谓不当、定中不当、主宾不当、状中不当、补语运用不当六类，如表 4.4：

表 4.4　句法组合评议发展过程

类别	第一、二阶段		第三阶段		第四阶段		汇总	
	教材数量	比例（/17）（%）	教材数量	比例（/52）（%）	教材数量	比例（/32）（%）	教材总量	比例（/101）（%）
动宾不当	12	70.6	45	86.5	26	81.3	83	82.2
主谓不当	11	64.7	41	78.8	23	71.9	75	74.3
定中不当	11	64.7	35	67.3	20	62.5	66	65.3
主宾不当	8	47.1	28	53.8	20	62.5	56	55.4
状中不当	9	52.9	32	61.5	13	40.6	54	53.5
补语运用不当	3	17.6	26	50.0	15	46.9	44	43.6

句子成分之间的搭配关系是语言运用的基本方面，最容易受到语言使用规范的关注。因此，句法组合过程中的搭配不当是一般语法评议的主要内容。

从句法组合评议来看，各类句法成分之间组合方式的评议一直是语法评议关注的重点之一，尤其是主要成分之间（动宾、主谓）。相对于其他各种类型的规范评议，这是最受教材关注的类型，而且每个阶段总体都是如此（补语稍有特殊），从趋势上看，变化并不大。

句法组合评议的发展特点主要体现为：一是评议时分类逐渐精细化。在第一、二阶段，基于句法组合关系的搭配不当基本上只划分出大类，比如主谓不当、动宾不当等，而内部一般不再细分；而从第三阶段开始，受层次分析法的影响，分类更加精细。以主谓不当为例，这个时期一般教材都会将“主谓结构中有联合短语、暗换主语造成的搭配不当”等单独列出。二是对语法关系的重新认识带来了分类上的重新定位。在第一、二阶段，大多数句法组合搭配不当的用例都是由于语义上、习惯上不能搭配，而到了第三阶段，虽然这方面的搭配不当仍然占评议主体，但是由词类误用等造成的搭配不当用例也正式被列为讨论对象。比如在讨论动宾不当时，经常对“不及物动词带宾语”现象进行分析说明；又如“暗换主语”此前一般归到主语残缺类，但从第三阶段开始也经常归到主谓搭配不当类中。三是对创新性表达的认识逐步变得宽容，而且着意寻找存在的理据，如形容词带宾语的及物性用法、动词做主宾语的用法、名词用如形容词时的组合等。

（五）句法位置评议的发展过程

句法位置评议主要涉及定语位置不当、状语位置不当、主谓宾错置、补语位置不当四类，如表 4.5：

表 4.5　句法位置评议发展过程

类别	第一、二阶段		第三阶段		第四阶段		汇总	
	教材数量	比例（/17）（%）	教材数量	比例（/52）（%）	教材数量	比例（/32）（%）	教材总量	比例（/101）（%）
定语位置不当	9	52.9	39	75.0	21	65.6	69	68.3
状语位置不当	8	47.1	38	73.1	19	59.4	65	64.4
主谓宾错置	0	0	7	13.5	3	9.4	10	9.9
补语位置不当	0	0	5	9.6	4	12.5	9	8.9

语序问题一直是语法研究的重点之一，句子成分的位置放置得是否恰当是语序评议的焦点。其中，定语和状语这两个修饰语的位置评议占有绝对优势，多涉及多项定语和多项状语的内部语序问题；而且第三、四阶段受关注程度明显超过第一、二阶段。其余成分的语序问题则少有关注，所关注的内容也往往是一般层次比较低的偏误。

句法位置评议的发展特点主要体现为：一是评议类型上的变化，主语、谓语、宾语、补语位置不当，以及定中颠倒、误状为补等用例评议都是在第三阶段出现的，此后没有实质变化。可见对语序的关注经历了一个由简单到复杂的过程。二是对多项定语和多项状语内部位置的关注及评议变化与学界对其内部层次差异的分析直接相关。

（六）成分冗缺评议的发展过程

成分冗缺评议主要涉及成分残缺和成分赘余两大类，每类各包含六小类，如表 4.6：

表 4.6　成分冗缺评议发展过程

大类	小类	第一、二阶段		第三阶段		第四阶段		汇总	
		教材数量	比例（/17）（%）	教材数量	比例（/52）（%）	教材数量	比例（/32）（%）	教材总量	比例（/101）（%）
成分残缺	主语残缺	13	76.5	46	88.5	24	75.0	83	82.2
	谓语残缺	11	64.7	42	80.8	22	68.8	75	74.3
	宾语残缺	10	58.8	42	80.8	20	62.5	72	71.3
	定语残缺	6	35.3	22	42.3	14	43.8	42	41.6
	状语残缺	0	0	28	53.8	12	37.5	40	39.6
	补语残缺	0	0	7	13.5	5	15.6	12	11.9
成分赘余	定语赘余	5	29.4	27	51.9	15	46.9	47	46.5
	状语赘余	4	23.5	21	40.4	14	43.8	39	38.6
	主语赘余	5	29.4	18	34.6	14	43.8	37	36.6
	谓语赘余	4	23.5	20	38.5	12	37.5	36	35.6
	宾语赘余	0	0	15	28.8	9	28.1	24	23.8
	补语赘余	2	11.8	12	23.1	10	31.3	24	23.8

成分冗缺涉及句子成分之间组合的必要性和可能性问题，包括成分残缺和成分赘余两个方面。在成分残缺用例评议中，对主语、谓语、宾语这

三个基干成分残缺进行评议的比例最大，总比例均超过 70%，而且在各个阶段都属于高度稳定的评议类型，而补语残缺最少；在成分赘余用例评议中，定语赘余评议稍多，但总体没有过半，其余的则相对均衡。

成分冗缺评议的发展特点主要体现为：一是各种逻辑上存在的成分冗缺类型均受到教材评议的关注，且跟其他类型相比，总体情况都比较突出。二是从第一、二阶段到第三阶段主要体现出的特点是类型的丰富化、精细化，从单纯描写转为注重说明合宜组合的理据。在成分残缺问题上，第一、二阶段关注主要句法成分的残缺问题，状语残缺、补语残缺没有涉及，直到第三阶段才出现，这可能与这个时期介词讨论增多有很大关联。宾语赘余也出现于第三阶段。在对各类的分析说明中，第三阶段在原有类别的基础上做了更为细致的分类，比如张静主编《新编现代汉语》（上册 207—208 页，上海教育出版社，1980 年版）就将宾语残缺细分为不该省略而省略、用定语代替中心语两类。同样，类型的细分意味着解释的深入，这也体现出重解释的特点。三是对成分残缺的认识，相较于第三阶段，第四阶段的认定总体从严了一些，这与人们对句法成分的省略可能及搭配关系的语义基础有了新的认识有关。四是在评议依据的分析上，第三、四阶段较之以前更注重句法、语义特征的分析，但是大多还是根据“约定俗成、符合习惯”等原则，比如很多教材在讨论广受关注的用例“贵宾所到之处，受到群众的热烈欢迎”是否合法合用时便采用了这种策略。

（七）特殊组配评议的发展过程

特殊组配评议类型比较复杂，“个性”比较强，这里列出了九种现象，如表 4.7：

表 4.7　特殊组配评议发展过程

类别	第一、二阶段		第三阶段		第四阶段		汇总	
	教材数量	比例（/17）（%）	教材数量	比例（/52）（%）	教材数量	比例（/32）（%）	教材总量	比例（/101）（%）
副＋名	8	47.1	34	65.4	20	62.5	62	61.4

续表

类别	第一、二阶段		第三阶段		第四阶段		汇总	
	教材数量	比例（/17）（%）	教材数量	比例（/52）（%）	教材数量	比例（/32）（%）	教材总量	比例（/101）（%）
数量短语 + 们	7	41.2	23	44.2	8	25.0	38	37.6
倍数	6	35.3	24	46.2	8	25.0	38	37.6
有 / 有没有 + 动词	1	5.9	2	3.8	6	18.8	9	8.9
VV 看	1	5.9	2	3.8	3	9.4	6	5.9
数量短语 + 以上 / 以下	0	0	1	1.9	4	12.5	5	5.0
过去是、现在是、将来也是	0	0	2	3.8	1	3.1	3	3.0
进行了并正在进行着	0	0	2	3.8	1	3.1	3	3.0
副词 + 形容词重叠式	0	0	1	1.9	1	3.1	2	2.0

从特殊组配评议来看，主要是某些词或某些结构因存在特殊的语法表现而引起评议者对这些“超常”现象的关注。这种类型的评议，有的引发了很多争议，但也易带来对学理的深入挖掘。因此，这种评议所体现出的“解释性”特征非常鲜明。

这些特殊组配与名词、动词、形容词的句法语义特征有关。“副 + 名”（如“很智慧”）、“数量短语 + 们”（如“三位同志们”）、“倍数”（如“缩短一倍”）这三种类型的评议倾向一直显著高于其他类型。其中，副名组合现象一直是关注的焦点，而“数量短语 + 们”和“倍数”的关注度在第四阶段有较大下降。此外，对“有 / 有没有 + 动词”和“数量短语 + 以上 / 以下”结构的评议则有较明显增加。其他用例相对较少甚至属于个例的类型中，大多与时体范畴的使用方式有关，如“有 / 有没有 + 动词”“VV 看”“过去是、现在是、将来也是”“进行了并正在进行着”之类。

第四阶段语法评议的一个重要特点就是对一些引发长期争议的现象做出了新的定性和定位，其中很多表现出规范观念的转变。最具代表性的就是对“副＋名”现象的认识。前三个阶段的解释基本上没有差别，都认为名词不能受副词修饰，个别类似于“很精神”“人不人，鬼不鬼”的用例应该当作特例处理。而到了第四阶段，有些教材[①]认为，对于一些类似于“很女人”的“副＋名”现象不能盲目排斥，因为语言是发展变化的，应该深入分析其原因，并等待实践检验。这与学界对这种现象的生成基础及机制的解释有很大关系（参见于根元，1991；张谊生，1996、1997；储泽祥、刘街生，1997；施春宏，2001c、2002b 等）。在这种动态思想的指导下，一些以前认为不合规范或者认为不合逻辑却符合大众使用习惯的用例都能够得到合理的解释。运用新的规范理论来评价原有疑难杂症以及新现象成为教材语法规范评议的发展趋势。另一特点就是对某些特殊语法现象的评议引发了语法研究的新思考。如表 4.7 中涉及的几种时体范畴表达方式，实际上都得到了学界的认可，并从汉语时体特征方面给予了解释。教材编写往往落后于学术发展，但有时也能引发学理上的探究。

（八）特殊句式评议的发展过程

教材规范评议中的特殊句式类型相对集中，如表 4.8：

表 4.8　特殊句式评议发展过程

类别	第一、二阶段		第三阶段		第四阶段		汇总	
	教材数量	比例（/17）（%）	教材数量	比例（/52）（%）	教材数量	比例（/32）（%）	教材总量	比例（/101）（%）
“把”字句	5	29.4	19	36.5	17	53.1	41	40.6
“被”字句	5	29.4	23	44.2	8	25.0	36	35.6

① 如袁彩云主编《实用现代汉语》28 页，高等教育出版社，2006 年版；鲍厚星、罗昕如主编《现代汉语》238 页，湖南师范大学出版社，2009 年版；周芸、邓瑶、周春林主编《现代汉语导论》141、144 页，北京大学出版社，2011 年版。

关于特殊句式的评议，主要集中于使用条件比较复杂的“把”字句和“被”字句。“把”字句虽然不同阶段关注度有变化，但评议内容并无明显变化，主要集中于该句式各个组成部分的限制条件是否得到了满足。而“被”字句的相关评议则经历了由简到繁的过程，起初重点关注滥用“被”，如“新人物往往被写得相当软弱”（北京大学中国语言文学系汉语教研室编《现代汉语》上册208页，高等教育出版社，1958年版）；后来则同时关注如“把”字句那样涉及该句式各个组成部分的限制条件，尤其是“被”字句中否定词的位置、主语定指与否等。第四阶段教材评议对“把”字句的关注显著高于“被”字句，这是受到了学界对“把”字句句法语义特征展开深入分析的影响。对这些特殊句式限制条件的说明，都与不同时期学界对相关问题的研究状况有关。

（九）杂糅评议的发展过程

杂糅评议主要涉及句式混杂、前后牵连两大类，如表4.9：

表4.9　杂糅评议发展过程

类别	第一、二阶段		第三阶段		第四阶段		汇总	
	教材数量	比例（/17）（%）	教材数量	比例（/52）（%）	教材数量	比例（/32）（%）	教材总量	比例（/101）（%）
句式混杂	6	35.3	32	61.5	23	71.9	61	60.4
前后牵连	4	23.5	23	44.2	15	46.9	42	41.6

对于结构杂糅的评议，虽然在数量上经历了由少到多然后趋于稳定的过程，但在内容上并没有明显的变化，这是教材编写过程中继承性体现最为明显的类型之一，这也跟学界所认识的杂糅现象比较集中有关。

（十）复句和句群评议的发展过程

复句评议主要涉及关联词和分句两大类，分别包括五小类和六小类，句群评议由于数量较少，不再做出类型划分，如表4.10：

表 4.10 复句和句群评议发展过程

大类	小类		第一、二阶段		第三阶段		第四阶段		汇总	
			教材数量	比例（/17）（%）	教材数量	比例（/52）（%）	教材数量	比例（/32）（%）	教材总量	比例（/101）（%）
复句评议	关联词	关联词错用	10	58.8	36	69.2	23	71.9	69	68.3
		关联词配合失当	7	41.2	32	61.5	22	68.8	61	60.4
		关联词滥用	10	58.8	31	59.6	19	59.4	60	59.4
		关联词缺失	9	52.9	24	46.2	20	62.5	53	52.5
		关联词位置不当	5	29.4	22	42.3	17	53.1	44	43.6
	分句	分句次序错乱	1	5.9	26	50.0	15	46.9	42	41.6
		分句间联系不紧密	2	11.8	17	32.7	18	56.3	37	36.6
		分句层次混乱	1	5.9	12	23.1	10	31.3	23	22.8
		条件不充分，绝对推导	4	23.5	13	25.0	5	15.6	22	21.8
		缺少分句	0	0	7	13.5	1	3.1	8	7.9
		句式选择失误	3	17.6	1	1.9	0	0	4	4.0
句群评议			1	5.9	11	21.2	7	21.9	19	18.8

复句内容包括关联词和分句两个方面。关联词这种复句显性标记的各类使用情况一直是教材关注的重点，评议占比较大，整体上超过分句使用

评议，而且小类之间差别不大。分句使用评议中第一、二阶段普遍较少，第三、四阶段中“次序错乱、联系不紧密、层次混乱、绝对推导”方面的评议相对较多。

关联词评议总体上都呈现增加的态势，只有关联词缺失评议这一项在第三阶段的比例有所下降，但到了第四阶段又有较明显的增长。关联词评议比例的持续增长可能与模式化教材编写有关，自20世纪八九十年代基本确定关联词误用类型以后，之后的教材编写都按照固定模式进行，因而造成了比例的增长。在分句评议中，大部分类型都是从第三阶段才有比较多的用例，之前仅有极少的教材提到这些类型。这也与学界第三阶段后比较重视分句关系的分析直接相关。至于分句句式选择失误之类的评议逐渐消失，说明该类型无论在实际应用中还是在教学领域都较少讨论的价值。

句群评议一直相对较少，第三、四阶段相对有所增加，这与教学语法系统对句群的认识较晚有关，也与学界常常将句群内容放到篇章中去分析有关。而且对句群类型的分析，基本上套用复句或多重复句的类型，这也是相关评议不受关注的一个原因。

（十一）逻辑事理评议的发展过程

逻辑事理评议主要涉及主客体颠倒、自相矛盾、多重否定不当、并列不当、正反同义表达、两面对一面六类，如表4.11：

表4.11　逻辑事理评议发展过程

类别	第一、二阶段		第三阶段		第四阶段		汇总	
	教材数量	比例（/17）（%）	教材数量	比例（/52）（%）	教材数量	比例（/32）（%）	教材总量	比例（/101）（%）
主客体颠倒	7	41.2	32	61.5	15	46.9	54	53.5
自相矛盾	4	23.5	25	48.1	14	43.8	43	42.6
多重否定不当	2	11.8	16	30.8	8	25.0	26	25.7
并列不当	2	11.8	18	34.6	5	15.6	25	24.8

续表

类别	第一、二阶段		第三阶段		第四阶段		汇总	
	教材数量	比例（/17）（%）	教材数量	比例（/52）（%）	教材数量	比例（/32）（%）	教材总量	比例（/101）（%）
正反同义表达	2	11.8	14	26.9	6	18.8	22	21.8
两面对一面 *	1	5.9	3	5.8	0	0	4	4.0

*“两面对一面”指这样的情况：“有没有坚定的意志，是一个人在事业上能够取得成功的关键。”

关于逻辑事理评议的范围，总体上变化不大，反映了语言表达中的基本逻辑事理类型。各类之间受关注程度变化不大，每个阶段都集中于“主客体颠倒”和“自相矛盾”，其他类型在各个阶段都大体相当。相对而言，第三阶段更加关注这方面的问题，这说明 20 世纪八九十年代是逻辑事理问题讨论的高峰时期，此后逐步稳定。

总体而言，关于逻辑事理方面的评议，只要关注到了，就变化不大，延续性很强。尤其是到了第四阶段，在内容上基本保持不变，进入稳定期。但值得注意的是，在分析具体评议用例时发现，不同时期自相矛盾方面的评议内容变化较大。在第一、二阶段，矛盾用例主要是完全违背事理的用例。例如：

（4）船桨或上或下地拍打着水面，发出紊乱的节奏声。（北京大学中国语言文学系汉语教研室编《现代汉语》118 页，商务印书馆，1962 年版）

而到了第三阶段，则主要是“基本上”与“都 / 全部”、“将”与“了”、“近十万多”等矛盾用例，可以明显看出后者评判难度有所提高。然而涉及具体用例，却有不少争议，后来学界对这些方面也有了不少新的思考。

四　现代汉语教材语法规范评议演变的影响因素

现代汉语教材中的语法规范评议，从性质上来说主要涉及这样几个方面：高校现代汉语课程和教材的定位、语法规范对象、教材编写者对相关现象的认识，以及由此显示出的学理思考和实践反思。因此，不同时期现代汉语教材语法规范评议的演变过程便是一个值得全面梳理和深入分析的现象，尤其是影响这种演变的基本因素，需要系统总结。

上面在分析现代汉语教材语法规范评议发展过程的基本类型及其演变趋势时，我们已经随类说明式地涉及了影响现代汉语教材语法规范评议演变的诸多因素，这里再进一步做出概括，以展示语法规范评议演变的自身规律。考察影响现代汉语教材中语法规范评议演变的主要因素，最基本的路径就是对评议对象的选择、具体评议的依据、规范评议的效度等做出具体而系统的分析。如：哪些现象进了教材？为什么在这个时期进教材？为什么有些现象退出了教材？为什么有些现象一直受到评议者的关注？为什么有些现象“批而不倒”？为什么有些现象只是一般的评议而有些现象却引发了很多争议？为什么有些现象后来成为广泛接受的共识？哪些现象容易引发理论的思考？哪些现象的评议对人们的语言生活没有多大影响？哪些现象的评议确实改变了语言生活？哪些现象的评议引发了学界产生新的认识？哪些现象的讨论改变了人们的规范观甚至语言观？……凡此种种，都是值得思考的问题。对语言生活中存在的使用不当现象，现代汉语教材收与不收、如何评议，都潜存着某种理性的思考和权衡。语法规范评议是语言规范研究的重要内容，它必然与当时的语言生活和语言水平直接相关，必然受到评议者个人理论知识、当时学界认知状况、学术研究成果等方面的影响。基于此，我们主要从以下五个方面来讨论现代汉语教材语法规范评议的影响因素。

（一）大众语言生活和语言水平的影响

教学语法的根本目标是提高大众的语言文字应用水平，故教学语法除了介绍基本语法知识外，还得告诉学生什么样的语法现象是合乎规范的、什么样的是不合规范的，注重实用性，因而现代汉语教材中的语法规范对象主要来自日常交际和报刊的真实材料。也就是说，大众语言生活和语言水平对教材中的语法规范评议有着重要影响。① 这主要体现在以下两个方面。

一是语言生活影响着教材中评议用例的选择。新中国成立初期，大家正在热情满满地进行国家建设时，发现语言规范问题严重影响了社会各项工作的开展。为了迅速改善当时的语言状况，在各级管理者的大力推动下，社会各界掀起了语法学习热潮。而且当时现代汉语典范标准、语言使用的规律还在不断确立的过程中，社会语言生活亟须建立新的规范。作为该时期语法规范化实践考察和理论分析的代表，《语法修辞讲话》（下称《讲话》）产生了巨大的导向作用。《讲话》在评议时，除了小部分展示正确用例外，大部分篇幅都是分析错误用例，而且选例均是从当时的实际交际中选取的，如序中所言："我们的例句的来源，有一般书籍，有教科书，有报纸，有期刊，有文件，有文稿，有通信，有大、中、小学生的习作。"可以说，《讲话》选例是当时大众语言生活的一个缩影。受到该书的影响以及该书对社会影响的影响，后来的高校现代汉语教材在编写过程中都或多或少地借鉴其编写体例或具体用例。例如：

（5）一连游了好几次泳。<评：合成词"游泳"不能拆开。>（北京大学中国语言文学系汉语教研室编《现代汉语》上册 147 页，高等教育出版社，1958 年版）

（6）他们受到表扬的原因不只是因为他们完成了和超过了自己生产上的责任。<评："任务"可以说"完成"，"责任"不能说"完成"，更不能说"超过了……责任"。>（北京大学中国语言文学系汉语教研室编《现代汉语》中册 319 页，高等教育出版社，1959 年版）

---

① 我们在分析历年高考语文病句试题演变的影响因素时，也同样发现大众语言生活和语言水平对高考语文试卷中病句试题的编拟有很大影响，请参看郝暾、施春宏（2015）的分析。由此可见，高校现代汉语教学和高中语文教学具有相同或相通的知识结构基础。我们在系统分析相同时期的高考病句和高校现代汉语教材规范评议内容后发现，高考病句的修改难度一般并不比高校现代汉语教材规范评议难度低，甚至在题型设计上因追求"隐而不露"以及增设干扰项而大大提高了识别的难度。

（7）转变了过去站在生产之外，空喊保证生产的作风。<评：自动词误用为他动词。>（华中师范学院中国语言文学系汉语教研组编《汉语初稿》22 页，人民教育出版社，1960 年版）

（8）殷代的社会，已达到使用大批奴隶从事农业和畜牧业生产。<评：改为“达到……的阶段”。>（北京大学中国语言文学系汉语教研室编《现代汉语》229 页，商务印书馆，1962 年版）

这些用例全都取自《讲话》，可见其在当时现代汉语教材编写中的影响。又因为《讲话》源于实际生活，所以第一阶段的语法规范评议对象相对贴近社会大众的语言生活。

进入 21 世纪后，多文化交流的迅速发展以及网络语言的兴盛都极大丰富了人们的日常表达用语，因此，在一些教材中我们看到了不少与此相关的新现象。比如，在说明类词缀时，2001 年邵敬敏主编的《现代汉语通论》以及 2006 年袁彩云主编的《实用现代汉语》，就将“× 热、× 坛、× 感、× 风、× 户”等一批在日常交际中已经比较常用的类词缀列为考察对象。又如，以“有 + 动词”为代表的一类特殊组配，从最初被认为不合法到得到相当程度的认同，与它们在大众语言交际中的长期实践有着密切的关系。

二是大众语言水平对教材中的语法规范评议也有很明显的制约作用。将匡谬、停滞阶段和拓展、深入阶段做对比，可以明显看到这一点。新中国成立初期，大众的语言水平总体很低，教材中涉及的语法规范评议类型并不充分，所涉现象相对来说也比较简单。评议时每种类型的大类说明比较多，如名词、动词、形容词的误用，简缩生造词，主要句法成分的残缺，关联词的配合，一些很明显的特殊现象（如词语的离合用法、变异搭配）等都是当时主要的关注对象。从后来的发展来看，这些基本上属于语法规范评议的典型、核心用例，而对具体小类、相对边缘一些的现象则关注较少。到了拓展阶段，随着大众语言水平的提高，相关类型的内部分化更加详细；而到了深化阶段，传统核心评议用例的比例又有了比较明显的降低，说明大众语言水平的提高使许多类型的讨论价值有所降低。

（二）汉语语法系统根本特点的影响

语法规范评议现象之所以会产生，就是因为编写者认为它有别于特定语言系统的一般规律，或违背了学界已经总结出来的语法规则，造成了交际障碍或具有某种特殊性。因此，一种语言中有什么样的语法评议现象，往往与它所在语言系统的特点有着密切关系。如“副 + 名”现象之所以长期受到关注并被视为不规范用法，就是因为它违背了学界所归纳的一般句法规则；新时期里现代汉语教材对这种现象大多采取了可接受的态度，也与学界对汉语语法系统中词类组合的语义基础有了新的认识有关。这些都牵涉到对汉语语法特点的认识。

关于汉语语法的特点，学界讨论最多的就是汉语的意合特征。20 世纪 40 年代王力先生提出“意合”的概念之后，对汉语意合特征的探索从最初的复句延展到词、短语、句子、语篇等各级语言单位上，取得了丰硕的成果。汉语的意合特征对于语法规范评议有着非常重要的影响。下面略举教材评议中涉及的几个方面。

汉语缺乏形态变化，其直接后果是汉语词法特征不直接与句法功能挂钩，造成词类界限不够明确，具体词语的词性容易在使用中改变，在改变发生之初容易被视为不规范用法。教材在这方面显得更加“保守”，像“导游”的名词用法、“转变”的及物动词用法、“洗个澡、幽它一默”的离合用法等，都曾被认为是不规范使用。

与此相关的是汉语构词中“字”（指形音义一体的语法单位）的特殊功能没有得到充分的认识，这大大影响了对是否为简称不当、是否为生造词的判断。如有教材对“人均、赏析”这类词是这样评议的：“既然用‘每人平均’可以把意思表达清楚，就没有必要再造出这样一个词来，而且‘人均’一词在口头上说出来，还没有‘每人平均’使人容易懂，这对于口头交际是有害无益的。”又指出“赏析”一词“有半文不白的味道”，“含义模模糊糊，不清楚”〔张志公主编《现代汉语》（试用本）上册 325 页，人民教育出版社，1982 年版〕。

又如汉语表达中省略的情况比较多，这与汉语流水句表达丰富有很大关系。我们在考察赘余评议类型时发现有很多例子是由于没有进行适当省略而使得整个话语结构不顺畅。例如下面这个句子是比较低级的使用：

（9）我昨天买了一本《唐诗探胜》，我知道您喜欢唐诗，我就先借给您看吧。我希望一个月后您能还给我。<评：该句是包括两个句子的一个句群，共用了四个“我”作主语。其实，根据承前省略的原则，后头三个“我”都是多余的，只保留第一个主语就够了。>（黄伯荣主编《现代汉语教程》594页，青岛出版社，1991年版）

在我们统计的类型中，简缩生造词，被动句滥用，关联词的错用、滥用，主要句法成分的赘余类都是比较重要的类型，而且评议失误的情况也比较多。由此可见，编写教材时如果对汉语语法系统中构词造语的规律认识不够到位，自然会影响评议的到位程度。

再如句法成分之间的位置关系有灵活的一面，也有受限的一面，使用不当，也往往成为评议关注的对象。如评议中发现，汉语中有定语成分放在状语位置上的例子，或者反过来，比如“我脆脆地炸了一盘花生米”和“我炸了一盘脆脆的花生米”之间的关联（暂不考虑两者语义上有无区别）。然而，这些现象并不具有普遍类推性，因而几个阶段的教材语法规范评议都有许多定状混用的例子。例如：

（10）民兵们有力地对“四人帮”进行批判。<评：“有力”应该去做“批判”的定语，改为“进行有力的批判”。>（中国逻辑与语言函授大学现代汉语教研室编《现代汉语（词汇·语法·修辞）》236页，北京大学出版社，1983年版）

（11）这次会议对引进外资问题交流了广泛的经验。<评：“广泛”应该去做“交流”的状语，改为“广泛地交流了经验”。>（同上，236页）

由于对语言系统特点的认识有个逐步深入的过程，因此这方面的认识对教材语法规范评议的影响也是逐步发展的。

（三）语言规范观念的影响

现代汉语教材是语言学观念向语言生活渗透的重要路径，这样，语言规范观念必然对现代汉语教材中相关语法现象的评议产生深刻的影响。这主要体现在以“匡谬正俗”为核心的静态规范观对教材编写的影响，以及以“交际值”为核心的动态规范观向教材编写的渗透上。

20世纪50年代到80年代后期甚至90年代中期，教学语法规范的指导思想基本上是“匡谬正俗”——纠正大众在语言使用中的错误，矫正语言使用陋习。该观念有其特定的历史价值。如上所述，新中国成立之初，人民大众的语言水平和社会发展的需求产生了尖锐矛盾，尽快提高广大民众的语言水平成为了关系党政机关正常工作、社会各项事务正常运行的重要任务。由于时间短，任务重，对于语法规范本身的理论探索不可能完全展开，“匡谬正俗”成了既方便又高效的指导原则，因而得以迅速推广。此后，该标准在语法教学领域一直处于指导地位，深刻地影响了现代汉语教材语法规范内容的编写。纵观20世纪50年代至90年代的现代汉语教材，匡谬正俗的观念一直占主导地位。在此观念指导下，语法规范化工作的确取得了非常大的成绩，在其他因素的综合作用下，广大人民群众的语言水平有了显著提高，教材语法规范内容有了比较“可靠”的标准，相关工作得以顺利开展。但是其局限性也是显而易见的：在规范标准划定方面比较单一，过于武断；在规范观念上寻求简单规则化、一致化，具有明显的保守性，追求语言“纯洁”，对于新生的语法现象容易采取否定的、一刀切的态度，对于外来语法或方言语法采取相对排斥的处理策略，对真实的语言生活反映不够及时。“匡谬正俗”的观念影响巨大，教材中许多用例可以反映出这一点。例如：

（12）“四人帮”和妖魔有一个共同之点，他们都祸害人民。<评：“祸害”是名词，名词一般不能作谓语，更不能带宾语，这里误用为动词，应改为“为害”。>〔黄伯荣、廖序东主编《现代汉语》（试用本）305页，甘肃人民出版社，1979年版〕

（13）每个写文章的同志都应该规范用词和造句。<评：“规范”名词误用为动词。“不规范”、“很规范”中的“规范”是形容词，但不能当动词用，更不能带宾语。>（张静主编《实用现代汉语》90页，河南人民出版社，1996年版）

“祸害”是否可以做动词？虽说语言是发展变化的，我们不能以今天的用法来框定昨天的现象，但是，我们可以从当时或者以前的材料中发现其中的问题。梁斌于1963年出版的《播火记》中有例：“红军打土豪分田地，公买公卖，不祸害老百姓。”当然，不能因为文学作品中提到了就说明“祸害”有动词词性，但从实际交际效果看，起码说明了“祸害”的词性是可商榷的，把例（12）直接认为是误用有些武断。值得注意的是，该教材此后的版本删去了这一用例。同样，说例（13）中“规范”是名词误用为动词，也与实际使用不相符。

除此之外，受传统语言学观念和结构主义理论的影响，在匡谬正俗时，第一、二阶段语法规范评议主要以简单描写和纠错为主，很少给出解释。例如：

（14）约旦女爱国青年纳迪亚·萨勒提在押赴法庭途中。<评：应说“爱国女青年”。>（北京大学中国语言文学系汉语教研室编《现代汉语》上册200页，高等教育出版社，1958年版）

（15）我们向政府提意见是人民的责任。<评：删去“我们”，主语应该是“向政府提意见”。>（北京师范大学中国语言文学系集体编著《汉语讲义（初稿）》304页，高等教育出版社，1958年版）

这也与当时的社会环境相符。从第三阶段开始，对于相关现象的解释越来越精细，这与不同理论的应用以及相关学术研究的广泛开展、学术成果的日渐丰富有关（见下文）。

20世纪80年代中期以后，语法规范研究进入了一个新的阶段。伴随着应用语言学研究的兴起，学者们开始注重语法规范本身的理论探讨，对以往以“匡谬正俗”为核心的静态规范观进行了反思。尤其是90年代中后期开始，学界提出并发展了一系列语法规范理论，其中以“交际值理论”为核心的动态规范观渐成主流认识，该理论强调动态是语言的本质，语言中有大量中介状态，语言具有层次性，语言现象存在着潜隐变换，因此判断语言现象是否规范要以该现象在交际时的到位程度为依据（于根元，1996、2008；于根元主编，1999）。基于这样的认识，形成了规范服务观、规范预测观等基本规范观念，并对语法规范化的基本原则（如理性原则、习性原则、刚性原则、柔性原则）的内涵及其关系做了重新思考。这些观念和认识对现代汉语教材中的规范评议逐渐产生了较为深远的影响。如在缩略语的讨论中，邵敬敏主编的《现代汉语通论》[①]以“战机、劳改”为例，说明语法规范要用历史的发展的眼光看问题；齐沪扬主编的《现代汉语》[②]认为，“能区别意义、避免与已有的词语相混淆、考虑人们的接受心理、分清使用场合”是规范缩略语的原则。虽然有的认识还有可争议之处，但在规范评议中引入新的观念已渐成主导。

值得注意的是，由于语言生活都有巨大的惯性，新的规范观念为学界和社会理解和接受都需要有个过程，因此，不同教材在引入新的观念和认识时会有不同的表现，尤其是匡谬正俗的观念和方法在某些现代汉语教材中仍然占据主导地位，影响了语言规范化工作的质量和效度。其实，这还与教材编写者是否积极地参与到真实的语言生活以及是否以开放的理念来积极地吸收新观念新方法有很大关系。然而，从我们对数十年教材内容的分析来看，现实的情况很不乐观，教材评议中所体现出来的研究观念和语言规范观念总体而言都大大落后于学术发展的时代步伐。

（四）语法研究理论框架的影响

汉语语法学最早是借鉴西方传统语法学而产生的，传统语法学对现代汉语教材编写产生了深远的影响，直至今日，传统语法学的概念、术语、分析方法仍然保留在现代汉语教材中，可以说，现代汉语教材是在传统语法学的基础上发展起来的。

传统语法产生之初就以教学为目的，它以规定为主，明确区分词法、句法，开创了一套相对完整的以词和句子为中心的教学语法体系（孙德金，2011）。这种观念至今仍有很大影响，在我国教学语法体系中处于基础地位。高校现代汉语教材正是如此：在语法部分（实际主要是句法，词法部分往往放到词汇中说明），基本上是按照词类（实词、虚词）、词组 / 短语、

① 邵敬敏主编《现代汉语通论》（第 2 版）312 页，上海教育出版社，2007 年版。

② 齐沪扬主编《现代汉语》251 页，商务印书馆，2007 年版。

单句、复句的层级进行教学；在句法分析上，纵然中心词分析法因其局限饱受批评，但仍由于其在语法教学中的实用价值而被各类现代汉语教材广泛采用。语法规范评议作为语法知识规范使用的相应内容，其体系安排自然也受到传统语法的影响。纵观60多年来现代汉语教材中的语法规范评议，大体上都是沿着词类误用、短语误用、句法成分及句法结构误用、复句误用、句群误用的路子来描写的。时至今日，传统语法仍是现代汉语教材语法规范评议的重要基础。

结构主义语言学早在20世纪30年代就传入中国，但由于特殊环境的影响，直到70年代末80年代初才迎来发展机遇。不仅在本体研究中得到了广泛应用，在教学语法中，结构主义提倡的词类划分标准、层次分析法、替换法等也得到了广泛应用，这些认识也反映到了高校现代汉语语法规范评议中。我们知道，结构主义的最大贡献就是将语言看成一个系统，通过梳理系统中的语言成分以及成分之间的关系来描写语言。语法规范对象也是成系统存在的，从上文的分析可以看出，在前两个阶段，病句研究都显得比较零碎，没有体系，而到了拓展阶段，受结构主义系统观的影响，系统化成为了该时期语法规范评议的主要特征。相对于前两个阶段的实用主义倾向，此时教材中的语法评议内容更倾向于全面、系统。

从评议对象和评议内容上看，系统化主要体现在以下两个方面：新的病句类型显著增加；对已有的类型有了更为精细化的描写。从拓展阶段开始，现代汉语教材中出现了一批前两个阶段没有的评议类型，比如：构词类中“～油油”等双音词缀；实词运用中的指示代词误用、非谓形容词误用、动词误用为形容词、动词误用为介词、名词重叠等；虚词运用中的新生介词、语气词及结构助词等；句法位置关系中的主谓宾补相关现象；成分冗缺类中的状语残缺、补语残缺、宾语赘余；新生的特殊组配现象；复句中的分句残缺；等等。这些类型的出现都极大地丰富了现代汉语教材中的语法规范评议系统。除此之外，我们还看到在已有现象的描写上，第三阶段有了明显的精细化分类叙述，比如上文提到的关于搭配类、残缺类的细致划分，以及在介词功能、副名组合、“把”字句使用等规范评议中的细致叙述等。此外，新类型的出现本身也是精细化描写的重要组成部分。总的来看，系统化、精细化描写是这一阶段最为显著的特征，而这与结构主义观念的影响深有关系。到了 21 世纪，教材语法规范评议的编写仍然主要采用结构主义理论下的系统化评议模式，但是由于受到大众语言水平提高的影响，其系统化程度已不及第三阶段，有时采取重点突破的评议策略。

20 世纪八九十年代以来，不仅结构主义广泛传播，认知语法、功能语法等理论观念也在教学语法的解释取向中有所体现。与此同时，基于句法、语义、语用（也作“结构、语义、表达”）三方面相结合的研究观念大大深化了对汉语语法事实的探讨。语义特征分析、语义指向分析、配价分析等方法不断完善，篇章分析、焦点理论等也广泛开展。这些理论视角也被引入到语法评议中。例如下例很明显地从语义特征来解释句法组配问题：

（16）葡萄沟人民今年又提出了响亮的战斗任务。＜评：“响亮”具有“声音”特征，“任务”不具备“声音”特征，不能搭配，可把“任务”改为“口号”。＞（杨润陆、周一民编著《现代汉语》352 页，北京师范大学出版社，1995 年版）

对描写和解释相互关系的重视引导着现代汉语教材中语法规范评议的新探索。一方面，是由于类型的细化必然会带来解释的深入；另一方面，是用于解释的不同理论工具使人们对相关现象的认识有了新的观察视角。比如，在解释传统上认为语义、习惯上不能搭配的固定组合时，过去经常看到“无理而妙”的评议策略（如对“救火、打扫卫生”的分析），现在则常常对“事理”做出认知、功能上的解释。

当下，语体语法、韵律语法、互动语言学研究方兴未艾，产生了许多很有解释力的成果，对揭示汉语语法特点很有启发。目前的现代汉语教材中对此所涉不多，甚至对其重要观念和认识尚无反映。我们相信，随着教材编写者对这些理论实践价值认识的不断加深，也会将语言生活中出现的相关语法问题放到特定理论框架中去评议、阐释。这将是语法规范评议的新天地。

（五）语法研究内容及成果的影响

现代汉语教材不但是语言学观念向语言生活渗透的重要路径，同时也是语言研究成果向语言生活转化的重要路径。教学语法的目标是："掌握一定的知识，便于了解什么是符合语法的，什么是不符合语法的，并正确地运用语言。"（高更生、王红旗等，1996：6）因此高校现代汉语教材会逐步贴近语言研究的基本内容，并倾向于吸收学界看法比较一致同时又适合学生理解和使用的研究成果。

当语言研究的内容比较关注语言生活中的实际表达时，便容易成为规范评议的对象；当这种规范评议对象长期引起学界关注并有了新的可操作性解释时，更容易进入教材。比如上文提到的"您们"，一开始是完全否定的，从上世纪80年代开始，陆续有学者对"您们"进行探讨，大部分观点都认为应该承认"您们"的规范性地位。在此背景下，从第三阶段开始，教材中对于"您们"开始承认其在书面语中的合法地位。又如"副+名"，从上世纪90年代开始，学者们对于"很淑女、非常香港"这类非常规现象的关注开始增多，到了第四阶段，教材中也开始有了相关说明，并由此对动态规范观进行了必要的阐释。这体现了人们对不规范现象的判定标准也在由规则本位走向语用本位（施春宏，1999a、2005）。

即便是没有多少争议的内容，如果研究的广度和深度有变化，且这些内容对语言交际有指导作用，那么这些研究成果也容易成为规范评议的对象。如现代汉语教材中关于复句使用的规范评议就是一个很好的例证。如表4.10所示，在复句内容中，起初重视关联词的评议，而有关分句的评议主要是从第三阶段开始的。这是因为第一阶段学界对于复句的关注重点在关联词上，《暂拟》将复句分为"用关联词的"和"不用关联词的"，可见关联词是复句讨论的核心；而在分句关系上，只粗略地分为"联合的"和"偏正的"两类，没有对分句关系给予足够重视。上世纪80年代开始，分句关系的具体类型得到了广泛而深入的探讨，与之相应的分句关系规范研究也逐渐增多，因而教材中有关分句关系的讨论也增多了。这说明语法研究对现代汉语教材编写具有重要的影响。而近些年复句研究中可用于指导交际的基础性成果没有大的变化，体现在教材评议中就呈现出相对稳定的状态。

高校现代汉语课程的基本目标自然是传授现代汉语知识系统和积极的语言使用观念，教材内容正是这种知识系统和观念的呈现。然而，毋庸讳言的是，如同教材评议所体现的规范观念相对落后一样，教材评议中对新的理论方法和研究成果的吸收也常常落后于学术发展的时代步伐，有些教材中甚至看不到新世纪以来语法研究的重要进展。实际上，这不但体现于语法评议中，现代汉语教材中的各部分都是如此：过于求稳，或者并未主动与学术前沿观念和成果去对接。有的教材虽然也在一定时期有某些内容上的更新，但整体上看还是偏于保守。而且这种求稳、保守的观念还体现在高校现代汉语教材中规范评议知识和中学语法知识之间的关系上。从语法评议的内容和处理方式来看，前三个阶段的现代汉语教材大多以面向中学语法教学的《暂拟》（1956 年公布）和《提要》（1984 年公布）为基础，即便到了第四阶段，这种状况在很多教材中仍然存在。这就必然导致高校现代汉语教材的语法评议与中学相关评议没有实质差别，而且也容易造成教材之间存在比较明显的承袭现象，用例选择和学理阐发求稳的状况比较明显。此外，由于受静态规范观的影响，有时评议的对象和理据并不能反映真实的语言生活。这是特别需要我们反思和改进的地方。

五　本章小结

虽然语法规范评议在客观和主观方面都存在着这样那样的问题，但不可否认，规范评议在推进语言生活的准确有效表达方面仍然起着积极的作用。在 60 多年的发展历程中，现代汉语教材语法规范评议的内容先经历了数量和类型上的增加，随后至今一直处于新观念渗透、系统调整阶段。我们通过对不同阶段 101 种现代汉语教材中语法规范评议内容的系统分析，归纳总结了影响现代汉语教材语法规范评议的基本要素，主要包括这样一些方面：大众语言生活和语言水平；汉语语法系统的根本特点；语言规范观念；语法研究理论框架；语法研究内容及成果；等等。然而，在看到变化的同时，我们也发现目前高校现代汉语教材虽然种类繁多，但总体上创新不足，教材中的语法规范评议存在明显的“吃老本”现象，小到具体用例，大到语言规范观，总的态势体现出“求稳”甚至“守旧”的情况，沿袭现象非常严重。高更生、王红旗等（1996：6）在谈到大学讲语法规范化时强调：“大学则更进一步要求能从语法上讲清楚为什么有语病，应当怎样纠正和预防，对有些存在争议的语言现象进行探讨，辨析规范与不规范的界限。”这还是偏于基础的一般层次的要求，然而即便如此，现在的现代汉语教材在语法规范教育上亦远未达及。这一方面凸显了现代汉语教学总体上没有跟上学术前进的步伐，其教材也总体上离学术前沿比较远；另一方面也反映出语法学界对教学语法研究不够深入，不能及时满足教材编写的需要。不仅面向中文系教学的情况如此，面向外语教学和二语教学的情况也同样如此。各种类型的教材如何做到基础性和前沿性相结合、描写和解释相结合、知识性和启发性相结合[①]，无疑还需要学界更多的探索。

为此，我们这些年从理论和实践上做了一些基础性工作。作为基础工作的一部分，我们对新中国成立以来的现代汉语规范化历程做了系统回顾（参见施春宏执笔，1994；施春宏，2005：第一章），并由此对现代汉语规范化问题进行了系统的理论探讨（如施春宏，1998a、1998b、1999a、2000a、2001d、2005、2009a、2010 等）。以此为基础，我们对现代汉语规范化过程中的各种评议现象做了不同方面的专题探讨。如施春宏（1998a）第一次系统探讨了现代汉语规范评议失误的类型、依据、原因及失误研究的价值；郝暾、施春宏（2015）从历时角度系统考察了 60 年来高考语文病句试题的基本阶段、演变路径及其蕴含的理论问题。这两篇文章着眼于语言规范化过程中的使用失误或评议失误方面。付翠、施春宏（2010）对现代汉语规范化依据从共时层面做了较为全面的定量和定性分析；本章则从历时层面对高校现代汉语教材中的语法评议情况做出了更为全面的分析，尤其是对评议的内容、方式和背景、成效做出了较为全面的考察。这些纵横结合的分析使我们在语言规范化的实践和理论方面获得了更为全面而辩证的认识。

① 参见施春宏、蔡淑美（2017）的“编写前言”对这三个“结合”及其原则性特征所做的说明。

于根元先生倡导并反复强调要将“交际值”即交际到位的程度作为衡量语言规范的根本依据，在“规范就是服务”的观念指导下，提出“及时发现和推荐新的好的语言现象更重要”的重要认识（于根元，1996、2008）；“语言规范实际上不是规范语言本身，是规范人的语言使用”（于根元，2002）。正是在这样一些思想的指导下，我们做了相关系列研究。我们希望这样的研究对高校现代汉语教学和教材编写、中学语文教学、学界观念更新有所启发，同时还想进一步引导健康、活泼的语言生活。而且我们相信，这样的研究对汉语二语教学的教材编写和观念更新也不无益处。

【本章附文】现代汉语教材目录
（按出版时间排序）

☆第一阶段：匡谬阶段（20世纪50年代中期—60年代中期）

[1] 杨欣安等编著（1956、1957、1958）《现代汉语》，重庆：重庆人民出版社。（独撰：第一册1956、第二册1957；合撰：第三册1957、第四册1958，这两册是语法部分）

[2] 葛信益编（1957）《现代汉语讲稿（语法、修辞、标点符号）》，北京师范大学油印本。

[3] 张涤华编著（1958）《现代汉语》（上册），北京：高等教育出版社。

[4] 北京师范大学中国语言文学系集体编著（1958）《汉语讲义（初稿）》，北京：高等教育出版社。

[5] 北京大学中国语言文学系汉语教研室编（1958、1959）《现代汉语》（上、中册），北京：高等教育出版社。

[6] 天津师范大学语言文学教研室编（1958、1959）《现代汉语（初稿）》，北京：高等教育出版社。

[7] 湖南师范学院中文系语言教研组编（1960）《现代汉语》，长沙：湖南人民出版社。

[8] 华中师范学院中国语言文学系汉语教研组编（1960）《汉语初稿》，北京：人民

教育出版社。
[9] 山东大学中文系语言学教研组编（1961）《现代汉语》，济南：山东大学出版社。
[10] 北京大学中国语言文学系汉语教研室编（1962）《现代汉语》，北京：商务印书馆。（说明：与1958年本评议内容有很多不同，分别计入；是前者的修改版，将不同分册合为一册）
[11] 胡裕树主编（1962）《现代汉语》，上海：上海教育出版社。
[12] 曲阜师范学院中文系现代汉语教研组编（1962）《现代汉语》，济南：山东人民出版社。

☆第二阶段：停滞阶段（20世纪60年代中期—70年代中期）

[13] 哈尔滨师范学院中文系现代汉语教研室编（1973）《现代汉语》，未出版。（说明：应是1975年本的试用本，但两者内容有不同）
[14] 江苏省四所师范学院《现代汉语》教材编写组编（1973）《现代汉语》，未出版。
[15] 四川师范学院中文系汉语教研组编（1974）《现代汉语》，未出版。
[16] 安徽省教育局教材编写组编（1974）《现代汉语》，合肥：安徽人民出版社。
[17] 哈尔滨师范学院中文系现代汉语教研室编（1975）《现代汉语》，哈尔滨：黑龙江人民出版社。

☆第三阶段：拓展阶段（20世纪70年代后期—90年代末）

[18] 吉林省函授学院中文系现代汉语教研组编（1978）《现代汉语函授教材（语法）》，未出版。
[19] 四川省教育局教材处编（1978）《现代汉语》，成都：四川人民出版社。
[20] 安徽师范大学中文系编（1979）《现代汉语》，合肥：安徽人民出版社。
[21] 胡裕树主编（1979）《现代汉语》（修订本），上海：上海教育出版社。
[22] 黄伯荣、廖序东主编（1979）《现代汉语》（试用本），兰州：甘肃人民出版社。
[23] 北京师范大学现代汉语教研室编（1980）《现代汉语》，北京师范大学教材科油印本。
[24] 陕西教育学院编选（1980）《现代汉语》，西安：陕西人民出版社。
[25] 上海教育学院编著（1980）《现代汉语》，福州：福建人民教育出版社。

[26] 张　静主编（1980）《新编现代汉语》（上册），上海：上海教育出版社。
[27] 胡裕树主编（1981）《现代汉语》（增订本），上海：上海教育出版社。
[28] 黄伯荣、廖序东主编（1981）《现代汉语》（第2版），兰州：甘肃人民出版社。
[29] 黄汉生主编（1981）《现代汉语（语法修辞）》，北京：书目文献出版社。
[30] 吴积才、程家枢编著（1981）《现代汉语》，昆明：云南人民出版社。
[31] 北京师范大学现代汉语教研室编（1982）《现代汉语》，北京：中国展望出版社。
[32] 张志公主编（1982）《现代汉语》（试用本），北京：人民教育出版社。
[33] 安徽大学中文系现代汉语教研室编（1983）《现代汉语》，未出版。
[34] 陈必恒、傅雨贤、叶国泉、冯志白编（1983）《现代汉语》，南宁：广西人民出版社。
[35] 何世达、郭明玖、柴世森编（1983）《现代汉语》，北京：北京大学出版社。
[36] 黄伯荣、廖序东主编（1983）《现代汉语》（修订本），兰州：甘肃人民出版社。
[37] 上海教育学院编著（1983）《现代汉语》，福州：福建教育出版社。
[38] 中国逻辑与语言函授大学现代汉语教研室编（1983）《现代汉语（词汇·语法·修辞）》，北京：北京大学出版社。
[39] 中山大学中文系主编（1983）《现代汉语》，南宁：广西人民出版社。
[40] 史锡尧、杨庆蕙主编（1984）《现代汉语》，北京：北京师范大学出版社。
[41] 何世达主编（1985）《现代汉语》，北京：北京大学出版社。
[42] 周　靖、濮　侃编（1985）《现代汉语》（下册），上海：华东师范大学出版社。
[43] 宋玉珂主编（1986）《现代汉语》（第2版），北京：北京广播电视大学出版社。
[44] 邢福义主编（1986）《现代汉语》，北京：高等教育出版社。
[45] 孟维智、张理明主编（1987）《现代汉语》（试用本），太原：山西人民出版社。
[46] 黄伯荣、廖序东主编（1988）《现代汉语》（第4版），兰州：甘肃人民出版社。
[47] 张　静主编（1988）《现代汉语》，北京：高等教育出版社。
[48] 黄汉生主编（1989）《现代汉语·语法修辞》（修订本），北京：书目文献出版社。
[49] 王燕南主编（1989）《现代汉语简明教程》，北京：高等教育出版社。
[50] 冯志纯主编（1990）《现代汉语》，重庆：西南师范大学出版社。
[51] 黄伯荣、廖序东主编（1990）《现代汉语》（增订版），北京：高等教育出版社。

[52] 陆仁昌主编（1990）《现代汉语教程》，长春：东北师范大学出版社。
[53] 吴启主主编（1990）《现代汉语教程》，长沙：湖南师范大学出版社。
[54] 黄伯荣主编（1991）《现代汉语教程》，青岛：青岛出版社。
[55] 邢福义主编（1991）《现代汉语》，北京：高等教育出版社。
[56] 北京大学中文系现代汉语教研室编（1993）《现代汉语》，北京：商务印书馆。
[57] 邢福义主编（1993）《现代汉语》（修订版），北京：高等教育出版社。
[58] 应雨田、宋仲鑫、陈庆武（1993）《现代汉语新编》，福州：福建人民出版社。
[59] 邢福义主编（1994）《现代汉语教程》，武汉：湖北科学技术出版社。
[60] 邢公畹主编（1994）《现代汉语教程》，天津：南开大学出版社。
[61] 胡裕树主编（1995）《现代汉语》（重订本），上海：上海教育出版社。
[62] 杨润陆、周一民编著（1995）《现代汉语》，北京：北京师范大学出版社。
[63] 林祥楣主编（1996）《现代汉语》，北京：语文出版社。
[64] 孙仁生、李延瑞、徐吉润主编（1996）《现代汉语新编》，大连：大连理工大学出版社。
[65] 张　静主编（1996）《实用现代汉语》，郑州：河南人民出版社。
[66] 张元忠、杨梅芳主编（1996）《实用现代汉语》，武汉：华中理工大学出版社。
[67] 黄伯荣、廖序东主编（1997）《现代汉语》（增订2版），北京：高等教育出版社。
[68] 李勉东主编（1998）《现代汉语》，长春：东北师范大学出版社。
[69] 骆小所主编（1999）《现代汉语引论》，昆明：云南人民出版社。

☆第四阶段：深化阶段（21世纪初至今）

[70] 罗安源编著（2000）《现代汉语简编》，北京：中央民族大学出版社。△
[71] 周一民著（2000）《现代汉语》（第3版），北京：北京师范大学出版社。△
[72] 钱乃荣主编（2001）《现代汉语》（修订本），南京：江苏教育出版社。
[73] 邵敬敏主编（2001）《现代汉语通论》，上海：上海教育出版社。
[74] 周建设主编（2001）《现代汉语》，北京：人民教育出版社。
[75] 池昌海编著（2002）《现代汉语语法修辞教程》，杭州：浙江大学出版社。△
[76] 黄伯荣、廖序东主编（2002）《现代汉语》（增订3版），北京：高等教育出版社。
[77] 张　斌主编（2002）《新编现代汉语》，上海：复旦大学出版社。

[78] 吴启主主编（2003）《现代汉语教程》，长沙：湖南师范大学出版社。
[79] 邢福义、汪国胜主编（2003）《现代汉语》，武汉：华中师范大学出版社。
[80] 常德敏著（2004）《实用现代汉语》，南京：南京大学出版社。
[81] 张登岐主编（2005）《现代汉语》，北京：高等教育出版社。
[82] 张庆翔、刘　焱主编（2005）《现代汉语概论》，上海：上海大学出版社。
[83] 常　岸主编（2006）《现代汉语》，长春：东北师范大学出版社。
[84] 胡吉成编著（2006）《现代汉语基础》，北京：北京大学出版社。
[85] 兰宾汉、邢向东主编（2006）《现代汉语》，北京：中华书局。△
[86] 司徒允昌、刘莉芳编著（2006）《新编现代汉语》，上海：上海人民出版社。
[87] 吴启主主编（2006）《现代汉语教程》，长沙：湖南师范大学出版社。
[88] 许宝华编著（2006）《现代汉语导论》，上海：复旦大学出版社。△
[89] 袁彩云主编（2006）《实用现代汉语》，北京：高等教育出版社。
[90] 黄伯荣、廖序东主编（2007）《现代汉语》（增订 4 版），北京：高等教育出版社。
[91] 齐沪扬主编（2007）《现代汉语》，北京：商务印书馆。
[92] 邵敬敏主编（2007）《现代汉语通论》（第 2 版），上海：上海教育出版社。
[93] 唐健雄主编（2007）《现代汉语》，石家庄：河北人民出版社。
[94] 冯志纯主编（2008）《现代汉语》，重庆：西南师范大学出版社。△
[95] 钱乃荣主编（2008）《现代汉语》（重订本），南京：江苏教育出版社。△
[96] 徐阳春、刘纶鑫主编（2008）《现代汉语》，北京：高等教育出版社。
[97] 张　斌主编（2008）《新编现代汉语》（第 2 版），上海：复旦大学出版社。
[98] 张庆翔、刘　焱主编（2008）《现代汉语概论》（第 2 版），上海：上海交通大学出版社。△
[99] 鲍厚星、罗昕如主编（2009）《现代汉语》，长沙：湖南师范大学出版社。
[100] 卜玉平主编（2009）《现代汉语》，南京：南京大学出版社。△
[101] 池昌海编著（2009）《现代汉语语法修辞教程》（修订版），杭州：浙江大学出版社。△
[102] 孙汝建主编（2009）《现代汉语》，南京：南京大学出版社。△
[103] 王汉生主编（2009）《现代汉语实用教程》，合肥：中国科学技术大学出版

社。△
[104] 杨贵雪、翟富生主编（2009）《现代汉语教程》，北京：国防工业出版社。
[105] 马庆株主编（2010）《现代汉语》，北京：中国社会科学出版社。
[106] 马显彬、郑继娥主编（2010）《现代汉语专题教程》，北京：中国人民大学出版社。
[107] 杨秋泽主编（2010）《现代汉语》，济南：齐鲁书社。△
[108] 杨文全主编（2010）《现代汉语》，重庆：重庆大学出版社。
[109] 周一民著（2010）《现代汉语》（第4版），北京：北京师范大学出版社。△
[110] 申小龙主编（2011）《现代汉语》，上海：上海外语教育出版社。△
[111] 邢福义主编（2011）《现代汉语》（修订版），北京：高等教育出版社。△
[112] 邢福义、汪国胜主编（2011）《现代汉语》（第2版），武汉：华中师范大学出版社。△
[113] 张 觉、李 琳主编（2011）《现代汉语实用教程》，上海：华东理工大学出版社。△
[114] 黄伯荣、廖序东主编（2011）《现代汉语》（增订5版），北京：高等教育出版社。
[115] 周 芸、邓 瑶、周春林主编（2011）《现代汉语导论》，北京：北京大学出版社。
[116] 黄伯荣、李 炜主编（2012）《现代汉语》，北京：北京大学出版社。
[117] 北京大学中文系现代汉语教研室编（2012）《现代汉语》（增订本），北京：商务印书馆。
[118] 陆俭明主编（2012）《现代汉语》，北京：北京师范大学出版社。△
[119] 唐朝阔、王群生主编（2012）《现代汉语》（第2版），北京：高等教育出版社。△
[120] 彭兰玉、张登岐主编（2013）《现代汉语》（第2版），北京：高等教育出版社。△
[121] 郑尔君主编（2013）《现代汉语》，合肥：中国科学技术大学出版社。△
[122] 张谊生主编（2013）《现代汉语》，北京：中国人民大学出版社。
[123] 沈 阳、郭 锐主编（2014）《现代汉语》，北京：高等教育出版社。

[124] 池昌海主编（2014）《现代汉语语法修辞教程》（第 3 版），杭州：浙江大学出版社。△
[125] 崔应贤、刘钦荣主编（2014）《现代汉语》，北京：北京师范大学出版社。△
[126] 齐沪扬主编（2014）《现代汉语》，上海：华东师范大学出版社。△
[127] 辛　菊主编（2014）《现代汉语》，北京：清华大学出版社。△
[128] 周国光、练春招、张　舸、董祥冬编著（2014）《现代汉语概论》，广州：广东高等教育出版社。△
[129] 周建设主编（2014）《现代汉语教程》（第 2 版），北京：人民教育出版社。△
[130] 胡吉成编著（2015）《现代汉语基础》（第 2 版），北京：北京大学出版社。△
[131] 王汉生主编（2015）《现代汉语实用教程》（第 2 版），北京：北京大学出版社。△
[132] 杨贵雪、翟富生主编（2015）《现代汉语教程》（第 2 版），北京：国防工业出版社。△
[133] 杨晓宇主编（2015）《实用现代汉语》，宁夏：宁夏人民出版社。△
[134] 黄伯荣、李　炜主编（2016）《现代汉语》（第 2 版），北京：北京大学出版社。△
[135] 刘蔼萍主编（2016）《现代汉语》，重庆：重庆大学出版社。△
[136] 邵霭吉、冯寿忠主编（2016）《现代汉语概论》（第 2 版），北京：中国社会科学出版社。△
[137] 邵敬敏主编（2016）《现代汉语通论》（第 3 版），上海：上海教育出版社。△
[138] 沈　阳主编（2016）《现代汉语》，北京：北京师范大学出版社。△
[139] 王世凯主编（2016）《新编现代汉语教程》，上海：上海交通大学出版。△
[140] 吴永焕编著（2016）《现代汉语》（第 2 版），北京：中国人民大学出版社。△
[141] 黄伯荣、廖序东主编（2017）《现代汉语》（增订 6 版），北京：高等教育出版社。△
[142] 马洪海主编（2017）《现代汉语教程》，上海：上海交通大学出版社。△
[143] 宋庆山、杨增宏主编（2017）《现代汉语》，合肥：合肥工业大学出版社。△
[144] 张喜洪编著（2017）《现代汉语》，成都：西南交通大学出版社。△
[145] 徐阳春、刘小川主编（2018）《现代汉语》（第 2 版），北京：高等教育出版

社。△
[146] 杜宇虹、阮　星主编（2019）《现代汉语》，南京：南京大学出版社。△
[147] 杨锡彭、陈立中编（2019）《现代汉语》，南京：南京大学出版社。△
[148] 张谊生主编（2019）《现代汉语》（第 2 版），北京：中国人民大学出版社。△

第五章
中学教学语法规范考察：以高考病句试题为例

一 引 言

承接上一章对大学教学语法规范问题的考察，本章以高考语文试卷中的病句试题为例，考察中学教学语法规范问题。

从 1952 年第一次全国统一高考开始，高考语文试卷的内容除写作外，主要由文学和语言两大知识结构块组成，两者在分值上的比重在不同时期有较大波动，目前有关文学方面的内容（文学知识和阅读理解）的分量要明显多于语言方面的内容。本章专注于 1952—2013 年间高考语文试卷中有关语言知识和能力方面的试题分析，并以病句试题为切入点来系统考察相关问题。由于 1966—1976 年间全国高考停考，因此这里分析的是 1952—1965、1978—2013 这两个时间段共 50 年的所有全国统考语文试卷（1977 年高考为分省组织，没有“全国卷”，故不计入）。为了表述方便，下文常以“高考年间”来称述这个历史时间段。

在高考年间，病句作为高考语文中的一个重要命题点经历了比较显著的起伏变化。从“考不考”到“考什么”，从“怎么考”到“考多少”，都在调整变化中。而透过对这种调整变化的考察，我们发现，它不仅涉及语文教育的问题，而且与当时的语言（学）观念、语言规范观和规范研究状况、大众语言生活状况以及语文水平甚至语言本体（主要是语法和词汇）研究的热点息息相关。有鉴于此，我们对高考年间的高考语文试题做了全面的定量分析（地方自主命题出现后仅统计当年的全国卷试题），系统考察高考语文病句试题的演变路径及其影响因素，并试图借此探讨命题背后所反映出的语言观、语言规范观的变化，语言生活和语文水平的状况，语法教学在中学语文教学中的地位等问题。

二　高考语文病句试题的演变过程

图 5.1 展示了高考年间病句试题赋分情况在当年试卷总分中所占的比例变化（为方便统计，文理科试题赋分不同时以文科为准）。不难看出，病句类的试题总体上经历了一个从多到少、从波动较大到渐趋稳定的变化过程。由此，我们根据历年病句类试题的数量和考点的变动情况，将高考年间大体分为四个发展阶段。

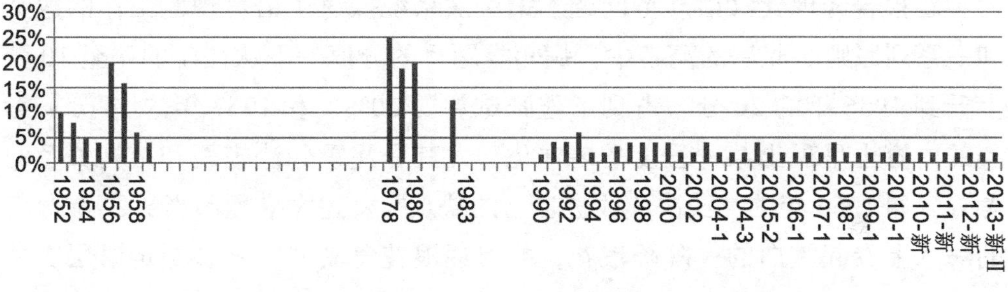

图 5.1　病句类题目占总分比例历年变化图[①]

（一）探索阶段（1952—1959 年）

1952 到 1959 年是高考语文病句试题命题的探索阶段，从命题形式来看，主要以用关联词语填空和在原文上修改病句两种题型为主，试题分值

① 横坐标中已将 1966—1976 年高考因“文化大革命”而中断的十年去掉。其中，2004-1 表示 2004 全国卷一，以此类推。2004 年以来，同一年的全国统一高考试题分出了全国卷一、二等多套试题，同一年份的不同试题，如 2004-1、2004-2，我们在横坐标上依次用不同的柱状图表示。下图皆同。此外，为了图表的清晰，图 5.1—图 5.4 横坐标的标签以 2 为间隔，如 1956 与 1958 之间未标明之处为 1957。

总体较高，但波动幅度大，受社会思潮影响大；从内容上说，这一时期的病句试题一方面重视基础的语言文字知识，另一方面也展现出对病句类试题命题内容多样化的探索。新中国成立初期，人们的语言文字水平普遍较低，党和国家迫切地需要做好宣传教育工作，因此，无论是在教学还是在考试中，基础的语言文字知识都被放在了极其重要的位置上。1951 年 6 月 6 日,《人民日报》发表社论《正确地使用祖国的语言，为语言的纯洁和健康而斗争！》，同时《人民日报》开始连载吕叔湘、朱德熙的《语法修辞讲话》。1952 年 9 月，教育部又提出学习苏联的语言、文学分科，虽然实行不久即因各种复杂的原因而终止，但学界对语言知识和语言规范教育的重视程度可见一斑。1952 到 1955 年的高考语文试题便极好地体现了这种“重语法，抓基础”的要求。全国统一高考的最初四年，相关题目涉及了大量选择关联词语填空的问题，题型单一，考点也比较容易，正是这种情况的反映。1955 年 10 月 25 日现代汉语规范问题学术会议召开，罗常培、吕叔湘的主题报告《现代汉语规范问题》第一次系统探讨了语言规范工作的意义和一系列原则。此后的高考中，病句类题目的分值一下从往年的 4 至 10 分上升到 1956 年的 20 分（占到了整张试卷的 20%）和 1957 年的 16 分；考查的内容也呈现出某种程度的多样化，尤其是注重句法搭配和结构关系的考查，如 1956 年的“我决心改进自己的缺点” <述宾搭配不当>，“绿茵茵的海水上卷起雪白的一阵阵浪花，船追逐浪花急驶着” <多层定语层次关系错误>，等等。然而，1958 年和 1959 年病句类题目的分值迅速回落，这可能跟此时《语法修辞讲话》等所体现出来的“匡谬正俗”观受到一定的质疑有关。但这段时期内容多样化的考查方式则被延续了下来，并在新时期（1978 年以后）逐步丰富起来。

（二）迟滞阶段（1960—1965 年）

20 世纪 60 年代初期，中学语文教育界对文学教学与语法教学的关系做了新的梳理，认为语言知识只是起辅助性作用。1963 年修订的《全日制中学语文教学大纲（草案）》明确规定，语言知识的教学是培养阅读能力和写作能力的辅助手段，语文教育的最终目的是使学生“具有现代语文的阅读能力和写作能力，具有初步阅读文言文的能力”。这种教育理念给高考语文试卷命题带来的直接影响就是，1960 到 1965 年间，高考语文只考查作文和文言文阅读，未见与病句相关的任何考查；如果说还有对语言文字能力的要求的话，也只是间接地表现为能在作文中进行正确的表达。这种命题模式持续了 6 年，直到 1966 年“文化大革命”开始，高考中断。

（三）徘徊阶段（1977—1989 年）

徘徊阶段的病句试题除了采用与探索阶段相同的题型外，还出现了判断病句的考查方式，即仅要求判断句子是否有语病而不要求做出修改，这种考查方式大多应用于病句本身难度比较大的情况。从命题和分值来看，1977 到 1989 年之间的考查断断续续，赋分情况也很不稳定，呈现出与探索阶段相近的特点，特别是从 1984 到 1989 年，病句再次被命题人“抛弃”，消失了长达 6 年之久。这是因为语言学界和语文教育界对语言知识的地位和作用展开了观点不尽相同的讨论。一方面，对语言规范和语法教学体系展开了新的探讨。1978 年《中国语文》刚复刊即展开了对“贵宾所到之处，受到群众的热烈欢迎”是否为病句的广泛讨论；同年，《现代汉语词典》第一版出版。1981 年全国语法和语法教学讨论会在哈尔滨召开，经过修改，1984 年《中学教学语法系统提要（试用）》公布。随后，初中《语文》课本的语法知识开始采用这个系统，随年级增长而逐步展开知识体系。这期间的五年，正是高考语文不考病句的时期。另一方面，无论是在语言规范研究方面还是在中学语文教育方面，都出现了对既往教学内容和考核方式的反思。在规范研究方面，随着《语法修辞讲话》1979 年的再版，人们也开始重新审视过去的规范研究。《语法修辞讲话》再版序言里这样写道：“这本书的缺点有‘过’与‘不及’两方面。‘过’是说这里边有些论断过于拘泥，对读者施加不必要的限制。‘不及’又有两点：一，只讲用词和造句，篇章段落完全没有触及；二，只从消极方面讲，如何如何不好，没有从积极方面讲，如何如何才好。这样见小不见大，见反不见正，很容易把读者引向谨小慎微，不求有功但求无过的路上去，然而大家知道，这样写文章是不可能写好的。”由此引发了人们对“何为病句”“何为规范”“教什么样的规范”“考什么样的病句”等问题的进一步思考。同时，在语文教育方面，上世纪80年代的中学语言知识教材由于过于追求语言知识的系统性、大量引入实用性较差的术语和定义而为教育专家所诟病，中学的语言规范教育不能等同于大学语言学教育的认识逐步浮现，“淡化语法”的呼声随即兴起。认识上的变动带来的是高考考核内容的徘徊。

（四）相对平稳阶段（1990年至今）

1989年全国高考开始正式实施标准化考试，语文知识基本上以“标准化试题”即选择题形式出现。这种命题方式的变化实际上对考试内容产生了影响，即那些便于“标准化”（选择）的内容容易成为高考的项目。随着标准化考试的全面推开，1990年开始至今，高考语文病句命题便一直处于一个相对稳定的时期：病句通常以3分一题、每题四选一的选择题形式考核，在整张试卷中大多也只出现一道这样的试题，题干多要求选择没有语病的一项。如2008年的全国卷一：

下列各句中，没有语病的一句是（3分）：

A. 葛振华大学毕业后回农村当起了村支书，他积极寻找发展本村经济的切入点，考虑问题与众不同，给村里带来一股清新的气息。

B. 荞麦具有降低毛细血管脆性、改善微循环、增加免疫力的作用，可用于高血压、高血脂、冠心病、中风发作等疾病的辅助治疗。

C. 王羽除了班里和学生会的工作外，还承担了广播站“音乐不断”、“英语角”栏目主持，居然没有影响学习成绩，真让人佩服。

D. 阅览室图书经常出现“开天窗”现象，我们可以从这一现象反映两个问题，一是阅读者素质有待提高，一是管理力度有待加强。

此题的正确选项为A。显然，这种命题形式常常通过不同选项的设置来考查几种病句类型。

同时，有关关联词语的考查也逐渐退出高考语文试卷，2000到2013年这14年间的27份全国卷试题中仅见两次，也都以标准化试题的形式和其他病句一起充当正确表达的陪考项，与上世纪50年代初期的考查内容形成了鲜明的对比。

三　高考语文病句试题的主要类型

病句生成的路径和可能性多种多样，因此，分类角度不同，对病句系统的认识便有同有异。如可以从用词、造句、谋篇的角度来分析病句，也可以从语法、修辞、语义、逻辑、事理的角度来分析病句。《语法修辞讲话》在病句理解和分析方面是两者的综合。此后，病句的分析和整理一直是语言研究和语文教育的一个重要方面，有关论著纷呈迭现，其中质量较高、影响较大的如《中国语文》杂志社先后编辑出版的三本：《语文短评选辑》（中华书局，1959）、《词语评改五百例》（语文出版社，1984）、《词语评改千例》（语文出版社，1992）。以《词语评改千例》为例，其内容包括：用词、指代、虚词、词语搭配、句式、成分、语序、事理、修辞、数量、汉字、标点、常识、广告、杂例、文章评改、编校、争鸣。因此，广义地理解，凡是语言文字表达中有问题的句子都可以称作病句，因此标点、汉字使用中的错误也常被病句修改类论著列入其中。

高考语文病句分析也有此背景，但限于高考形式的制约和语文教育重点的要求，高考语文病句的呈现类型往往集中在某几个方面。根据我们的全面统计，最主要的病句类型体现为四种：与搭配不当相关的病句、与关联词语相关的病句、与成分残缺相关的病句，以及与歧义相关的病句。当然，有时病句的不同类型之间并不是非此即彼截然分明，这既是一个语言现象本身的问题，更是一个认知角度的问题。我们归类的依据来自对试题中考点意图和陪考项目的分析。如有些“搭配不当”可能是成分残缺或者成分冗余（即平时所说的“一对多／多对一”）的问题，这样的情况我们还会在下文详细讨论。为展示问题的全面性，统计时我们将这类病句同时计入各自的小类。

（一）与搭配不当相关的病句

高考语文病句类的考点总计出现了 252 次（选择题中每个陪考项分别计作一个考点），其中考查最为频繁的是“搭配不当”类的病句，共考查 96 次，占到了所有病句类考点的 38.11%。

搭配不当之所以能成为最重要的考点有两方面的原因。首先，从语言使用来看，语义上的搭配失误容易给人带来最直接的违和感，因此搭配是评价语言表达、语言知识水平的基本标准。1956 年对搭配不当类语病的第一次考查（“我决心努力改进自己的缺点”）考的即是这种最基本的语义搭配。其次，从语言内部来看，搭配不仅仅是词汇、语义问题，而且是语法、语义、语用等因素综合作用的结果，很多语病都可以以搭配不当的形式出现，或从分类理解上划归为搭配不当。这表现在同一个与搭配相关的病句在不同病句分析论著中往往归属于不同类型，而高考语文病句试题中，此类题目也常常和其他类型的错误交叉在一起考查。这种交叉主要有三个方面：其一，句式杂糅可以造成结构上的搭配不当，例如，“目前人造关节所用的材料不外金属和塑料两大类，由于人体内钾、钠、氯等化学物质能使金属材料腐蚀生锈、塑料老化的可能，所以选用的金属和塑料的化学性质必须高度稳定”（1978），既可以看作是“能使”和“可能”搭配不当，也可以看作是“能使金属材料腐蚀生锈、塑料老化”和“有使金属材料腐蚀生锈、塑料老化的可能”两个句式杂糅。其二，成分残缺也可以造成结构上的搭配不当，例如，“为了全面推广利用菜籽饼或棉籽饼喂猪，加速发展养猪事业，这个县举办了三期饲养员技术培训班”（1997）中，“推广”和“喂猪”搭配不当，缺少宾语“技术”。其三，平时所说的“偷换主语”也可以看作是一种结构上的搭配不当，例如，“作者观察细致，一泓清潭、汩汩流水、朗朗歌声，都能激发他的灵感，都能从中找到抒情叙事的切入点”（2013 新课标 I）中，先说“作者”，又说“清潭、流水、歌声”，而其后的“激发”和“找到抒情叙事的切入点”显然不可能与同一主语搭配。

在 96 道搭配不当类题目中，又以述宾搭配不当和主谓搭配不当为主，分别占到了该小类的 37.50% 和 36.46%。除此之外，出现较多的还有定中搭配不当、状中搭配不当，介词结构搭配不当则出现了一例。需要特别指出的是“多对一 / 一对多”类搭配问题，这类病句经常在主语或宾语位置出现“好坏、与否、能否、能不能”等代表正反两面的词语。例如，“那些书摊的图书内容的好坏、环境卫生和经营作风等，都会直接或间接地对青少年产生影响”（1991）中，以“好坏”对“影响”造成了语义和逻辑上的不搭配。这一考点始见于 1991 年，之后又在 1993 年、1996 年、1997 年、2005 年全国卷一和 2013 年新课标卷 II 中多次考查。

图 5.2 是搭配不当类题目的历年考查数量统计。不难看出，随着病句类题目数量的变化，搭配不当类题目在探索期和徘徊期或显或隐，但出现时总体数量则较多；而在相对平稳阶段则基本上成了高考语文的保留节目，尤其是新世纪以来，波动幅度就很小了。虽然搭配不当类题目考查的次数有所下降，但在当年病句考题中所占的比例却有增无减，甚至多次占到了当年病句类题目的 80%[①]。另外，就试题内容来说，有一个现象值得关注，随着病句类试题难度的提升，单纯的搭配不当类病句在近年的考试中已属鲜见，正如上文所述，搭配不当常与句式杂糅和成分残缺等问题综合在一起表现出来，近年来，这种在一句话中综合多种语病考查的试题有所增加。

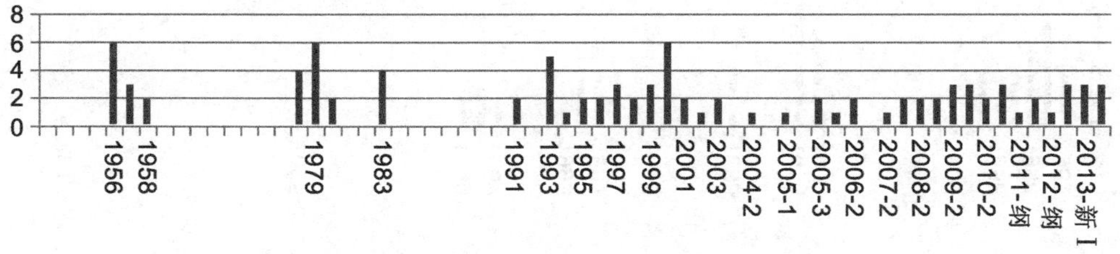

图 5.2　搭配不当类题目数量历年变化图

（二）与关联词语相关的病句

考查频次名列第二的是“关联词语”，共考查 79 次，占到了病句类考点的 31.35%。关联词语的考查分为关联词语填空以及判断由关联词语残缺、误用和位置不当造成的病句这四种类型。其中，判断关联词语误用的题目最为常见，占所有关联词语类试题的 22.78%。如“我们永远不会忘记因为祖国而把自己的生命贡献出来的民族英雄们”（1956），应用“为了”，却误用为“因为”；又如“‘英语广播讲座’之所以能给我很大的帮助，我认为把讲课和练习结合起来是它突出的优点”（1979），误用了关联词语“之所以”。这些都是关联词语误用中反复出现的类型。

---

① 某年搭配不当类题目的数量除以某年病句类题目的总数。

值得关注的是，如图 5.3 所示，高考年间对与关联词语相关病句的考查呈现出非常特殊的变动情况。在探索阶段，多次考查且分值较多；徘徊阶段虽断续出现但也呈现高分值分布；相对平稳阶段的前期也比较注重关联词语的考查，但在新世纪就难得一见了。这实际上与当时社会的语言文字应用水平有直接的关联。如在探索阶段，由于人们语言文字水平普遍偏低，关联词语这样关注语义和逻辑的考点是有效的区分点。随着语法知识的大普及和全社会语文水平的提高，对于高考这样的选拔性考试而言，考查关联词语类的题目在难度上已经显得有所不足，于是考查次数大大减少。1978、1979 两年的命题数量有明显回升是因为这两年开始考查语篇中的关联词语，实则也是加大了考查难度。

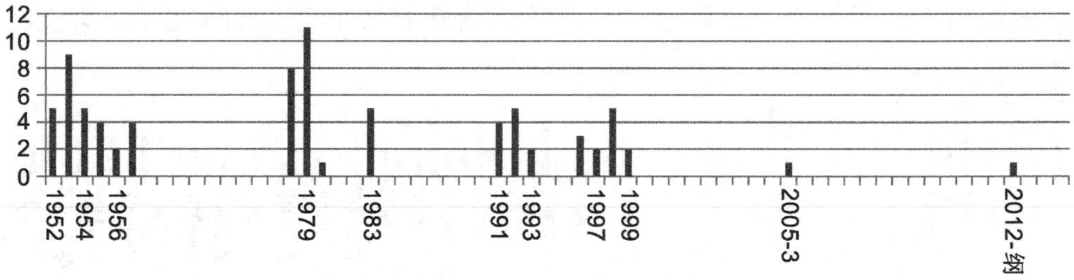

图 5.3 关联词语类题目数量历年变化图

（三）与成分残缺相关的病句

考查频次位列第三的是“成分残缺”，总计 36 次，占病句类考点的 14.29%。高考命题中出现了主语残缺、谓语残缺、宾语残缺、介词结构残缺和副词结构残缺（按考查次数由多到少排列），共计 5 类，其中主语残缺占到了这一类的 51.43%。

从图 5.4 来看，成分残缺类病句在探索时期和徘徊时期偶有出现，而在相对稳定时期则多有出现，但大多数年份只出现在一个选项中。这里面有个特殊情况，就是学界对句子完整性的认识影响了成分残缺的考查内容，这也跟学界对汉语语法特点的认识调整有关。如“对一切都应该采取分析的态度”（1959），当年被认为是主语残缺的病句，而从今天的语言观来看，则完全可以看成是祈使句中省略了主语“我们”[1]。也就是说，人们对成分残缺的把握经历了一个从严到宽的变化过程。

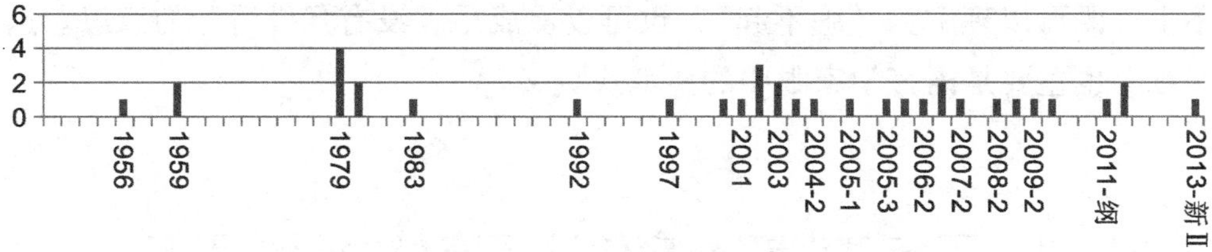

图 5.4　成分残缺类题目数量历年变化图

（四）与歧义相关的病句

这是一个颇有意味的考点。上世纪 90 年代以来，病句的考查中增加了对歧义句的判断，歧义现象一时间成为高考语文的“新宠”。这种新考点自 1992 年首考后，断断续续考查了十数年，后又基本消失了。详见图 5.5：

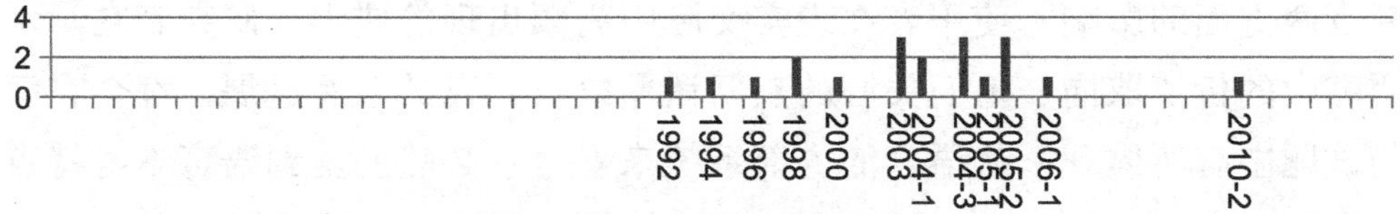

图 5.5　歧义类题目数量历年变化图

概括起来，共考查了 7 类歧义，即结构层次不明造成的歧义、语义关系不明造成的歧义、否定辖域不明造成的歧义、代词指代不明造成的歧义、省略不明造成的歧义、一词兼类造成的歧义和一词多义造成的歧义（按考查次数由多到少排列），常见的歧义类型都考到了。这充分显示了出题者“语言学”的学术研究型背景。有的学术型背景在试题中彰显得特别鲜明。如代词指代不明造成的歧义：“今天老师又在班会上表扬了自己，但是我觉得还需要继续努力”（2005 全国卷二），表现出了生成语法约束理论的研

① 从现在的语言学研究来看，一般应慎用“省略某成分”的说法。哪些成分可以不出现，是汉语意合语法特别关注的话题。而且，即便从这句来看，祈使句不出现主语实际是常态。

究热点对命题内容的影响。[①] 又如一词多义造成的歧义："独联体国家看不上2002年世界杯足球赛"（2003），这道题来自一则新闻标题，题目中的"看不上"既可以理解为"瞧不起"，也可以看成是"没有条件看"的意思。这实际上也主要是语言学家眼中的离境式歧义。[②]

四　历年高考语文病句试题演变的影响因素

病句的生成往往是语言系统和语言交际中某些特殊现象的呈现，而对这些现象的理解和把握，对这些现象在中学语文教育中地位和作用的认识，并不容易。因此，高考语文病句考什么、怎么考，一直在摸索中前进，在变动中调整。这既是语言问题，又是教育问题。说它是语言问题，可从两方面来看：从语言的社会功能来看，它必然受到来自语言使用者和语言研究者两方面的影响，使用者在现实交际中高频出现的错误、研究者在学术研究中的价值取向、他们关心的热门话题以及研究的最新进展，都会在病句试题中有所体现；从语言的内部系统来看，它必然要受到语言本身特点的影响，对特定的语言系统而言，哪些问题是影响表达准确性的基础，哪些又是左右交际流畅性的核心，这些必然在本质上影响高考语文病句的命题。说它是教育问题，是因为它所面向的对象是中学生，病句试题的设计与中学语文的教学内容以及教育理念存在着相辅相成的关系。教材上的内容以及一线教师的教学心得和语文教育专家的教育思想会反映到高考试卷上，高考试卷又会反过来影响教学内容的选择和人们的语文教育观。因此，我们分别从上述四个方面来谈谈影响高考语文病句试题命题的因素。

① 此题若是日记中的语境，则没有问题。病句考查最大的问题即在这里：是否需要借助语境来分析？离境的病句分析对语言学习有多大帮助？"离境"（out-of-context）的规范化分析和"在境"（in-context）的规范化分析，其视角、依据和效度是不同的（参见付翠、施春宏，2010）。

② "离境式歧义"是从语用角度说的，而从语言单位本身着眼，此例中"看不上"之所以存在歧义，更本质的原因是由非组合性的固定短语（"瞧不起"义）和组合性的自由短语（"没有条件看"义）同形造成的。

（一）大众语言生活和语言水平对病句试题的影响

社会大众的现实语言生活和语言水平往往对高考语文病句命题有着至关重要的影响。这主要体现在两个方面。

一是真实的语言生活是命题内容和形式的来源。首先，从命题内容来看，病句考查的语言点多是人们当下容易出错之处。例如，早期关联词语误用的现象比较多，1957 年的考题中就出现了“他们介绍了先进的地质勘探方法和帮助我们解决了目前石油生产中的许多困难”这样一道试题。20 世纪 60 年代开始，日常表达中“多对一 / 一对多”和“歧义”等问题又突出起来，高考病句试题亦有所体现。其次，从命题形式来看，病句的命题也多与当下语言生活中活跃的语言形式有关。20 世纪 80 年代以前的病句试题所涉内容多为政论语体、科技语体和基础的日常表达；80 年代以来的考查则大大减少了政论语体，增加了科技语体的比例，新增了部分文艺语体的内容，其中，2003 年病句试题还考查了新闻标题中的语病。

二是大众的语言生活水平对病句命题具有显著的制约作用，这种作用在探索阶段和徘徊阶段表现得更为明显。新中国成立初期，人们的语言文字水平普遍较低，高考所涉语病多与关联词语、句法成分完整性以及简单的搭配问题相关。随着语文教育的普及，人们的语言文字水平显著提高，这样的考查已难以更好地体现应试者语文水平的差异，更复杂、更多样的考点应运而生。

（二）语言研究观念、内容及成果对病句试题的影响

语言研究的观念和内容也影响着高考语文病句命题的方向。语言研究观念对病句试题的影响相对比较间接，主要体现为以“暂拟系统”为核心的教学语法对中学语文教学的影响。20 世纪 50 年代到 80 年代初，语言研究尚属传统语言学的范畴，这一时期的研究观念以描写为主，不太注重解释，而且在语言规范观念上比较重视认识上的“一致性”，规范方式上主要是“匡谬正俗”。正如 1955 年召开的现代汉语规范问题学术会议指出的那样：“……要根据语言发展的规律，采取必要的步骤使得这全民族的语言在

语音、语法、词汇方面减少它的分歧，增加它的统一性。”（郭沫若，1956）这种观念也渗透到了中学语文教学和社会语文生活中。在教学语法领域，人们为了编写中学《汉语》课本，从1954年开始着手拟订“暂拟汉语教学语法系统”。1956年《语法和语法教学——介绍“暂拟汉语教学语法系统”》和中学《汉语》课本出版。随后，“汉语知识讲话”丛书（1956—1957年新知识出版社出版，1984—1985年上海教育出版社重印）与《汉语知识》（由《汉语》课本修订而来，人民教育出版社1959年出版）相继出版，共同构成了一套互相补充的教学语法系统，即“暂拟系统”。1981年全国语法和语法教学讨论会上再次修订了“暂拟系统”，这个系统在长达30年的历史中直接地影响着中学语文语法教学。从高考病句试题的构拟和答案判定标准来看，基本上以此为本。

语言研究的热点和成果在高考病句试题中的反映虽有所滞后，但也常常有所体现。对此，上文已通过歧义类考题做了说明。这里需要进一步指出的是，比较不同时期具体的病句试题就会发现，学界语言观、规范观的调整所带来的研究热点和成果的变化常常折射到高考病句试题中。正如我们前边提到的“对一切都应该采取分析的态度”（1959）一题，当年被认为是主语残缺的病句，但随着人们判定句法结构完整性认识上的调整，今天已经被视为合语法的主语省略句了。又如1983年有这样一题：“不少在科学研究上有杰出成就的人，是在物质条件十分艰苦的情况下，经过顽强刻苦的努力才获得成功的”一句被作为正确选项，而陪考项则是“凡在科学研究上有杰出成就的人，都是在物质条件十分艰苦的情况下，经过顽强刻苦的努力才获得成功的”。实际上，第二句实是“一种小夸张，把接近全部或顶点夸张成全部或顶点”（于根元，1982）。现在看来，这两句话都是可接受的，甚至后一句还更好一些。此类表达虽然在中学语文教学中仍常作为病句出现，但在高考试题中已很难一见了。这体现了人们对病句的判定标准也在由规则本位走向语用本位（施春宏，1999a、2005），逐步重视语言现象的交际价值在判断语言现象规范与否中的根本作用（于根元，1996：210；施春宏，2000a、2009a）。随着学界对语言本体认识的不断加深，以及对语言规范理论和实践探讨的逐步调整，人们对病句的判定标准也渐趋稳定，以上这些反映语言观和语言规范观变化的病句试题在探索阶段和徘徊阶段或有出现，但在1990年以来的相对平稳阶段则难得一见了。然而，在我们接触的中学语文教学中，将它们视为病句的情况仍很普遍，这是值得深思和亟待解决的问题。

（三）语言系统中的特殊现象对病句试题的影响

病句是对语文水平的考查，必然从根本上受到语言系统自身特点的影响，反映语言本身的特殊现象。其中最典型的例子就是高考病句试题中对搭配问题的考查。搭配不当之所以能成为出现频次最高的考点，正是由它在语言系统中的特殊地位决定的。语言表达中的一般性问题，从根本上看，往往都可以归结为搭配问题，因此它既是词汇问题又不是简单的词语搭配问题，既是语法问题又不是简单的成分组合问题，既是语义问题又不是简单的义位相配问题。再加上汉语没有严格意义上的形态，所以词与词搭配起来就没有显性形式制约，似乎只要逻辑上、意义上说得过去就可以搭配，这样的搭配既自由又复杂，正是这种操作的"自由"导致了结果的"复杂"（参见林杏光，1994）。

关于搭配性质的探讨由来已久。如《语法修辞讲话》（1952）中持"非语法说"，第一讲开篇就说"语法不是修辞学，它只管虚字的用法，一般有实在意义的词儿用得对不对，……，它是不管的"。邢公畹（1978）则持"阶段语法说"，认为"……使词语搭配问题逐渐转化为语法问题，搭配规律的发现就是语法深化的表现"。郭绍虞（1979）则认为搭配是语法问题。类似的还有王力（1981）的"逻辑说"、常敬宇（1990）的"语义说"等等。这些往往都是基于单一角度来认识的。上个世纪90年代初，开始有学者从多个角度综合地看待词语搭配的性质问题。如林杏光（1990、1994）的"词汇（语义）、语法说"；范晓（1992）从语法的三个平面（句法、语义、语用）看待搭配问题；王希杰（1995b）在区分语言规则和言语规则的基础上指出，"词语的搭配不仅不单纯是一个语法问题，也不仅仅是一个语言问题，它还牵涉到非语言因素：交际情景、社会文化、民族心理和个人心理"。这种对搭配性质的探讨正折射了词语搭配问题所涉层面的多样性和复杂性。正因如此，搭配现象成了语言交际中最直观、最基本、最核心的表现形式，并进而成为历年高考病句中最稳定、最基础的考点。

（四）语文教育思潮对病句试题的影响

在中学语文教育中，语法教学和文学教学的关系一直是一个不易平衡的问题，时至今日，虽然高考试题对病句的赋分和命题方式已十分稳定，但语文教育界对相关问题的讨论还在不断延续着。1952 到 1959 年的探索阶段，重视语法教学的思潮十分盛行，无论是教学还是考试都比较看重语法，不仅提出中学语法课要从文学课中独立出来，还编写了中学《汉语》课本以及《汉语知识》和《汉语知识讲话》等大量语文知识普及性书籍，病句成为了高考试卷中的重要考查内容。1960 到 1965 年的迟滞阶段，随着新的中学语文大纲重新定义了语文教育的目的，淡化语法教学的思潮兴起，语法教学的地位降低，病句也就暂时退出了高考舞台。1977 到 1989 年的徘徊阶段是重视语法教学的思潮和淡化语法教学的思潮两相抗衡的阶段，这一时期的病句试题很不稳定，时考时不考，时而分值高时而分值低。在 1990 年以来的相对稳定阶段，两种思潮在高考试卷命题中取得了相对的平衡，病句试题日趋稳定。目前，中学语法教学已经相当式微，因此对病句理解和修改的说明已经成了教师不太容易完成的任务。病句考试在一般考试中基本上带有点缀的性质了。这实际上又将老问题在新背景下凸显了出来：病句试题，考什么？怎么考？

五　本章小结

本章以 60 年来高考语文病句试题的基本阶段、演变路径及其蕴含的理论问题为例来考察中学语法规范问题。根据考查内容、方式及分值分布的变化，高考语文病句试题的命题可以划分为四个发展阶段，最常考查的类型是与搭配不当、关联词语、成分残缺以及歧义相关的病句。高考病句命题受到了语言生活、语言研究、汉语自身特点和语文教育等方面的影响，这其中折射出了语言观和语言规范观的变化和调整。本章还借此对中学语文教学中语言知识尤其是语法知识教学的本质提出了新的思考。

其实，高考病句试题的命题看似是中学语文的教学问题，但经过以上分析不难发现，除了实际语言生活中语言文字水平的影响外，语言研究的观念和热点、语言规范的观念和实践也在其中发挥着重要的作用。一方面，我们欣喜地看到高考命题对语言学观念和研究成果的吸收和应用；另一方面，我们也必须反思为什么当下的中学语文教学与语法教学、语法研究渐行渐远。新课改实施后的一个基本价值取向就是强调培养学生的情感、态度、价值观，在对语文学科人文性的过度强调下，中学语文课只教“文（学）”不谈“语（言）”，几近成为一门文学鉴赏课和文学知识课。

这促使我们进一步反思：语言教学，尤其是语法教学到底教什么？怎么教？为什么语法教学在中学语文教学中留下了不好的影响？毋庸讳言的是，我们的语言教学 / 语法教学，长期以来实际针对的都是语言知识、语法知识的教学，对语言 / 语法自身的美质何在、如何体现，关注得不够，对语言 / 语法教学自身的思维、认知功能一直没有正确的认识，简单地将语言当作服务于其他目的和任务的工具。就中学语言 / 语法教学而言，学习语言 / 语法从本质上看，应该主要不是学习语言结构方面的知识，而是利用对语言 / 语法知识的说明，训练学生的思维能力，提高学生的认知水平，同时让学生发现语言之美，热爱语言生活，并积极参与和创造新的语言生活。只有这样，才能扭转匡谬正俗式的“改病句”在社会上所形成的刻板印象，语言教学 / 语法教学才不至于在中学语文教学中失去阵地。就此而言，病句教学只是一种手段，并非目的；高考试卷中有没有病句试题也不是根本，关键在于如何准确认识语言教学 / 语法教学在中学语文教学体系中的定位和作用。

【本章附文】历年高考病句试题考点（1952—2019）①

（一）填入恰当的关联词语（“/”前后表示同一题目的几个正确答案）

1952：固然；为了；不管/无论；慢说/更不用说/更谈不到；虽然；因为

1953：不如；可是；不只；那就；因此；大概；又；不能

1954：一；以（古汉）；虽然；不但；即使

1955：不但；即使；以（古汉）；无论

1978：也；则/就/却；但；而/但；却；而；则/却；因为；也；其实

1979：除了/除去；甚至/乃至/以致；因此/因而/所以；则/却；也；只；由于/因为

1991：只有；才；虽然；但

1996：何况；况且；而且

1998：虽然；而；却；即使；也

（二）选择恰当的词语（实词）（括号内为陪考词）

1954：置之度外；堆积如山；斩钉截铁（逍遥自在，连绵不断，仓皇失当，挺身而出，横七竖八，明珠暗投）；建立（建设，建筑）；反映（反应，反射）；调解（调动，调停）；想象（理想，思想）

1955：繁荣昌盛；百折不回；恰如其分（仓皇失当，顺水推舟，千依百顺，一干二净，百折不回，恍然大悟，吹毛求疵，局促不安，突如其来，无精打采）；掌握（掌管，把持）；转为（改为，成为）；强烈（猛烈，壮烈）

1979：再接再厉（变本加厉，意气风发，急起直追）；皮开肉绽（遍体鳞伤，千疮百孔，体无完肤）；无懈可击（无可非议，不可思议，无微不至）

1991：截至（截止）；起用（启用）；反应（反映）

---

① 本章的定量分析材料截止于本项研究展开之时，即以1952—2013年间高考语文试卷中的病句试题为考察对象。为便于读者进一步了解2014—2019年间高考语文病句试题的情况，本附文将其一并列出。

1992：巧夺天工[①]（耳濡目染，灯红酒绿，凤毛麟角）

1994：面貌一新（数以百计，染指，造诣）

1995：犹豫（迟疑）；逐步（逐渐）；化装（化妆）；无所不为（半斤八两，首当其冲，想入非非）

1996：承载（装载）；徘徊（徜徉）；导致（致使）；舍弃（割爱）；目不暇接（应接不暇）；美不胜收（琳琅满目）；应接不暇（目不暇接）；琳琅满目（美不胜收）

1997：莘莘学子（不孚众望，趋之若鹜，万人空巷）；沿用（延续）；考察（考查）；提供（进行）

1998：望其项背（处心积虑，火中取栗，拭目以待）

1999：篡改（窜改）；祛除（驱除）；融解（溶解）；殚精竭虑（美轮美奂，炙手可热，一劳永逸）

2000：云集（聚集）；品位（品味）；赞叹（赞扬）；淋漓尽致（汗牛充栋，洗心革面，左右逢源）

2001：郑重（庄重）；演练（演示）；导致（引导）；颐指气使（安步当车，车水马龙，蓬荜生辉）

2002：光怪陆离（雨后春笋，有口皆碑，偃旗息鼓）；一再（再三）；稍微（多少）；常常（往往）

2003：亲临（莅临）；规划（计划）；不仅是……而且是（不是……而是）；如数家珍[②]（捉襟见肘，未雨绸缪，自惭形秽）

2004 全国卷一：毕竟（究竟）；采用（沿用）；鉴别（鉴赏）；忍无可忍[③]（相得益彰，顺藤摸瓜，差强人意）

2004 全国卷二：终止（中止）；退化（蜕化）；不免（难免）；九牛一毛[④]（纷至沓来，匪夷所思，事半功倍）

2004 全国卷三：暴发（爆发）；赡养（抚养）；营利（盈利）；海市蜃楼[⑤]（火中取栗，雪上加霜，马首是瞻）

2005 全国卷一：百里挑一[⑥]（精彩纷呈，旁征博引，新颖别致）

2005 全国卷二：圣地（胜地）；缩小（减少）；抑制（控制）；琳琅满目[⑦]（再接再

①—⑦　题干为选择使用不当的一项。

厉，紧锣密鼓，取而代之）

2005 全国卷三：制定（制订）；震撼（振奋）；推迟（延迟）；当仁不让[①]（独树一帜，饮鸩止渴，叹为观止）

2006 全国卷一：乐此不疲（一念之差，拍手称快，功败垂成）

2006 全国卷二：不足为训（卓尔不群，彪炳千古，捉襟见肘）

2007 全国卷一：蠢蠢欲动（甘之若饴，沧海桑田，无足轻重）

2007 全国卷二：喜出望外（等量齐观，间不容发，凤毛麟角）

2008 全国卷一：量入为出[②]（探囊取物，异曲同工，出人意表）

2008 全国卷二：各尽所能[③]（无伤大雅，络绎不绝，伯仲之间）

2009 全国卷一：春秋鼎盛[④]（寻根究底，崇论宏议，明日黄花）

2009 全国卷二：南腔北调[⑤]（忧心忡忡，急流勇退，排山倒海）

2010 全国卷一：移樽就教（始作俑者，声情并茂，附庸风雅）

2010 全国卷二：弱不胜衣[⑥]（姑妄言之，飞短流长，放虎归山）

2010 新课标：汗牛充栋[⑦]（自命不凡，少不更事，讳莫如深）

2011 大纲版：高屋建瓴（繁文缛节，趋之若鹜，不绝如缕）

2011 新课标：指日可待[⑧]（步履维艰，尘埃落定，妙手偶得）

2012 大纲版：醍醐灌顶（不负众望，呼之欲出，渐入佳境）

2012 新课标：闻过则喜（芝兰玉树，上下其手，从一而终）

2013 新课标 I：浩如烟海（振振有词，电光火石，平分秋色）

2013 新课标 II：风姿绰约（栉风沐雨，分庭抗礼，侧目而视）

2014 新课标 I：义不容辞；责无旁贷；当仁不让

2014 新课标 II：防患未然；未雨绸缪；防微杜渐

2015 新课标 I：老谋深算；深思熟虑；深谋远虑

2015 新课标 II：墨守成规；故步自封；抱残守缺

2016 新课标 I：光怪陆离；空谷足音；奉为圭臬（举重若轻，改换门庭，并行不悖）

2016 新课标 II：筚路蓝缕；讳莫如深；苦心孤诣（目不交睫，厝火积薪，安步当车）

2016 新课标 III：浩如烟海；按图索骥；笔走龙蛇（刮目相看，一言九鼎，涣然冰释）

---

①—⑧ 题干为选择使用不当的一项。

2017 新课标 I：再创佳绩；守正不阿；踌躇满志[①]（意味深长，层出不穷，万无一失）

2017 新课标 II：巧夺天工；望尘莫及；温文尔雅[②]（博学审问，充耳不闻，左支右绌）

2017 新课标 III：汗牛充栋；滥竽充数；滔滔不绝[③]（行之有效，等而下之，乐不思蜀）

2018 新课标 I：应有尽有（一应俱全）；一览无余（一目了然）；轻而易举（易如反掌）；再接再厉（东山再起）

2018 新课标 II：寿终正寝（无疾而终）；名垂青史（名噪一时）；博采众长（兼容并蓄）；照猫画虎（按图索骥）

2018 新课标 III：波澜壮阔（声势浩大）；随遇而安（随波逐流）；全力以赴（宵衣旰食）；引人入胜（娓娓动听）

2019 新课标 I：边缘化（私人化）；焕发（获得）；约束（制约）；修身养性（放松身心）

2019 新课标 III：联想（遐想）；制约（限制）；兴奋不已（亢奋不已）；源源不断（不绝如缕）

（三）修改病句

1956：关联词语残缺；关联词语误用；主谓搭配不当；述宾搭配不当；定中搭配不当；副词结构残缺；多层定语语序不当

1957：关联词语误用；主谓搭配不当；述宾搭配不当

1958：主谓搭配不当；述宾搭配不当；介词不当

1959：主语残缺

1978：使用生造词；谓语冗余；主谓搭配不当；述宾搭配不当；述宾语序不当

1979：关联词语残缺；关联词语误用；主谓搭配不当；述宾搭配不当；主语残缺；介词结构残缺

1980：关联词语误用；主谓搭配不当；状中搭配不当；主语残缺

1983：关联词语误用；关联词语位置不当；定中搭配不当；状中搭配不当；介词结

①—③　题干为选择使用不当的一项。

构残缺

1990：多重定语的语序

1991：主谓搭配不当；状中搭配不当

1992：关联词语误用；主语残缺；省略不明造成的歧义

1993：主谓搭配不当；述宾搭配不当；定中搭配不当；状中搭配不当；代词指代不明造成的歧义

1994：定中搭配不当；一词兼类造成的歧义；语义逻辑矛盾

1995：述宾搭配不当；定中搭配不当；语义逻辑矛盾

1996：主谓搭配不当；述宾搭配不当；语义关系不明造成的歧义

1997：关联词语误用；主谓搭配不当；述宾搭配不当；介词结构搭配不当；宾语残缺；语序不当

1998：主谓搭配不当；定中搭配不当；结构层次不明造成的歧义；语义重复；滥用否定

1999：关联词语误用；主谓搭配不当；述宾搭配不当；状中搭配不当；介词误用

2000：主谓搭配不当；述宾搭配不当；定中搭配不当；主语残缺；结构层次不明造成的歧义

2001：主谓搭配不当；述宾搭配不当；主语残缺

2002：述宾搭配不当；谓语残缺；宾语残缺；介词结构残缺

2003：状语冗余；介宾搭配不当；宾语残缺；主谓搭配不当；主语残缺；述语冗余；结构层次不明造成的歧义；一词多义造成的歧义

2004 全国卷一：主语残缺；结构层次不明造成的歧义；否定辖域不明造成的歧义

2004 全国卷二：谓语冗余；宾语冗余；定中搭配不当；宾语残缺

2004 全国卷三：语义关系不明造成的歧义；结构层次不明造成的歧义；否定辖域不明造成的歧义

2005 全国卷一：主语残缺；并列不当；主谓搭配不当；语义关系不明造成的歧义

2005 全国卷二：语义关系不明造成的歧义；代词指代不明造成的歧义

2005 全国卷三：关联词语误用；主谓搭配不当；主语残缺；述宾搭配不当

2006 全国卷一：述宾语序不当；否定辖域不明造成的歧义；述宾搭配不当；宾语残缺

2006 全国卷二：述宾搭配不当；宾语残缺；主谓搭配不当；成分冗余

2007 全国卷一：主语残缺；状语语序不当

2007 全国卷二：状语位置不当；定语冗余；述宾搭配不当；宾语残缺；语义矛盾

2008 全国卷一：定中搭配不当；副词语义不当；主谓搭配不当

2008 全国卷二：述宾搭配不当；宾语残缺；定语冗余

2009 全国卷一：主谓搭配不当；述宾搭配不当；述语残缺；语序不当

2009 全国卷二：定中搭配不当；主谓搭配不当；宾语残缺；语序不当；句式杂糅

2010 全国卷一：述宾搭配不当；宾语残缺

2010 全国卷二：主谓搭配不当；代词指代不明造成的歧义

2010 新课标：主谓搭配不当；述宾搭配不当

2011 大纲版：述宾搭配不当；主语残缺；句式杂糅

2011 新课标：述宾搭配不当；定中搭配不当；主语残缺

2012 大纲版：述宾搭配不当；关联词语残缺；多层定语结构不当

2012 新课标：介词冗余；主谓搭配不当；述宾搭配不当

2013 新课标 I：主谓搭配不当；述宾搭配不当；宾语残缺

2013 新课标 II：主谓搭配不当；述宾搭配不当

2014 新课标 I：述宾搭配不当；介词结构残缺；述语残缺

2014 新课标 II：述宾搭配不当；状中搭配不当；助词语序不当

2015 新课标 I：状中搭配不当；述宾搭配不当；主语残缺

2015 新课标 II：主语残缺；主谓搭配不当；另有一陪考项（“父亲住院期间，梅兰每天晚上都陪伴在他身旁，听他讲述一生中经历的种种苦难和幸福，她就算再忙再累，也不例外。”），语病为何争议较大

2016 新课标 I：主谓搭配不当；主语残缺；谓语结构冗余

2016 新课标 II：主语残缺；宾语残缺；主谓搭配不当

2016 新课标 III：主语残缺；状语结构冗余；主谓搭配不当

2017 新课标 I：状语结构冗余；状中搭配不当；述宾搭配不当

2017 新课标 II：主语残缺；谓语结构冗余；述宾搭配不当

2017 新课标 III：主谓搭配不当；主语残缺；述宾搭配不当

2018 新课标 I：述宾搭配不当

2018 新课标 II：主语残缺

2018 新课标 III：述宾搭配不当

2019 新课标 I：主语残缺

2019 新课标 II：主谓搭配不当

2019 新课标 III：补语误用；述宾结构冗余

第六章
网络语言的价值与规范

一 引 言

随着互联网交际的迅速发展，产生于网络交流或主要应用于网络交流的网络语言的交际价值日渐重要。与之相伴随的网络语言的规范问题自网络语言诞生之日起就引起了广泛的关注。

根据学界通行的认识，对网络语言有广狭不同的理解。广义的理解指在网络交际领域中使用的各种语言形式，主要包括两大类：一是与互联网有关的专业术语和特别用语（如“宽带、域名、鼠标、病毒、浏览器”和“网民、网吧、黑客、虚拟空间、信息高速公路”等）；二是人们利用互联网媒介进行日常交流时所使用的交际用语，包括网民在聊天室、网络论坛、移动互联网中的交际用语。狭义的理解主要指后者。与互联网有关的专业术语和特别用语，虽然所占比例很大，但这部分表达不会引起一般网络交际中的争议，即便有争议也主要限于技术领域或学术领域；而第二类这种用于一般网民之间交际情景的表达形式和内容则有很大的争议，民间也广泛参与了对其争议的讨论。[①]

① 关于网络语言表达形式，早期学界已经做了一定的整理归纳，比较系统的理论探讨如于根元主编（2001b）、刘海燕（2002）等。此后又出现了一些新的表达形式，主要是移动互联网中的表达形式。

基于此，这里的网络语言取狭义的理解，主要包括下面六类[1]：一是专门或主要用于一般网络交际中的表达（如“斑竹、大虾、偶”以及所谓的火星文形式）；二是当初在一般网络交际中创造出来而后渗透到日常交际中的表达（如“伊妹儿、灌水、驴友、顶”）；三是虽早就存在于日常交际中但在形式、意义、色彩、适用范围等方面经过了网络交际改造的表达（如“楼上、恐龙、粉丝、纯净水”）；四是网络专业术语和特别用语出现非专业性使用的情况（如“黑客、在线、刷新、内存”）；五是网络交际热点中出现的指称特定社会事件的临时表达（如“正龙拍虎、俯卧撑、打酱油、叉腰肌、猪坚强、范跑跑、欺实马”）；六是那些虽然在日常交际中使用、网络交际中也没有多少改造[2]、但一时间成为网络交际热点的表达（如2008年随“山寨春晚、山寨手机”等而迅速飙红的“山寨”）。后两类网上网下往往同时无差别使用，而前四类中有很多表达形式也逐渐为网下所理解。由此可见，网络交际中的表达形式跟日常交际的表达形式之间存在着一种互动的关系。而且，随着网民数量和层次的增加、网络在信息传播和日常交流中作用的提高、网络与平面媒体和有声媒体交相为用的空间的发展，这种互动的频度、广度、深度都在增加。因此，对其互动路径和方式的考察正是我们探求网络表达的语言价值和语言学价值的重要途径之一。而且不同交际空间的联系靠网络得以加快互动的进程，如内地（大陆）、台湾、香港、澳门之间，中国和外国之间，专业和非专业之间，此领域和彼领域之间，其中的网络表达形式也在交际中流动。

本章在概括由网络语言引发的语言学和非语言学争议的基础上，重点讨论网络语言的语言价值和语言学价值，并由此倡导积极有效的语言交际观和健康和谐的语言生活。

---

① 此处只举汉字形式的用例，至于非汉字形式，如外文、数字、字母、符号等及其组合形式和它们与汉字的组合形式，根据其交际范围，大多可以归入下面的第一类。对其内部构成，一般研究网络语言的文献都做了系统归纳，可参见陈群秀（2004）、张云辉（2007）等，此不赘述。另，本章的主要内容以施春宏（2010）为基础，对此后以移动互联网为主体时期的表达形式也有所涉及。根据我们持续的跟踪考察，就网络语言的面貌而言，整体格局变化不大。

② 说“没有改造”只是粗糙的说法，凡是换了交际系统，就有了新的价值。

二　由网络语言引发的语言学和非语言学争议

网络语言的出现和使用一直伴随着各种争议。赞成者有之，反对者有之。有内容方面的，有形式方面的。有语言学方面的，主要是结合语言规范及其对语言生活、语言教学的影响来谈；也有非语言学方面的，主要是结合精神文明及其对文化传统、社会生活的影响来谈。总的来看，网络语言在兴起之初曾引起广泛的争议，尤其以于根元主编（2001a）《中国网络语言词典》引起的争议最为激烈。经过网络语言交际的调节和发展，大的争议已经告一段落，局部的争议（如关于火星文的争议）虽有出现，但影响层面不大，新的认识不多。网络语言已初步形成了自己的交际规则，网络语言的社会方言特征渐趋鲜明，因此有必要对这种争议做出总结和反思。这里，我们先对争议双方的观点做出较为系统的归纳整理。

赞成的理由主要有：特定交际群体的表达需要，有着现实的背景，是时代精神的体现；新媒体的需要，网络媒体发展的必然，体现为互联网文化；是草根文化的一种存在方式，适应了草根阶层的表达需求；某些表达形式有新意和特色，体现出鲜活新奇、方便时尚、生动幽默、个性化色彩强等特点，体现了语言创新能力；属于一种新的社会方言，在某种意义上发展了汉语，为汉语的交际和发展提供了养分；语言是活的，是动态的，是发展的；倡导了多样化的语言实践，丰富了人们的语言生活；针对有人认为网络语言是一种语言污染、语言垃圾因而主张纯洁汉语这种情况，认为世界上根本就没有一个抽象的叫"纯洁汉语"的东西，"语言污染、语言垃圾"的提法要慎之又慎。因此主张对新生的事物要宽容；要面对现实，并做好整理、研究工作；要有效参与，积极引导。有人认为网络语言根本不需要规范，有人甚至认为网络语言是"语言史上的一场革命"（王德亮、仲梅，2008），"代表着汉语发展的方向"，"将带动汉字体系逐步实现符号化、拼音化的改革"（牟玉华、谢旭慧，2008）。

反对的理由主要有：网络语言的流行将对汉语 / 中文造成负面影响，造成了母语的危机；颠覆传统，冲击了传统交际；汉字、外文、数字、字母、符号等杂糅在一起，显得不伦不类；采用英文等外文拼写，崇洋媚外，殖民心态，有损于民族尊严；追求时髦，品位低下、庸俗、低级；网络语言不文明现象严重，影响了中小学生的语言文化水平和文明道德教育；网络语言是黑话，是语言污染、语言垃圾；生造乱用、怪词别字、破坏汉语结构规律、语义混乱等违背语言规范的现象非常严重，影响了汉语的纯洁性；对涉网不深的人而言，往往因看不懂而导致交际的困难；网络语言纯粹是一种文字游戏，不值得也不应该当一回事。因此需要展开一场汉语保卫战；加强网络语言监管，至少要让网络语言留在网络；要通过立法的手段来规范、限制网络语言的使用，如2006年3月1日开始生效的《上海市实施〈中华人民共和国国家通用语言文字法〉办法》明确规定，“国家机关公文、教科书不得使用不符合现代汉语词汇和语法规范的网络语汇。新闻报道除需要外，不得使用不符合现代汉语词汇和语法规范的网络语汇”。

当然，这种二分法的归纳有时也不完全到位，这里面有交叉的地方。如赞成网络语言的人也看到了网络语言交际中的不文明现象所带来的消极影响，反对网络语言的人也看到了网络表达中某些有价值的表达方式。我们这里并不试图对各种看法做出评论。但网络语言在各种争议中经过一段时期的调节和变异，带来了一些值得反思的地方。总的来看，往昔强烈批评的声音似乎没有发挥多少作用，而对网络语言的考察和整理（如编词典、出版专书等）倒使更多的人了解了某些网络语言的内涵和用法，加快了网络语言从网上走到网下的进程。现在很多网络语言表达形式已经逐渐被人们所认同，甚至成为推动语言交际的一种动力。而且，网络语言的出现和发展使我们能够清楚地看到一种社会方言的形成过程，仅此而言，就特别具有学术研究的价值。这里，我们主要讨论网络语言给我们提供的积极方面，而对网络语言中存在的消极方面暂不涉及。[①] 其实，有的消极方面实际上也不是简单的语言问题，而是人的问题、社会的问题，由于反映在语言上，有时我们便将它们看作了语言问题，并认为通过语言使用管理就能够解决这样的问题。

我们觉得，如果从积极的方面来考虑，对网络语言的价值应该从它

---

① 积极方面和消极方面跟上面赞成和反对的两个方面并不完全对应。赞成的理由中未必都是合理的，反对的理由中未必都是不合理的。

的交际性质和学术意义两个方面来认识，即网络语言的语言价值和语言学价值。[①]

三　网络语言的语言价值

所谓语言价值，就是为作为交际系统的语言提供特定的语言成分，形成特定的结构关系，实现特定的功能。功能的实现是以成分及其关系为前提的。因此，我们主要从语言成分及其关系这两个方面来认识网络语言为交际系统贡献了什么。

在说明网络语言的价值时，首先要明确的是，能否适应网络表达的需要和能否进入日常语言交际是两个问题，两者都是为语言交际服务的，只不过处于不同层次的交际系统之中。也就是说，网络语言的语言价值实际上可以区分为两个层次：为网络交际提供了什么？为日常语言交际提供了什么？可是，有不少批评并没有认识到两者的区分，常常将两者混同，甚至以为后者应该是网络语言的主要价值，这是不妥当的。网络语言首先要满足网络交际的需要，至于是否向日常语言交际扩散，是否适应日常语言交际，都是第二性的问题。这很好理解，跟专业用语满足了专业表达的需要而未必进入日常语言交际完全是一回事。

因此，探讨网络语言的语言价值也需要从适应网络表达的需要和对日常语言交际的影响这两个方面来认识。也就是说，当一种新现象出现时，我们首先要从它对交际有何贡献这一语言价值角度来认识，这样才能使自己的评价有所依傍。从大的方面来说，对交际的贡献主要体现在三个方面：提供新的语言成分和语言规则；调整某些既有的成分和规则；推动某些表达的广泛使用。下面我们分类具体说明，所举用例以网络词语为主。

① 在笔者提出此选题时，有先生提醒笔者要辩证地看待网络语言的作用问题。笔者对这种宏观思路一直比较赞成，因此这里首先要特别指出的是，本章只讨论网络语言对语言交际和语言学研究带来积极影响的一面，至于对语言交际产生消极影响的一面，不在本章讨论之列。

（一）词汇方面

网络用词逐步为网络交际提供了基本词汇，这是网络语言系统呈现得最为鲜明的地方。与此同时，随着网络交际与日常交际互动的加深，有不少词语已经渗入（甚至深入）或正在渗入日常交际中。

网络词语并非全是新造的，有很多实际上说新不新，说旧又新。争议比较大的情况是：日常交际中已经有了某个词语，但在网络上又另造新词，而且造词方式往往在日常语言中并不常用，如用“斑竹、版猪”指版主，用“菌男”指俊男，用“酱紫”指“这样子”等。这形成了网络构词中有特色的表达方式。很多新词新义新表达与网络语言的构造心态和呈现方式有关。我们这里暂时撇开纯粹利用数字、符号、字母所构造的网络表达形式，仅就与汉字有关的词形对网络词语的构词方式做一个粗略的归纳（大部分词的具体释义从略）。其中属于旧词新义的，我们放到语义中说明，这里的归纳注重于构词机制的说明。

1. 谐音词。如“斑竹、大虾、美眉、菌男、霉女、驴友、葱白（崇拜）、瘟都死、木油（没有）、灰常（非常）、偶（我）、屁兔”等。主要构造方式是将错就错的谐音，以及有意识地选择一种能造成逆谐[①]效果的表达。如“斑竹”指版主，可能就是键盘输入时有意或无意造成的；而“菌男”指俊男，“霉女”指美女，则是反其形义而用之。这常常是试图造成一种美丽的错误。网络新词中最有网络特色也最具能产性且极易引起争议的就是这种逆谐式谐音词，所谐之音有普通话的，有方言的，还有外语的。

2. 复合词。如“网虫、刷屏、打铁、造砖、盖楼、见光死、剩女、没女（没漂亮脸蛋、没苗条身材的女子）”等。复合词中仿拟的情况比较普遍，而且常常带有谐音等方式，如“校草（仿‘校花’）、每周一哥（仿‘每周一歌’）、与郎共舞（仿‘与狼共舞’）”等。很多系列词语也来自仿拟，如仿自“博客、黑客／骇客”的“红客、极客／奇客、闪客、朋客、维客”等。这些词语很容易由网上向网下渗透，而且网上和网下理解和使用时差别往往不是很大。有的词（如“剩女”之类）并不容易区分网上网下

---

① 关于逆谐，可参见施春宏（2003），下文还将有所说明。

由谁先用，两者常常是交互的、同步的。

3. 变音词。如“酱紫、酿紫、粉（‘很’的音变）、表（不要）、吃藕（丑）”等。“酱紫、酿紫”分别是“这样子、那样子”的速读连音。这样的词不是太多，但利用语音变化的方式来构词则是常见的手段，上面讨论的新造词就常常如此。

4. 析字词。如“马叉虫（骚）、两座山（出）、丁页（顶）、弓虽（强）、走召弓虽（超强）、言身寸言身寸（谢谢）、口恩（嗯）、女子（好）、黑犬（默）、口黑口黑（嘿嘿）、口合口合（哈哈）”等，特殊的如“监介（尴尬）”。有的拆字后还有调整，如“竹本一郎”指笨蛋一个。这类数量不多，但用法普遍。

5. 析词别解词。将汉语日常交际系统中已经存在的双音节或多音节词拆分开来逐字重新理解。如“白骨精（白领 + 骨干 + 精英）、蛋白质（笨蛋 + 白痴 + 神经质）、偶像（呕吐的对象）、情痴（情感之中你最白痴）、人类（人渣 + 败类）、神童（神经病儿童）、天才（天生蠢材）、小美人（小时候是美人）、校花（校门口卖豆花）、泼妇（活泼的妇女）、爱心（爱钱又没良心）、不错（长成这样真的不是你的错）、可爱（可怜没人爱）、气质（小气又神经质）”等。这些词大多是借助褒义词的词形来表达贬义、谐义的效果。这是网络语言试图取得逆谐效果的最极致的表达。像“白骨精、蛋白质”等已经渗透到日常交际中了。

6. 重叠词。采取重叠语素或音节的方式来构词，如“东东、虫虫、车车、饭饭、狗狗（指谷歌公司，其英文名 Google 网上也译为‘古狗、哥狗、姑狗’）、呼呼、猪猪（指猪或睡觉）、觉觉、片片（照片）、笨笨、帅帅、怕怕、坏坏、屁屁、好漂漂、一下下、一般般”等。这是成人语境的儿童化表达，可以看作“拟童语词”，是装嫩和真嫩两种心态的结合。而像“安安”用于打招呼，统指早安、午安、晚安，则比一般的童语表达更进了一步。新的发展则有“范跑跑、躲猫猫、楼歪歪、楼脆脆”式，跟传统的附加式重叠“红彤彤、黑乎乎”在构造形式、语义结构、语用色彩上都有差异。

7. 外来词。有音译词，如“伊妹儿、烘陪鸡、晒、当 / 宕”等，常常采取谐译的方式，追求生动有趣的效果；有半音译半意译词，如“博客、黑客、骇客”等；有借形词，如“米国（美国）、大丈夫（没问题）”来自日语。其实，像“IT 业、PC 机”以及“@ 时代、e 时代、I 时代、.com 时代”，都可以看作外来词的汉语化、汉字化及部分汉字化。至于意译词，如“信息高速公路、带宽、拨号、连接、域名、免费软件、线上、离线”等，无论我们是不是将它们看作外来词，都不影响理解，人们对此没有多少争议。还有像“猫（modem，调制解调器）”这样缩略后的音译词，像“泥巴（mud，一种游戏）”这样缩略后的意译词等，本有专业色彩，经过这样一译解，就通俗流行多了。

8. 方言词。如“菜鸟（台湾闽南话，即菜鸟仔，指生手）、白目（台湾闽南话，指人不知好歹）、粉（台湾闽南话，指很）、虾米（台湾闽南话，指什么）、衰（粤语，指倒霉）、哩抖（粤方言，指这里）、母代（南京方言，即没得，指没有）、银（东北方言，指人）、贼（东北方言，指非常）”等。很多词同时利用了方言谐音。其中来自台湾闽南话的词语比较多。网络交际的发展为方言词的扩散起到了一定的推动作用。

9. 缩略词。如“妹（伊妹儿）、短（短信）、寒（寒心）、鼠（鼠标）、狗（狗狗，指谷歌）”等。最为常见的是英语缩略形式和汉语拼音缩略形式，一般有关网络语言的文献都有比较详细的介绍，这里从略。

还有其他一些形式。如“囧、槑”，这是靠网络而恢复的据“形”构义使用的两个古字古词，其使用过程正体现了网络表达一个很重要的特征：避熟求异。如此等等，不一而足，此不赘述。

除了与汉字有关的外，还有纯粹的字母词（如“PK、DIY、GG、TMD”）、数字词（如“286、88”）、符号词（如“<@__@>”表醉、“@ /”表蜗牛）等。符号词大多象形，而且基本只留在网上。有很多词还采取混合的形式，如“+U（加油）、Y2K（Year 2 kilo，千年虫问题、千年问题）、3X（thanks）、H_2↑（氢气符号，谐音亲启）”。这些构词与造句方式实际上是网络表达极为普遍的形式。这与网络语言以“目治”为主有关，因为网络表达中很多现象只能“目治”而不能“耳闻”。这种重“目治”的表达方式与网络输入的指头化有关，尤其是火星文[1]。这使网络表达呈现出拼盘效应，很多网络现象都必须从这个角度考察才能理解。

（二）语义方面

网络词语的语义调整，既有日常词语网络化后产生的新义，也有网络词语语义的引申。

网络词语语义表达一个很重要的方面就是旧词赋新义。有的直接从日常语言中借用形义，再通过隐喻、转喻的扩展方式运用于网络交际中，如“帖子、灌水、潜水、口水、冒泡、冲浪、圈地、防火墙、流口水、工分、水手、山寨、汗、倒、寒、顶、涮、踢、拍、掐、闪、衰、晕”等。如“灌水”原指在论坛发表的没什么阅读价值的帖子，现在习惯上会把绝大多数发帖、回帖统称为“灌水”，不含贬义。又如“流口水”指羡慕，以形指义。

有的借用后，根据旧词形义提供的联想而重构语义关系。如“恐龙、青蛙、牛蛙，沙发、椅子、板凳、地板，水车、水桶、水鬼、水母，水蒸气、白开水”等。这种类型的网络词语比较多，而且很多跟日常语义有或多或少的关联。如“恐龙”指丑女，大概是因为“龙”代表男性，使龙恐者，女而丑者也；“水母”特指女性灌水狂人。当然，也有一些借用只是对字面义做出解构式别解，如“水仙”指灌水大仙、灌水狂人。这跟上面提到的析词别解相关。这种由于语素多义重新组合后造成的语义重构现象实际上也是汉语词义发展的一种途径。[2]

很多语义的发展是系列性的，与网络的表达方式有关。如“沙发、椅子、板凳”依次指第一、二、三个回帖的人，如果连“板凳”都抢不到，就只好坐到“地板”上，再不济，只好到“地下室”了。“网虫”指网民，“飞虫”和“爬虫”则分别指高级网民和初级网民（分别跟“飞鸟 / 老鸟”和“菜鸟”同义）。又如“水仙、水车、水桶、水鬼、水母、水枪手”，指

① 关于火星文的研究，可参看于全有、裴景瑞（2008）等。

② 这跟朱景松（1992）提出的“义项平行的多义复合词”相关。朱文将平行式作为词义发展过程中与辐射式、链锁式相平行的第三种多义词词义关系类型。这是值得进一步研究的语言现象。

不同层级的灌水狂人，由此还新造出级别很高的“水王”；而“水手”则指论坛中喜欢灌水的芸芸众生，新造的“水友”则泛指论坛的注册用户。

网络词义发展中，有很多网络用语对日常用语的语义引申是通过凸显日常用语语义结构中的某方面描述性特征而获得的。如“潜水艇”指没（méi）水准，就是来自对潜水艇常常没（mò）于水面准线之下这一特征的凸显；“孔雀”指自作多情者；“钓鱼、钓虾”分别指男追女、女追男。

有的语义引申过程比较隐微，需要利用特定的习惯性表达、特殊语境才能够理解。如用“包子”指长得难看或太笨的人，想是来自对“狗不理包子”断取后的特征重构。

（三）词法和句法方面

网络语言使用不当产生的一些新的词法形式，还常凸显、变用某些既有的词法形式。

网络语言的语言单位的基本组织方式仍然是日常语言的结构方式，即便是最具网络风格的火星文也是如此，它基本上也只是在词语层面上用各种非常规文字形式来代替常规文字形式，词语之间的组合关系并没有多少改变。因此，网络语言基本上都可以逐字转译成日常表达。这是网络语言“说新不新”的鲜明体现。这充分说明网络语言是汉语的一种变化形式，而非新的语言。但它作为新的表达形式，必然采取一些新的表达手段。上面在介绍各种网络新词的构造类型时，已经可以明显地看出它们不同于日常构词之处，如果加上字母形式、数字形式、符号形式的构词方式，就远非日常构词方式所能说明的了。下面再看看语法上面的变化特征。

网络语言在基本语法结构关系上虽依托传统汉语的表达方式，但也有一些新的表达形式。有的属于“例”上的拓展，有的则属于“型”上的新创。

用例上的拓展主要体现在句法搭配关系和搭配对象的变化上。搭配关系的变化如“百度一下”“把照片伊妹儿给我”，将名词“百度”“伊妹儿”用作动词。搭配对象的变化如“严重同意”，它仿自“严重关注”，扩大了“严重”的适用范围。还有方言规则的使用，如“给我一个理由先”。这些现象背后的规则并非网络语言所特有的现象，但网络语言放大了它们的交际面。[①]

类型上的新创中，有很多跟对外语表达方式的移用和改造有关，这也是网络表达拼盘效应的体现。如 in 在英语中一般做介词和副词用，在非正式场合可以用作形容词，但只做修饰成分（相当于区别词），指“入时；目前流行的；紧跟或追赶潮流的”，如“the in thing to wear this season（这个季节的流行装束）、the in crowd（赶时髦的人们）”。引入汉语网络交际的语义是“入时，时尚”，因而出现了“很 in、真 in”的表达。out 也是如此，与 in 相反，指“过时，落伍，土”，可以表达为“很 out”。又如“我要 off 了（我要离开了、我要下线了）”。这可以看作语法拼盘现象。这种拼盘现象在网络词汇中更加普遍。

网络语言中还出现了不少词缀性质的语法形式。最为常见的是“……ing”，它本是英语动词进行时的一种表达，移用到汉语网络交际中后，也表示正在进行，如“哭 ing、期待 ing、抓狂 ing、感动 ing、杀人 ing、幸福 ing、无限郁闷 ing”。它已成为使用极为广泛的一种形式，平面媒体都已出现了这种用法。其中的动词使用最多的是心理动词和言行动词。偶有英文的其他屈折形式，如“看 ed”（看过了）、“兄弟 s”（兄弟们，很多时候用“亲们”）等。还有类似的其他形式。如“……di / 滴”，即结构助词“的”，但专门用于句子最末，表示强调，如“不是这样 di”。又如“……的说”，是动词后置的一种用法，来自日文语法“……といいます”的直译，表示认为、觉得，可以附在任何句子后面，起到一点儿加强语气的作用，至于加强了什么语气效果，只有当事人才知道，如“似乎他态度老强硬的说”。

网络用语中有一些特殊的句末语气词，有直接来自口语的，有谐音的。如“今天又有人病了哈、表忘记噢、粉好滴捏（很好的呢）、雷人鸭”等。这与网络交际中喜欢采取拟态的形式有关，或拟音，或拟形，或拟情。这

① 很多文献将“很女人”之类“程度副词＋名词”的现象、“巨、超、狂”等的副词用法和“（帅）呆了、（酷）毙了”等归入网络句法的特殊之处，似乎失之准确，因为它们既非网络专用，也非网络首用，而且网络交际也没怎么进行改造。这里还牵涉到“型”与“例”的关系问题，研究网络语言，要特别重视与平面媒体和有声媒体相区别的新“型”。由此可见，研究网络语言，如何区分网上表达和网下表达并非易事。

跟下面提到的网络修辞也有关。

这种网络词缀形式和网络语气表达形式实际上形成了一种网络口语形式，它跟网络视觉形式（如网络视觉词、网络视觉句法）一样，是网络构造规则特殊性的重要体现。无论是网络口语形式还是网络视觉形式，都有显著的拼盘特征。

近些年，各种网络句式也非常流行。如“可能X了个假Y”可以构造出“我可能考了个假试卷、我可能发了个假微信、我可能放了个假假、他可能谈了个假男友、你可能吃了个假减肥药”之类，不一而足。

很多具有网络特色的结构方式目前仍在形成的过程中，不能以是否渗透到日常语言交际中作为评判是非的标准。

（四）修辞手法方面

网络修辞既有对传统修辞手法的创新性使用，也有对新的修辞手法或表达方式的尝试或强化。

像仿拟、飞白、比喻、借代、谐音、婉曲、反语、拟人、拆词、通感、夸张等手法，网络语言中都有普遍的使用，有的还有所突破。例如，用“很S”形容说话拐弯抹角，取其与S在形体上的形似；用“挖地洞”指设陷阱，用“286”形容反应慢、跟不上潮流的人，用“蜘蛛”指整天挂在网上的人，用“起床失败”指睡觉睡过头，用“研究国粹”指打麻将。修辞手法是分层次的，有的使用起来比较方便，有的则要求艺术性高一些。像谐音，使用起来甚为简便，网络表达中的数字词大多利用谐音来实现，如“7456”指气死我了。网络中“飞白”现象比较普遍，上面的谐音词常由飞白构成；又如“水饺（睡觉）、幽香（邮箱）、果酱（过奖）、酵母（教母）、人参公鸡（人身攻击）”等，皆是有意为之。这与网络输入常采用拼音输入的方式有关。

对新表达手段的创新性使用最典型的就是上面提到的析词别解后的重构赋义，像“白骨精、蛋白质、偶像、天才、神童”都已成了网络通用语，日常交际中也偶有涉及了。

网络修辞中颇具特色的是综合运用多种修辞手法。如用“今晚八点半”

指爱您想您，源于中央电视台曾经有过的一个著名栏目，它的开始时间是“20：30”。其构造过程是：

今晚八点半 ←（转喻 / 借代）— 20：30 ←（谐音）— 爱您想您

还有更复杂的情况，如用“13579”指奇怪：

13579 ←（转喻 / 借代；提取特征）— 英 odd$_1$ [奇数] ←（谐音；义项切换）— 英 odd$_2$ [奇怪] ←（译释）— 奇怪

这种数字、英语形义、汉语语义的转换，曲折而隐微。又如用“0001000”指我非常孤独，其中的“1”像一个人，也像英语中的“I”（我），旁边的“0”表示空无一人，许多“0”的铺排强化了空的状态，收取拟态之效。再如用“1775”表示造反，因为1775年美国爆发了独立战争。其中，转喻（借代）的手法是运用得比较充分的，当然，这必然给有效读解带来难度。另外，以前对修辞手段的归纳基本上以汉语符号（尤其是以汉字及汉语拼音为载体）的能指和 / 或所指为对象，而网络表达显然拓展了这种修辞空间。多种修辞手法的综合运用为我们分析修辞手法之间的互动机制、合力机制提供了新的思路。

显然，这样的表达方式在网络语言出现之前是很少见到的，是网络推动了它们的发展。很多修辞方式是在汉语 / 汉字、英语 / 英文字母、数字、符号的综合运用中体现出来的。这种混合多种形式、方式来构造新的表达形式的现象实际上反映了特殊的语言接触方式和形式。例如“886”指再见，利用了英语的谐音（英 bye-bye）和数字的转写；用“200”指动物园，利用了符号之间的象形（英 zoo，象形、外语）和数字的转写。

另外，我们发现，在运用各种修辞手段的过程中，达到特定修辞效果最常采用的手段是“逆谐”，即：“要想描写高尚的、美好的、庄严的东西，却通过低俗的、粗陋的、谐噱的表达来显示；或者在表达高尚的、美好的、庄严的内涵时却附之以低俗的、粗陋的、谐噱的内容。反之亦然。这是惯常语言表达中的另类表达。目前，反向表达似乎成了时髦，尤其是网络语言、校园语言中。这便使逆谐的手法大行其道。”（施春宏，2003）

毫无疑问，有的修辞手法尚未被我们整理出来，尚处于“意会”甚至根本未意会到的阶段。[①]

（五）语用色彩方面

新的表达形式和新的语用色彩创造了一种新的语体形式和社会方言。

由于表达媒体的不同，新的表达系统出现了，网络语言“成为一种独特的语篇类型”，“有其独特的话语范围、话语方式和话语基调”（秦秀白，2003），展示出一种新的文本形式。从这个角度来看，说“媒体创造语言”是不过分的。报刊不同于口语，因此报刊语言自然不同于口语交际；广播、电视不同于报刊，因此广播电视语言自然不同于报刊语言，且电视语言也不同于广播语言。同样，网络不同于以往任何传播媒体，网络语言这种新兴的媒体语言自然有不同于以往任何媒体语言的地方，即它是一般所言的口语、书面语以及有声语言之外的另一种表达形式。它的很多特性来自娱乐和游戏的性质，其中又有新奇兼随意的地方。而这种特性得以充分显示，又与其指头输入和目治方式有很大关系。如下面这段话曾在网络上广为传播：“曾经 u1 份金诚 di 摆在挖 d 面前，但 4 挖迷 u 珍 c，斗到失 7d4 候才后悔莫 g，尘 4 间最痛苦 d4 莫过于此，如果↑天口以给挖咕 g 费再乃 1 次 d 话，挖费对叽咕女孩说挖 ie，如果非要在叽份 i+ ↑ 1 咕期限，挖 C 望 4……1 万年。”这段大拼盘的火星文逐字转译过来就是：“曾经有一份真诚的爱摆在我的面前，但是我没有珍惜，等到失去的时候才后悔莫及，尘世间最痛苦的事莫过于此，如果上天可以给我个机会再来一次的话，我会对这个女孩说我爱她，如果非要在这份爱加上一个期限，我希望是……一万年。”这就纯粹是文字游戏了，不过这种文字游戏也非传统文字游戏所能呈现的。

由此可见，这种新型的人际交往空间所形成的新型语体形式体现为一种新的社会方言。近些年来，学界都将网络语言这种功能变体形式看作一种新的社会方言。[②]在网络语言使用者的社会特征中，职业、身份、年龄、性别、

---

① 施春宏（2000b、2002a、2003）曾尝试着进行某些归纳，提出了“增零、谐义、逆谐”的修辞方式，其使用主要跟网络时代的新表达有关。

② 如秦秀白（2003）从语体学角度论证了网络语言的功能变体，张薇、王红旗（2009）从语言使用者的社会特征和特定的交际场合两个方面对网络语言作为一种社会方言做了较为充分的论证。

文化程度、社会阶层等实际上都处于一种屏蔽状态，但仍在表达方式上有所体现，如掌握网络话语权的以学生和“小资”为主、以年轻人为主、以中等以上文化程度为主等。这种交际形成了一个虽不稳定但也有很大交集的言语社团。这自然在语言交际方式上呈现出独有的特征，通过网络这一特殊的语言环境而得以充分展示其独特的一面。“他们创造、使用网络语言的原因并不仅仅因为它们的输入方式简单，也因为网络语言能充分体现网民们的另类身份，这是青少年张扬个性、标新立异、反叛传统的行为特征在语言表达上的表现。”（张薇、王红旗，2009）网络语言表达在内容和形式上都有鲜明的后现代特征：非理性、去中心化，多元化，游戏，随意性，为解构而解构等（夏历，2005；刘绪义、钱宗武，2005；陈光明，2008）。这是宏大叙事、主流话语之外带有鲜明的草根语文特色的交际效应。

需要进一步说明的是，由于承载媒体和交流方式的不同，这种社会方言跟行业语、隐语等一般社会方言有很大的不同。承认它社会方言的性质是一回事，如何看待这种性质的特殊之处则是另一回事。在跟其他社会方言乃至普通交际语言比较时，网络语言这种新语体和新社会方言最为显著的特征就是其游戏性质，其他很多特征也都来自语言的游戏功能，体现的是一种娱乐色彩。网络语言当然也需要传递信息，但在传递信息的过程中往往采取或夹杂游戏的方式。交际不只是为了传递信息，还有其他功能，而且有时某种别的功能还会更加凸显一些。网络语言正是凸显了语言传递信息之外的游戏功能，折射了特定时期的某些社会情趣和心理时尚。

四　网络语言的语言学价值

所谓语言学价值，按现代语言学观念来理解，就是指特定语言现象的形成和发展、形式和功能以及由此而引起的语言学与非语言学争议为语言学研究在观点、方法、内容、事实等方面启发了新的思考，产生了新的认识，得出了新的结论，预测出了新的趋势。也就是说，推动人们做出有意义的语言学概括。

作为一种一直在求新求异发展着的语言现象，从大的方面着眼，网络语言的语言学价值至少体现在下面一些方面。

（一）促进语言观和语言学观念的调整

网络语言所引发的最直接的思考就是：网络语言算不算一种语言交际形式？如果算，其性质是什么？如果不算，其性质又是什么？有人曾经将网络语言视为黑话、语言垃圾，但这并没有得到绝大多数人的认同，尤其是遭到网络语言使用主体的反对。

如果我们回归到语言观的根本性质上，也许更能接近问题的本质。语言在交际中形成、存在、发展，因此语言的根本属性就是交际性。基于此，最根本的语言观就是交际观。交际之外无语言。而交际本身是动态的、分层次的，没有静态的交际，没有平面齐一的交际。这样看来，网络语言是为实现特定交际群体的交际需要而出现的特定交际方式，对它的认识应该立足于网络语言是否有效地满足了这种交际需求，从根本上说，它不是为了适应非网络使用群体的认同和理解。也就是说，网络语言的非网络化只是它的派生属性，这是网络交际的进一步扩展。可以这样说，网络语言的出现强化了我们对语言交际观的认识。

语言交际观引发了我们语言学观念的调整，这主要体现在我们对语言的交际本质、对语言结构的层次性和动态性、对语言交际的层次性和人文性、对语言用变和演变的关系、对语言的创新机制等有了新的认识。语言学研究要反映和适应这种观念的调整。因此，语言事实与语言学理论之间的关系、描写和解释之间的关系、静态和动态之间的关系、多样化和主体化之间的关系等等这些语言学的根本问题，在面对网络语言时都得以重新思考。尤其是多样化和主体化之间的关系（于根元、施春宏，1998），过去我们过多地注重主体化，在面对多样化的交际时，往往理论准备不充分，解决策略也比较单一，甚至将主体化理解成一体化、单一化。只有在多样化的语言生活中发展和检验语言学理论、发展和检验语言观和语言学观念，才能使理论和观念更加切合实际，更加接近语言和语言交际的本质。

（二）对语言学研究视角和方法产生新的影响

作为一种新的语体形式，网络语言跟以往任何语体形式都有明显的不同，无论是表达手段还是结构形式。从功能主义语言学来看，“不同的语体有不同的语法”，“功能语法学者把语体分类的语法学意义提到前所未有的高度，如陶红印（1999）指出，‘以语体为核心的语法描写应该是我们今后语言研究的最基本的出发点。任何严谨的语法学家如果打算忽视语体的区别而提出汉语语法的规律必须首先在方法论上提出自己的依据来。’基于这样的认识，‘口语—书面语’简单两分的语体分类模式就不能满足研究的需要了”（张伯江，2005）。网络语言更是如此，它既不是口语，也不是一般的书面语，也不能简单地看作两者的融合。它是非口耳传播的，有鲜明的视觉化特征。

这种新的语体形式是跟承载它的媒体相互关联的。语言载体和传播方式影响了语言交际的方式和过程，进而影响了语言交际的性质。“恰如媒体理论家马歇尔·麦克卢汉在60年代所指出的那样，媒体并非仅仅是信息的被动传输渠道。它们在提供思考材料的同时，也塑造了思考的过程。”（尼古拉·卡尔，2008）新媒体就有适应新媒体的表达方式，纸质的、平面的媒体和有声媒体的表达方式无法完全适应网络交际的需要。这就促使我们对媒体与语言的关系进行新的思考，而不能将考察平面媒体的视角简单地移植到网络语言中来。

在这种研究视角的调整中，最为突出的是我们对语言交际色彩和风格的重视。刘一玲（1993）在分析新词语的产生途径时指出，“寻求新的色彩，寻求新的风格”是新词语产生的重要途径。这种色彩和风格不只是修辞意义上的，而且是交际属性的重要组成部分。网络语言的游戏特征和指头输入方式决定了网络语言的基本色彩和风格：在虚拟空间中，通过网络拼盘方式实现求新求异的效果。对文字、数字、符号、图片的“随意”拼接、改造，对怪字、别字、特殊谐音、词义别解的尽兴使用，都是这种色彩和风格的体现。网络上的谐音别字等带有游戏性质的词语层出不穷，正是因为这样做产生了特殊的色彩。像“斑竹、板斧（版副）、大虾、大刀（打倒）”这样因拼音输入法造成的谐音词语是不容易在网下首先出现的。“可为什么一直就能网上传播，并且具有很强的生命力？一个重要的原因就是这些词语本身已经因为网友的联想附着了很强的色彩意义，使得网民在使用它们的同时，也体味了一种新鲜。”（惠天罡，2006）

同样，网络承载和传播方式的特殊性使得基于互联网的研究方法（不限于研究语言的方法）跟传统研究方法有所不同，无论是定性的还是定量的。最显著的表现就是研究者与网民之间可以实时互动。这种“以计算机为媒介的交际”（Computer-mediated Communication，CMC），是无法按照研究任何传统媒体中的语言现象时所框定的研究内容和研究方式来分析的。新媒体形成了新风格，新风格制约和启发了分析的新思路，新思路必然引起新的分析观念和方法并由此带来新的分析结果。可以这样说，目前人们对网络语言的研究方法还不完全适应网络语言。我们不但要运用传统的语言分析方法，还要借鉴和吸收心理学、社会学、符号学、文化学、传播学、统计学等的分析方法，还要探索新的分析方法。

（三）引发人们对语言调节和语言变异关系的新思考

显而易见，作为一个新的语言交际现象，作为一种新的社会方言形式，网络语言的出现和发展对语言学相关学科，尤其是社会语言学、应用语言学、文化语言学、语言伦理学、语言教学等交叉学科的观念和方法产生了深刻的影响。[①] 这些都在如何认识语言调节和语言变异关系方面有集中体现，这是跟语言观和语言学观念的调整紧密联系的。

语言调节和语言变异是随着社会语言学的出现而出现的核心概念，也是语言形式出现、存在和发展的基本方式。语言作为交际、认知、思维的工具和信息、文化的载体，其调节和变异的动因和机制必然伴随着并强化了人们对语言性质的认识的变化，必然会引起人们对语言与社会、语言与人的关系的重新思考。在这种情形下，“语言不再被看成单一的、纯粹的结构系统，必然实现一定的功能，是为实现一定的功能而出现、存在和变化的。语言的基本功能是为所有人的所有场合的交际服务。语言实现其功能，

① 如果宽泛地说，这些都可以理解成对社会语言学的影响。

一个基本条件就是能够调节和变异，随功能变动而变动。语言调节和变异只能在人的社会交际中体现出来。语言的调节功能和变异特点进入发现、认识、研究的视野后，加深了人们对语言现象和语言结构及其要素的功能适应性的认识”（施春宏，1999b）。

毫无疑问，语言调节和语言变异是一个过程，是在过程中调节语言交际和语言形式与功能。网络语言的动态发展很好地展示了这种调节和变异的过程与方式，而且目前它还处于成长时期，因此对它的形式和功能、历史和现状的精细考察极具学术价值。

网络语言的一个显著特征就是语言现象的流行性。网络语言对流行语的出现和传播起着推波助澜的作用。《咬文嚼字》编辑部按照大众性、时尚性、具有显著表达效果这三个标准，选出 2008 年十大流行语是：“山寨、雷、囧、和、不抛弃不放弃、口红效应、拐点、宅男宅女、不折腾、非诚勿扰”。网络语言的传播对这种大众语言时尚的形成起着举足轻重的作用。而像 2008 年极为流行的“打酱油、俯卧撑、叉腰肌”，则几乎就是网络推动的结果。网语符号化过程虽然大多具有临时性，但适应了当时的交际需求；负载于符号之上的社会、文化背景由此而能激活。这就促使我们重新思考流行用语的流行过程及其在语言交际中的作用。有先生曾说“语言发展不能靠流行语推动”（《语言新现象探讨之四：对新词语既要关心又要引导》,《文汇报》1999 年 12 月 28 日第 3 版），这种认识有一定的普遍性，但却是值得商榷的。流行的未必一定要沉淀到未来的语言交际之中才有语言价值。“粉丝”已经广为使用了，例如：

> 他（老子）的拿手本领就是讲道，上下古今，纵横万里，包罗万象。由于道学高深，名气很大，追星族、粉丝不少。（蒋元明《老子幸亏有“粉丝”》,《人民日报海外版》2009 年 5 月 28 日第 8 版）

而相关的“凉粉（张靓颖迷）、粉笔（周笔畅迷）、盒饭（何洁迷，‘饭’是 fans 的另一种音译形式‘饭丝’的缩略）、玉米（李宇春迷）、荔枝（黄雅莉迷）、钢丝（郭德纲迷）、乙醚（易中天迷）”毫无疑问只能流行一时，但它们都各有自己的交际价值，而且“凉粉”等的出现，既使“粉”这个潜词素成了一个新的构词词素（惠天罡，2006），又提供了一种非常有效的构词模式。可以想见，还会有更多类似的词语相继粉墨登场。这从一个侧面展示了“网络时尚与网络语言的互动”关系（贺又宁，2002）。就语言调节和语言变异而言，我们最需要处理好语言用变和语言演变之间的关系，这是语言交际观的基本要求。

也就是说，对新的表达形式而言，对正在出现的语言现象而言，对已经淡出语言交际的现象而言，我们关心的应该是效度和品位，而不是能否达到全民交际的程度。生活中并不以成人在走路、说话、思维上的表现来要求正在成长中的儿童，对待网络语言等所有新的语言现象也应如此。调节和变异是个过程，且永远处于过程中；规则、格式是暂时的现象，规则化、格式化永远是个过程。任何语言现象都是一个由潜到显、由显到隐的过程，不同现象的显隐过程并不相同，时间长短也不一致，因此不能只看到“显”的一面而无视其他。对现状的认知方式跟对过程的认知方式当然有联系，但肯定不是一回事。

我们相信，网络语言所带来的对语言调节和语言变异的重新思考、对语言生活的观察和描写、对语言事实的挖掘和整理、对词典编撰观念和实践的改变等都会产生很大的影响。

（四）为语言规范化工作带来新的启示

由网络语言现象引发的语言学思考与争议，往往在语言规范化方面有集中展示。这主要体现在下面几个方面。

首先是对语言规范观的调整。很长时间里，我们都试图采取约定俗成的习性规范观念来对待语言现象。约定俗成作为对某些语言现象发展过程的描述，是基本到位的；但作为规范化原则，则并不适当。规范不是简单的描述，也不是只对经过长期“俗成”的东西的描述，而是有所评价，有所选择，有所推荐，有所引导。对网络语言这种新兴现象而言，在其形成初期及发展过程中不断出现的现象，除非我们无视它的存在，否则约定俗成的规范化显然难以发挥作用。约定俗成的规范观主要体现在两个方面：新出现的现象因用的时间短、用的人少而总是不规范的，规范的语言现象都是用的时间长、用的人多的；对新的现象我们可以不急于评价，等用的时间长了、用的人多了，即经过“约定俗成”了，我们就认为它们是规范现象了。其实，这两点用来规范网络语言现象都不合适。[①]对此，可以打一个比方：凡新生儿都是不合法的，因其生存于世界的时间很短，而且不能预知其一定会生存下去；等长到一定年龄（如成年）后就合法了，因为存活下来了，且为很多人所了解并与之产生交际了。这种规范观的最大问题来自规范化的手段和目标：对被认为不规范的现象（即那些刚出现的、用的时间短、用的人少的现象）怎么办？封杀？不可操作；听之任之、耐心等待？这就带来一个根本问题：规范化，不要也罢。[②]实践的局限来自理论的悖论。它无法解决这样的问题：如何面对新现象？如何评价新现象？如何整理新现象？规范化实际上主要不是去规范已经约定俗成的东西，也不是说没有长期约定俗成的都是不规范的，关键在于确定特定现象的交际值。我们主张以理性原则（交际值原则或曰现实同一性原则）为主导性原则，而以无罪推定、积极沉默、学术批判、语用频率等作为下位层次的原则或策略，在语言规范化原则和策略的互动中认识语言现象，规范语言现象，从而体现大的追求：规范化知识的增长和语言生活的和谐（施春宏，1999b、2009a）。也就是说，我们尊重约定俗成的语言价值和语言学价值，但这跟我们所采取的规范化的基本原则和策略，在逻辑上不是一个层面的东西。

其次就是语言学工作者的作用问题。我们在语言规范研究中发现，除语音、文字和基本词汇等方面外，专家学者在语言规范化过程中的作用是有相当限度的，关键是因势利导，做促进工作、引导工作。如及时地整理、阐释、引介，这样才能争得有限的“话语权”。而约定俗成要么放大了自己的话语权，要么放弃了自己的话语权。有的专家指出，网络上的某些现象，

---

① 其实用于规范其他语言现象也是如此，参见施春宏（2009a）。

② 实际上，很多人正是认为网络语言是不需要规范的，如张薇、王红旗（2009）等。这也告诉我们，让网外之人、不兼容网络语言的人、认为网络语言是黑话的人、认为网络语言有话不好好说的人来规范网络语言甚至来谈网络语言规范，都是很危险的，对规范本身就是一种误解。我们发现，缺席网络交际而又觉得应有担当的人，在分析网络语言时，经常因“多言”而“失言”（说过头话、外行话），最后终至“失语”（失去话语权）。

连自己这种文化程度的人都不懂、不了解，可见其混乱、污染到了何种程度。其实，这种论证是有问题的，这是将不在同一交际场的人之间的语言交际看作同一个集合了。另外，在网络语言评价中，专家学者的声音跟一般网民的声音是杂然相处的，如何使自己的声音更有说服力，这需要做进一步的研究。而且更重要的是要展开讨论，讨论的目的是逐步靠近事实的真相。就语言规范化而言，光是做语言学的批评是不够的。

另外，网络语言使我们对语言（包括文字）的游戏性质和游戏功能有了新的认识。上文已经指出，网络语言对语言游戏功能的激发和推动作用是前所未有的，有不少语言现象主要来自语言游戏的需要和结果。我们以前是不怎么重视语言的游戏功能的，至少在理论上如此。而网络语言的出现则凸显了语言游戏性质的一面，使语言游戏功能得到了充分的发挥。网络语言中的很多表达形式就是来自网络的游戏心态和游戏创造[①]，火星文的出现就将语言的游戏功能发挥到了极致。这从根本上说明：语言交际是一种生活方式。网络语言对某些表达手法的钟情（如逆谐），主要还是为了实现语言的游戏功能。这是一个话语狂欢的世界，人人都可以参与创造，但也不是没有规则可言。游戏有游戏的规则。网络表达虽然表面上追求个性，但实际上跟风现象非常普遍。跟风未必是坏事，跟风往往意味着某些规则为人所认同。跟风现象的层次和类型、广度和深度反映了语言交际的本质，正如风向、风速等指标反映天气的变化一样。不研究风，无法了解天气。如何有效地描写和解释网络语言现象，对语言学观念和方法都是一种新的挑战。

视觉效果也罢，拼盘效应也罢，游戏功能也罢，所折射出的正是一种新的美学趣味，形成了一种新的美学特征，具有鲜明的美学价值。我们对此的认识和分析都很不充分。

① 网络语言具有游戏的特征，这并非完全由网络交际本身造成，而是与当前以解构为己任的后现代思维相关：解构经典，消解意义。

五　网络语言在交际中规范

语言交际不是一种状态，而是一种实践，是一种运动过程，语言的本质和语言交际的本质在这种实践和运动过程中充分展示出来。而且这种运动是一种语言、社会、人之间的互动过程，是不同语域的交际互动的过程。网络语言的形成过程只有短短的二十来年，这给我们考察一种新的语言交际方式从出现到形成和发展的过程提供了绝佳的样品，也为我们认识“语言在交际中规范”提供了极具启发性的观察对象。以前人们对洋泾浜、克里奥尔语的语言价值和语言学价值并不重视，如《不列颠百科全书》曾把洋泾浜英语说成“一种不合规则的混杂的黑话，充满了幼稚、粗俗和讹误”；但近来发现这是极不妥当的，逐步认识到，“洋泾浜语反映了人类富有创造力的语言能力”，“洋泾浜语和克里奥尔语的研究大大地有助于我们对于人类自然语言特征的理解，大大地有助于我们理解由遗传所决定的语法机制”（维多利亚·弗罗姆金、罗伯特·罗德曼，1988/1994：286、289）。网络语言最大的问题是不像平面媒体那样存在着“守门员”，然而这并不意味着网络语言就必然是混乱的、充满污染的，或者所谓的“有话不好好说”。毫无疑问，网络语言在形成和发展过程中存在着一些负面现象，但是我们不能只看到负面的东西。要看有没有可以替代的东西，替代后是否失去了什么。实际上有时还涉及交际的基本权利的问题。因此我们需要从这两重价值来进一步审视网络语言的本质和功能。如果说存在或需要一门网络语言学（Weblinguistics）的话，是需要从网络语言的语言（学）价值和非语言（学）价值这两个方面来研究的。当然，网络语言除了有作为主导方面的积极因素外，确实存在着某些消极的方面（如网络语言中粗俗的成分相对多一些），影响了交际。但我们还要分析，这里面有的问题并不是网络语言本身必然带来的，而是“人”的问题、社会的问题。其实，很多语言问题都是“人”的问题，而我们又常常以为是语言的问题，以致否定了某种语言现象或某种语言交际方式的价值。当然，我们肯定网络语言的语言价值和语言学价值，并不意味着网络语言就是一场“语言革命”，就是“21 世纪语言的发展方向”。同样，我们更不认为网络语言就是垃圾、污染；我们也不主张“让网络语言留在网络”，因为它既不可能，也不现实，且无理论基础。

有效利用网络语言的前提是深入网络语言生活，这跟方言调查在本质上是相似的。李宇明（2005）在《中国语言生活状况报告（2005）》的序言中说过：“虚拟空间的语言生活，正在造就新文化，不断酝酿新技术，陆续形成新产业。”他强调要关注虚拟空间的语言生活，不要被网络边缘化，不要被信息边缘化。我们常常有种错觉，以为自己说这种语言，就有对所有语言现象的话语权；自己在进行语言研究，就有对各种语言现象的话语权（即便自己基本上没有仔细研究过这种现象）。话语权的滥用往往产生负面的效果，尤其是有人利用自己的专家地位、政治地位来说事的时候。这都是我们应该慎重对待的。

六　本章小结

本章讨论网络语言的交际性质和学术意义。我们在归纳网络语言的语言学和非语言学方面的争议的基础上，讨论网络语言的语言价值和语言学价值。过去争论网络语言的是与非，多以常态语言交际的既有表现为参照，因此无论是肯定还是否定，似乎都不容易说服人。其实，这是在一定程度上将网络表达抽离了其自己交际的时空，没有将交际的对象、内容、方式、目的、情趣等放到网络这一新媒体中去考察和理解，这也必然带来认知上的偏差。一种新的交际方式的出现，一定会带来特定的语言价值，而且会形成独具特色的规范表现。但无论是怎样的交际形态，交际值（即交际到位的程度）都是衡量规范程度的根本依据。另外，本章提出的“语言学价值”这个概念也是我们分析语言现象的价值时通常没有重视的方面。作为一种新的语言现象，网络语言为我们考察语言学价值提供了特殊的视角。语言学价值的核心就是引发思考，重在建设，从而带来语言学知识的增长。只有重视考察语言交际的每一个窗口，才能更加充分地认识语言交际的语言价值和语言学价值，推动语言生活健康和谐地发展。

第七章
辞书规范与辞书编撰

一 引 言

就语言规范化而言，辞书中词条的选立，字形、读音的确定，词义的概括，释例的选配，用法的说明等各方面，既是规范成果的呈现，也是规范行为的引导，因此一直受到广泛关注。尤其是具有很高学术价值和社会影响力的辞书（如《现代汉语词典》《新华字典》等），对社会语言使用而言，规范指导作用更是直接而巨大。当然，具体到特定内容，辞书中所体现的规范并不如一般人所理解的都是或应该是“说一不二”的情况。这虽有编写者的理解与操作问题，但其实更大程度上还与语言系统本身有关。

关于辞书在形、音、义、用规范方面的讨论，学界多有关注，本章则主要从概念和体系的角度来讨论几个宏观方面的问题。一是对于“辞书规范”内涵和外延的理解，二是讨论辞书规范时需要注意哪些根本问题；三是辞书整体结构中的编写规范问题，尤其是作为一部辞书，其所收词目之间的系统性问题。

二 辞书规范的内涵和外延

许多问题的争议都是对“相同”能指（如这里说的“规范”）的非同一

性理解造成的。现实中对辞书规范乃至语言规范的所指也因理解上不具备同一性而争执不下。因此，首先要明确，我们所接触的“能指”，其“所指”到底是什么？不要让术语的多歧模糊了我们的视线。

我们从辞书规范的外延（即所指范围）来理解它的内涵。辞书规范的外延不是均质的。从规范的对象与要求的角度来考虑，进入辞书中的规范内容及其关系可用图 7.1 这样层层套叠的圆圈图来表示（这里不是用实线，而是从外到内用虚线、半实线、半虚线来标示其分界）：

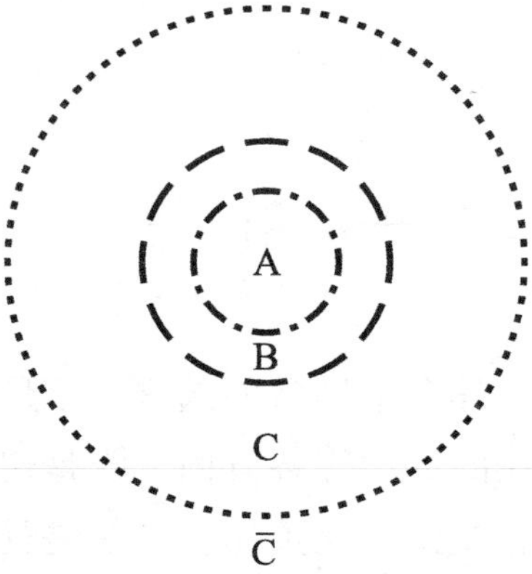

图 7.1　辞书规范的外延

规定（B）：指辞书规范中国家明文规定的相关内容。从原则上说，它应该都是规范的，是辞书规范的“核心”。根据具体辞书对国家规定的遵行情况，可将规定（B）这一核心分为内核和外核两个部分：

规定（A）：指辞书规范中对国家规定没有争议、共同遵行的内容。我们称之为辞书规范的“内核”。

规定（B—A）：指辞书规范中对国家规定有争议的内容。我们称之为辞书规范的“外核”。由于内核和外核之间虽大体清楚，但也没有明确的界限，随各部辞书的不同处理而有差异，因而它们之间用半虚线表示。

规范（C）：指整个辞书规范，它既包含国家规定的内容，也包括进入辞书的非国家规定的规范内容。

规范（C—B）：指辞书规范中非国家规定部分的内容。这部分因学者认识、辞书性质等不同而在取舍、评价间也存在差别。虽然根据辞书功能的要求，进入辞书的非国家规定的内容也应该都是规范的，而实际却未必如此（即便是规范型辞书），但因暂时不在本章讨论的范围内，也不影响分析的思路，我们权且假定都是合乎规范的。为了区别于未进入辞书的更外围的规范，我们称此为辞书规范的“内围”。国家规定部分与非国家规定部分的界限相对清楚，当然也有一些不够明朗的地方，因而在它们之间我们用半实线表示。

对那些还没有进入辞书规范的规范内容，我们称之为规范 $\bar{C}$（意思是非C）。关于这部分，争议往往比较大，属于规范的“外围”。由于它与辞书规范（C—B）之间的模糊度更大，存在相互渗透、转化的可能，因而在它们之间用虚线表示区分。

我们也可以用下列形式表示语言规范内部分层的包含与被包含关系：

- 语言规范
  - 规范（C）
    - 规定（B）：核心
      - 规定（A）：内核
      - 规定（B—A）：外核
    - 规范（C—B）：内围
  - 规范（$\bar{C}$）：外围

为了简化分析，理清思路，我们对语言规范的内容，尤其是辞书规范的内容做了这样粗略的划分。从总体上来说，任何辞书对语言规范的处理都可以做如此理解。这些圆圈中，越是紧邻的部分，关联越紧密，性质越相近，转化的可能性也越大。这里只是从辞书规范角度所做的分层理解，若就整个语言规范而言，也可以利用这类图示来说明，只是每部分表示的内容和标界线条的虚实与此有所不同，但都能大体划分出内核、外核、内围、外围这样既相互区别又相互联系的部分。这样的划分会给规范观念、规范方式带来深刻影响。

三　辞书规范理解上的主要分歧

正如人们对语言规范的认识目前还有很大分歧一样，人们对辞书规范的认识也有不少分歧。撇开一般性讨论，争论的焦点主要集中在国家规定的外核即规定（B—A）上。这样，在如何对待国家规定上就有两种情况出现，或完全遵从，或稍有变通。我们将不完全遵行国家规定（B—A）的内容叫“准规定（B—A）”。李行健主编的《现代汉语规范词典》（外语教学与研究出版社、语文出版社，2004 年初版，2014 年已出第 3 版）认为自己是：规范（C—B）+ 规定（A）+ 规定（B—A）；而中国社会科学院语言研究所词典编辑室编的《现代汉语词典》（商务印书馆，2016 年已出第 7 版）认为自己是：规范（C—B）+ 规定（A）+ 准规定（B—A）。

我们之所以将作为国家标准的规定（B）区分出规定（B—A）和规定（A）两部分，也即之所以在规定（B）中特别划分出准规定（B—A）来，正是考虑到上面两种情况的客观存在。出现准规定（B—A），主要基于对国家规定和语言事实的关系的认识：（1）对国家规定做统一处理的，而当时没有考虑到或认识到某种特殊情况的存在，此时怎么办？避而不谈是不负责任的态度。（2）对国家规定做统一处理的，而其内部并不完全具有同一性的情况，此时怎么办？（3）有的语言标准制定的时间相当长了，语言事实发生了变化，出现了新的问题，如何对待这些落后于语言事实的规定内容？总之，对那些合乎规定却不完全合乎语言事实、合乎语言事实却不完全合乎规定的现象如何处理？如果考虑到这些情况而在辞书中对已有规定做些变通，便出现准规定（B—A）了。也就是说，在国家规定和非国家规定之间仍然有交叉段存在，有叠合现象，所以准规定的存在有客观基础。承认这一点，会使我们的工作更加辩证。毫无疑问，在确立辞书规范时，必须以全面准确贯彻和遵行国家规定、标准为前提，然而这并不排除对国家规定、标准中确实存在问题的地方辅以研究的内容，做出合乎实际的调整。当然，这些地方是极个别的，而且在表明学术态度时要极其慎重地个别处理，具体对待，它不应影响国家标准的系统性，倒是应从国家标准的系统性角度来考虑和处理个别问题。单纯的拼音问题或字形问题相对好办，易于遵从；而拼音字形的处理又牵涉意义、语体、色彩的就比较复杂，意义、语体、色彩考虑不周而对形音做出或统一或分化的处理（从目前来看，主要是从简、归并）便容易引起争议。

那么，能不能撇开争论，绝对按照国家现有的规定来确立辞书核心部分的规范呢？从理论上讲应该是可行的，这样的辞书也是完全可以编出来的。然而从实际来看，却难乎其难，对辞书编写来说是个严峻的挑战。就拿《现代汉语规范词典》2004年版来说，也有准规定（B—A）存在。如对“镕”的处理，没有按国家已有文件规定执行，而是新立了一个字头（1107页）。[①] 只不过相对来说，它准规定（B—A）的范围很小。有时它也采取变通的办法，如“束脩”的“脩”在2004年版中未立字头，出现在“修[2]”释义后的提示中：“‘脩’是‘修’的异体字，但在表示干肉和老师酬金的意义时，用于‘束脩’‘脩金’等词，习惯上仍作‘脩’。”（1467页）实际上是肯定这种用法，却没有单立字头。在2010年第2版也未立字头，在“修[2]”释义后的提示中调整了叙述内容：“在‘束脩’‘脩金’（‘脩’是干肉、给老师酬金的意义）等文言词中仍写作‘脩’。”（1467页）[②] 这也是迫于语言事实的压力，通过对原则的变通来放弃对国家规定的坚守。还有一个特殊情况。《第一批异体字整理表》规定“弢”是“韬”的异体字，然而中学教科书上几十年来都选编了唐弢先生的文章，他主编的《中国现代文学史》一直作为高校教材，署名都是“唐弢”。这样要么改“唐弢”为“唐韬”，要么辞书单立一个字头“弢”，指明只用于某个人名，其他义皆同“韬”。《现代汉语规范字典》2004年版、2010年第2版就是这样处理的，单立字头后释义：“同‘韬’。现在一般写作‘韬’。”（分别见1271页、1280页）这也是面对现实的选择。[③]

至于规范型词典的规范（C—B）部分，因没有明确的国家规定、标准，必须依据辞书性质、辞书规范基本原则和语言使用情况加以取舍、描写、解释。它主要收入语言使用价值较高的部分，有时也收入一些语用价

---

① 《现代汉语词典》1996年版倒只增加字头并注明“同‘熔’”（1072页），似乎又违反了“每字只有一个正体，其余都是异体”的原则。

② 《现代汉语规范词典》2014年第3版则为“脩”单立字头了（1478页）。2013年教育部、国家语言文字工作委员会发布的《通用规范汉字表》注为：“脩，用于表示干肉，如‘束脩’，其他意义用‘修’。”

③ 《现代汉语规范词典》2014年第3版则为“弢”单立字头，释为“同‘韬’（多用于人名）”（1280页）。《通用规范汉字表》将“弢”立为独立的字头。

值并不很高但目前还没有更好的替代成分的内容。这部分内容比国家规定的内容操作起来更复杂，学术争论也很多。其实即便是国家规定的部分，也是根据语用价值的高低来确立字音、选定字（词）形、收录字（词）义的。可以这样说，从根本而言，任何规范都是以语用价值为根本依据的（参见施春宏，1998b、1999a、2000a、2009a），辞书中遵行国家标准只不过是遵行那些已经根据语用价值处理了的东西。这样，我们就更容易理解为什么会有准规定（B—A）的存在了。

四　与辞书规范相关的一些概念

对辞书规范的理解，实际牵涉的问题相当多，不仅是语言规范问题，还与辞书本身的性质有关。下面就认识辞书规范所牵涉的相关基本概念做一说明。

（一）规范和规定

它们是虽然相关但并不等同的两个概念。规定体现强制性的政府行为，规范体现较高的语用价值。规定基本上属于规范，但也有不合乎规范的地方（当然，我们往往将这些东西也称作规范，因为规范常识认为，凡是国家规定的就是规范的）。这就是说，规定不是必然地完全等同于从语用价值这一角度确立的规范。规范中能够规定的应该是语言文字中的核心部分、基本部分，人们日常生活中经常使用的部分。规定有强制使用性，它是从语用管理的角度来看的。规范除了可以规定的部分外，大多是不能规定的，它以推荐为主，是从语用价值的角度来说的（当然，规定也是基本具有高语用值的）。规定往往强调所有场合的统一性；而规范往往强调特定对象在特定时空的适切性使用，应该包含规定的内容。也即规范不仅指规定性规范，还有语用性规范。如果从语用价值的角度来看规范，所谓冲击规范、突破规范，大多所指乃是冲击规定、突破规定，或者冲击、突破某些人为规则、学术结论。我们往往在规范和规定、规则之间打架，正是由于对它们之间的关系没有认识清楚。

（二）规范和描写

规范型辞书作为一种辞书类型，似乎意味着有不规范型辞书存在，而其实际所指是与描写型辞书、考释型辞书相对的。然而描写通常又与功能、解释相对。这些交错关系容易导致理解的偏差。规范型辞书的实际所指是为语言文字规范使用服务的辞书，也就是规范性辞书。同样，描写型辞书、考释型辞书实际就是描写性辞书、考释性辞书。这样就更合乎对辞书性质和功能的说明了。无论规范性辞书还是其他性质的辞书都有描写性成分，没有政策规定的地方也得描写和解释，描写未必就不规范。也可以说，规范性辞书是对现实语言生活规范使用的一种描写和指导。对字词的形音义和使用规则的描写是规范的途径和内容。我们一般将新词新语词典归入描写型词典之中。如商务印书馆辞书研究中心编（2003）《新华新词语词典》的前言中是这样定位该词典的："需要说明的是，这本新词语词典仅仅是当代汉语词汇的一个观察站。新词语在经过一段时间后，有的会进入基本词语，有的会完成了一个阶段的任务而潜藏。辞书工作者的任务是对这些新词语进行观察、收集、整理、研究，通过词典编撰的方式来引导和推荐。"新词语词典的存储功能主要针对其收词而言，其他方面应是规范的。即便是从收词角度来考虑，这类词典收录的组合形式比较多，这不是说这些组合形式以及其他形式不规范，而是不合乎某些人以用的人多、用的时间长作为规范标准的规范观念。其实它基本实现了语用价值的规范，有特定的语用价值。规范并不否定一次性使用（未必进入辞书，也不只是进入辞书的才是规范的），描写也并非有词必录，也有选择、加工、评价。我国出版的新词语词典恐怕没有哪本是不加选择地凡词必录。新词语词典的规范基本属于规范（c̄）中。

（三）约定俗成与惯性

规范不等于约定俗成，更不能将约定俗成作为规范的根本原则。但这并非否定约定俗成的价值，甚至与约定俗成背道而驰。相反，理性的规范是充分重视约定俗成的，它们不是对立的关系。约定俗成的群众基础往往是极具语用理性原则的。制定标准、确立规范必须尊重已经约定俗成的现象，对已经约定俗成且并不带来使用混乱的应该不要由于人为调整而出现混乱。约定俗成体现了语言使用的惯性。制定标准、确立规范要借助、利用约定俗成，通过指导、推荐来形成新的惯性。规范和规定主要是指向未来，而约定俗成主要是指向过去，两者通过语言使用的惯性相联系。目前，我们通常所认识、理解的规范大都是辞书性规范，强调约定俗成，强调规定（进入辞书的内容当然也成了一种规定），追求规则，是以趋静、求稳、讲惯性为主的（辞书性规范不一定形成辞书，只是说有其性质、特点）。辞书性规范与语用性规范的区别不是语言规范与言语规范的区别，也不是书面语规范与口头语规范的区别，主要是规定性规范与语用值规范的区别，既不对立，也不完全统一。

（四）自觉规范

对此有两种理解：（1）政府行为；（2）个体（不只是个人）学术自觉。《辞书研究》1999年曾就辞书规范尤其是辞书编撰中所体现的自觉规范开展过讨论，李建国（1999）认为自觉规范指“政府的行政运作和标准法规”；而从晁继周（1999）在《语文规范标准与规范型字词典的编写》一文内容来看，自觉规范似乎包含上述（1）（2）两者。李建国（1999）认为：“自觉规范是人对语言文字的积极抉择和评判。放弃人的自觉导向性，一味听任社会语言自发的优胜劣汰即约定俗成，那是不完全的或者是消极的规范。”这是可以做两面理解的。我们在辞书规范中批评那种不考虑语用实际的“吾辈数人，定则定矣”的做法，然而有时我们发现国家标准、规定中的个别地方倒有些“吾辈数人，定则定矣”的影子。而辞书中之所以出现准规定（B—A）的情况，体现了与政府行为不完全吻合的个体学术自觉，或许并不是“吾辈数人，定则定矣”，而是反映了语用实际。

（五）预测与后效应

制定法规和编写辞书是指导后来者使用的，都是对未来语言使用的可遵从性的一种预测。在整理现实语言材料的基础上进行可行性预测并不是在降低规范价值，而是在提高威信。当然，预测会有准有偏。预测准了，后效应大，将来出现混乱的可能性就小；预测偏了，后效应也大，将来出现混乱的可能性也就大。所以要预测拿得准的，凡是争议较大的、群众基础不够的、学理不够的，宁愿取之于宽，也不失之于严，甚至可以放一放再说，不要急于表态。对国家规定的变通更是如此，宁可从之也不轻易变更。辞书规范的特殊性比一般规范研究更强。1985 年发布的《普通话异读词审音表》对“荫”的处理不够稳妥（即将“树荫义”的“荫”并入“阴”，从而使“荫”只存一个读音 yìn，减少了另一读音 yīn），因为原本在人们的语用中它的音义区分并不存在什么混乱，而新的调整反倒引起了使用的混乱，这便是没有很好地考虑到语用的后效应了。1986 年重新发布《简化字总表》时对“叠、覆、像、啰（啰）”这 4 个字做了调整，然而至今仍然有不少混乱。一旦形成规定，调整起来就有了新的难度，因为所制定的东西已经形成了一个系统，用了一段时间便形成了惯性。这就意味着第一次规定或调整要慎之又慎，要预测到可能的后效应，避免可能会出现的反复。规范、规定必须考虑系统性。《通用规范汉字表》（初名《规范汉字表》）在研制过程中，于 2009 年 7 月至 8 月向社会公开征求意见，其中意见最大的地方就是是否需要对某些被认为简化得不够合理的简化字进行“复繁”，最后，2013 年教育部、国家语言文字工作委员会正式公布的《通用规范汉字表》从善如流，放弃了这些调整。该字表研制组制定的研究工作六原则，前两条分别是：“尊重传统，注重汉字规范的稳定性”；“尊重历史，注重汉字规范的继承性”（王宁主编，2013：8）。其中的道理与文字工作的后效应有直接关系。

（六）弹性问题

辞书也是有弹性的，语言规定也许也有弹性的地方。弹性不是随意性，而是刚柔相济。前文图 7.1 的圆圈图示中之所以用虚线、半实线、半虚线来标界，就是考虑到它们在规范范围的确定性、规范认识的同一性、规范方式的操作性等方面存在一定弹性。有先生指出：“要准确地贯彻语文规范标准，首先就要钻研这些标准，弄懂这些标准。既要了解这些标准制定的一般原则，也要了解某字形、某字音审定的具体依据，这样在处理问题时才不会简单从事。”（晁继周，1999）标准中的不足除了认识的局限外，还有就是在制定标准的过程中没有将自己确立的原则一以贯之。立意不违背自己的原则，而事实上却违背了自己的原则的情况是有的，这就要根据实际，参照其原则加以修正。也就是说，对规定也要弹性对待，只不过这个弹性的度很小罢了。

五　辞书收词系统性的内在规范

上面讨论的都是辞书规范的内涵和范围问题。这里讨论辞书编撰中词目收录情况所显示的规范性问题。这方面的讨论一直比较少，而且即便讨论，也是相对具体地讨论某个词或某类词之间的照应和释义关联问题。我们则发现了一个难得的样本，可以借此来讨论辞书收词系统性的内在规范。这就是《现代汉语词典》（下文简作《现汉》）不同版本之间的词目处理问题，而且在1996年修订本中出现了非常特殊的情况，值得专项考察，也留下了很多值得反思的地方。

《现代汉语词典》修订本（1996）[①]与第2版（1983）相比，改动幅度不小。其中词语的增删就是一项较大的调整。《现代汉语词典·修订说明》中说：“增，是增加一些新的词语；删，是删去一些过于陈旧的词语及一些过于专门的百科词条。”在后来的使用中，我们发现有些删节的地方处理上有欠缺，影响了对《现汉》的使用，有些还牵涉到词典编纂的一些问题。[②]笔者曾从删节方面做过一些调查，主要是查看删去的“过于陈旧的词语”和“过于专门的百科词条”。相对而言，《现汉》修订本对百科词语的删节远远

① 《现代汉语词典》自2005年版开始连续按数字顺序标示版次，并对此前的版次做了统一标示：1978年版为第1版，1983年版为第2版，1996年“修订本”为第3版，2002年“增补本”为第4版，2005年版为第5版，2012年版为第6版，2016年版为第7版（实为第6版的增补本）；此前还有1960年的“试印本”、1965年的“试用本”（1973年作为“初版”印行）。

② 比较2005年第5版的收词情况，也能发现修订本在这方面存在的显著问题。注意，《现代汉语词典》曾于2002年出版过增补本，但这只是在1996年修订本的基础上增收了新词新义1200余条，附于词典正文的后面。

多于过时词语，我们这里的举例便以百科词条为主。由于删节有时也与新增词条有关，因而也随文涉及。当然，这里并非全面探讨删节问题，而是以揭示问题和获得启发为主。

由于修订本是在第 2 版（为了叙述方便，下面称作“原本”）的基础上做增删，因此要做好与原有条目的立条、释义、举例的协调工作殊为不易。修订本在相关条目的照应方面有时做得还不是那么周密，有的与原本存留的条目失去照应，有的与新增的内容失去照应。而从收词整体上看，不同类别的条目之间也存在不均衡的情况。

（一）词条与释义之间的照应问题

1. 释义中的关键词被删

有的词条被删去了，但修订本其他词条的释义中有这个词，而且被删去的词对理解相应词语的释义很关键。这主要有两种情况。

一是现有释义中作为核心概念的词语被删去了。例如：

> 【焦距】曲面镜的顶点或薄透镜的中心到主焦点的距离。（633 页）[①]
>
> 【无穷大】一个变量在变化过程中，绝对值永远大于任意大的已定正数，这个变量叫做无穷大，用符号 ∞ 表示。（1329 页）

释义中的“主焦点、绝对值”均被删去，影响了词语的理解。这在专业词语的删节中表现得比较突出。又如，“车轴、吊线、反光灯、弧度、互质数、内心 ❷、外心 ❷、无理式（有理式）”中的关键词语“车轱辘、垂线、反光镜、圆心角、公约数、内切圆、外接圆、被开方数”均被删去。下面是新增条目的释义：

> 【互补】❶ 互为补角。❷ 互相补充。（534 页）
>
> 【相反数】绝对值相等，正负号相反的两个数互为相反数。（1371 页）

由于“补角、绝对值”被删（与“相反数”释义相关的“正号、负号”也

---

① 此节中词项释义后标注的页码为修订本中的页码。

被删去），使它们的释义变得不好理解。①

二是在用等义概念的词语释义，或用异称词释义时，用来释义的词语被删去了。例如：

【坐误】坐失（时机）：因循～。（1687 页）

【华里】市里的旧称。（541 页）

【月台票】站台票。（1556 页）

释义中的“坐失、市里、站台票”均被删，以致释犹未释。修订本中的异称词被删很多，释文中常有“也叫 ××”，但未立 ×× 条。如“合欢、千克、鸦片、质数”的释文后均有“也叫 ××”，但其异称词“马缨花、公斤、阿芙蓉、素数”分别被删去。异体词中这种情况被删的也很多。新增的词语也有这样的情况，例如：

【骫骳】〈书〉曲折；屈曲。（1313 页）

【王蔧】古书上指地肤，就是扫帚菜。（1302 页）

文言词“屈曲”已删；植物名条目“地肤、扫帚菜”均删了。② 其实，从现代性、语词性来考察，这两条不必增立，可由《古汉语词典》《辞源》《汉语大词典》收录。

2. 释义中表达相关概念的词条被删

这也主要有两种情况。

一是描写、说明、解释性词语被删。例如：

【力矩】表示力对物体产生转动效应的物理量，数值上等于力和力臂的乘积。（775 页）

---

① 新增的词条之间也有这种情况，即新增词条释义中的关键词没有立条目而使词条与释义失去照应。如新增的“逆反应”释为“通常指向反应物方向进行的化学反应”（924 页），其中“反应物”没有立条。有时新改动的释文中的关键词没有立条，如“单质”修订本释为“由同种元素组成的纯净物”（245 页），其中“纯净物”未立条，原本释义中没有这个词（词条“化合物”的处理也是如此）。

② 新增的词条之间也有释义中的等义概念没有立条的情况。如新增“阳离子”，释文是“正离子”（1456 页），而“正离子”没有立条，难知其义。

【漂白】使本色或带颜色的纤维、织品等变成白色，通常使用过氧化氢、次氯酸钠、漂白粉和二氧化硫等。（973 页）

“力矩”释义中的“力臂”被删去了，后半句话的解释就没了着落。“漂白”释义中的“过氧化氢、二氧化硫”被删去了，“次氯酸钠”是修订本释义时新增的，但未立条（“漂白粉”仍保留），这样后半句的说明也就少了价值。[①]

二是表达上下位概念的词语中，上位词语被删。例如：

【葡萄糖】……是一种最普通的单糖。（988 页）

【硇砂】天然产的氯化铵，可入药。（915 页）

“葡萄糖”的上位概念“单糖”被删去了（其实这句释文可以不要）。用化学名称“氯化铵”来解释“硇砂”，而它又被删去了，便失去了理解的可能性。如何使专业词语的释义既简洁周密又便于理解，现有的辞书大多做得不是特别理想。

（二）词条与举例或释例、类别名称之间的照应问题

1. 举例或释例[②]中的词语被删

如“阿司匹林”已删，而“复方”举例是“复方阿司匹林”（395 页）。这种情况在删节中比较普遍。又如“临界”的举例“临界点、临界角”（799 页）这两个词均被删去，而读者不容易从“临界”与“点”“角”的组合中自然地推断其义，即不能见字明义。新增的词条释文中也有这种情况。如新增的“须鲸”释义中有释例“如长须鲸、蓝鲸等”（1419 页），而“长须鲸、蓝鲸”已删。又如新增的词条“溶胀”释例中的“明胶”也被删：

【溶胀】高分子化合物吸收液体而体积膨大的现象，如明胶在水中、

① 释文中如何用化学物质的名称来举例，是个比较复杂的问题，但目前未见有具体分析。化学物质的名称非常多，其命名规则有严格规定（也即组合形式完全可推导），不同名称之间理论上学理价值相同，但通用度则有差异。选择怎样的化学物质名称来做相关释文中的举例，尚需斟酌；释文中的举例是否都需要作为词条列出，当然也有讨论的空间。这里的说明是从词典用词的相对封闭性来考虑的。

② 释例指释义中的举例说明。

橡胶在苯中都会发生溶胀。（1072 页）

2. 释文中的类别名称被删

这种形式的删节在专科词条中比较普遍。例如：

【花序】花在花轴上排列的方式，分有限花序和无限花序两大类，前者如聚伞花序，后者如总状花序、穗状花序、伞形花序。（540 页）

其中的六种“～花序”类名均被删去。从类别名称常被删来看，也许修订本的分类只是为了通过增加知识而帮助了解。

3. 释文与例图偶然失去照应

原本“曲率”附了插图，而这个插图是根据原本的举例说明而设计的，修订本径将释例删去而留下插图（1043 页），以致此图无从依附。

（三）词条与词条之间的照应问题

1. 对应的、平行的、矛盾的概念删节原则不一致

如删“补角”，保留“余角、周角”；删“冬麦”，保留“春麦”；删“开架式”，保留“闭架式”，且新增“开架”却未立“闭架”；删“控制论”，保留“信息论”，并新增“系统工程”；删“平方根”，保留“立方根”；删“优弧”，保留“劣弧”；删“圆心角”，保留“圆周角”；删“重水”，新增“轻水”。

有时一个上位概念可分成几个平行的下位概念或由几个部分构成，修订本只释其中的一些词条而删去其他。如“滚动轴承”可以分为“滚珠轴承、滚柱轴承、滚针轴承”（478 页），但后两者被删，只保留“滚珠轴承”。又如下面两例：

【冰刀】装在冰鞋底下的钢制的刀状物。有球刀、跑刀和花样刀三种。（88 页）

【细胞器】细胞质中由原生质分化而成的具有一定结构和功能的小器官，如线粒体、叶绿体、质体等。（1352 页）

“冰刀”的三类名称原本均未立条，失去照应；修订本新增“跑刀、花样刀”，而未立“球刀”。“细胞器”是新增的条目，同时新增其例词“线粒体、叶绿

体”，未立“质体”。还有更为复杂的情况。如“八股”释文中有各股的名称，修订本删去了“起讲”条，保留了“破题、承题”条，其他六股均未立条（原本也未立条）。①

有时，某个词条既是专业词语又有一般的用法，不同义项各有关联，处理时不容易顾及全面。如上文分析的新增词条“互补”，由于增立其第二个义项“互相补充”的需要，便同时将其第一个义项“互为补角”也增立了。然而若增立“互为补角”这一义项，则必须增立“互余”（互为余角）这个词条，并且不能删去“补角”这个词条。

2. 有紧密语义关联的词条被删

如新增词条“泸州大曲”（822页），但是上位概念“大曲”这一普通词语删去了。又如新增了道教的一派名称“五斗米道”（1333页），却删去了道教的鼻祖“太上老君”，而“太上老君”是中国文化中比较常用的一个词语，日常语境中或有所现，它已有扩散用法，其语词价值在“五斗米道”之上。而且即便在专科词典中去查找“太上老君”，恐怕一般读者也不知属于哪个专科。再如等义概念“电视❶、电视接收机、电视机”中，修订本删去了“电视机”，而在其他两个词语的释文中都出现了“电视机”；删去“站台票”保留“月台票”，而前者更常用；删去“车轱辘”，使“车轱辘话”的释义“指重复、絮叨的话”（150页）理解起来有弯度②。

---

① 原本中词条间失去照应的地方，修订本有的做了改进。如原有“上市、冬眠”，新增“下市、夏眠”；原有“活火山、死火山”，新增“休眠火山”；原有“固定资金、流动资金”“固定资产”，新增“流动资产”。然而修订本新增的词条也有词条间失去照应的情况。如新增“阳离子”“阴离子、负离子”，未立“正离子”；新增“逻辑思维、抽象思维”“形象思维”，未立“艺术思维”；新增“上半时、下半时”“上半场”，未立“下半场”；新增“氧化剂”，未立“还原剂”；新增“有机化合物、无机化合物”“有机物”，未立“无机物”；新增“阳刚”，未立“阴柔”。

② 也许编者认为“车轱辘”＝“车的轱辘”，本身就是字面意义的组合，接近短语而非词，所以可删。但从“车轱辘话”的理解着眼，若删去“车轱辘”，则需要在解释“车轱辘话”时将其作为内部构成成分加以说明才便于理解。相关理据可参见施春宏（2012）的阐释。其实，《现汉》2005年第5版又恢复了“车轱辘”的词条身份，释义同1983年第2版，为“〈口〉车的轮子”。

（四）词条之间的平衡性问题

1. 词条系统内部构成的平衡性问题

由于在对原本的删节过程中没有很好地把握原则的一致性，以致修订本中词条系统的内部构成有些失衡。有时我们感到不同字母下所含条目的删节也不一致。词条之间失去照应是局部失去均衡，还有从整体上看，部分与部分之间失去均衡的情况。修订本对专科条目删得比较多，但如何操作的，还未见到特别明确的说明。所删的专科词语中，自然科学专科条目名称删得相当多，尤其是化学、物理学、生物学，生理学、医学等删得特别多；社会科学专科条目删的比例相对较小，政治经济学词语、历史名词、政治性词语等多有保留，如“卡特尔、托拉斯、康平纳、康采恩、生产过剩、自为阶级、自在阶级、半无产阶级、半自耕农、产业工人、城市贫民”“国际联盟、国际纵队、西安事变”，以及诸多起义名称、帝王年号。

一个特别有趣的现象是，语言学的词语只有个别删节，而且还增加了不少。有的语言学术语相当生僻，非语言学专业人员很少会见到，语言学专业的人一般也不会从中查找。以语音学（音韵学）为例，原本有而修订本保留的术语仅 B 目就有“爆发音、半音、半元音、鼻化元音、鼻音、鼻韵母、闭口韵、边音、变调、不带音、不送气、不吐气”，其他如“擦音、颤音、反切、复辅音、复合元音、辅音、国际音标、喉擦音、喉塞音、尖音、尖团音、零声母、摩擦音、入声、舌根音（舌面后音）、舌尖音（舌面前音）、声母、团音、响音、阳韵、音节、音素、音韵学、音值、语音、语音学”等。新增的语言学术语如“词根语、发端词、切音、谓词、文字改革、吴语、楔形文字、音位、语法学、语库、语料、语料库、语素、语系、语意、语种、韵母、韵书”等，直如一部比较完备的语言学词典。

2. 成语、惯用语与一般词语之间的平衡性问题

成语、惯用语与一般词语之间的删立欠均衡。修订本将原本没有的某些定形短语列出了很多，如原本有“错综、安分、安家”，修订本又增收“错综复杂、安分守己、安家立业、安家落户”。有时却保留词语而删去定形短语，如保留“老调、牵强、有数、无数”，删去“老调重弹、牵强附会、心中有数、心中无数”。有时新增词语而删去定形短语，如增收“沾

亲”，删去“沾亲带故”；有时增收定形短语而删去词语，如新增“装腔作势”而删去“装腔”；有时删去词语的同时并没有增收必要的定形短语，如删去“五毒”而未立“五毒俱全”。读者一般不易发现其删立的原则。像“八面光、八面威风、百依百顺、非驴非马、各式各样、身强力壮、挑三拣四、养精蓄锐、遗世独立、自生自灭”之类似乎也有保留的必要。有一些惯用语的删节情况也与此类似。如保留“按下葫芦浮起瓢”“三天打鱼，两天晒网”，删去“树欲静而风不止”“三个臭皮匠，赛过诸葛亮”。

六　辞书收词的时间性和专门性

上面从删节角度对《现代汉语词典》两个版本的收词情况做了对比描写，进而发现《现代汉语词典》修订本在词语删节过程中存在很多需要改进的地方。这里再具体讨论其中蕴含的两个经常引发讨论的方面，即辞书收词的时间性和专门性问题。仍以《现代汉语词典》修订本对原本的删节为例来说明。

从大的原则方面来看，过于陈旧和过于专门是可以判断的，然而具体到某个词语或某类词语，就不是那么容易判断了。“陈旧”和“专门”都是有程度差异的概念，而且两者还有交叠的情况。《现代汉语词典》修订本在这两方面的处理都有可以商榷的地方。下面各举几类说明。[①]

（一）关于时间性

如何从时间性上判定“陈旧的词语”的使用价值，应该以现实语用为准，要看现时是否还在使用，是如何使用的，在人们接触的语料中是否有

① 下面所举诸例，大多又被《现汉》第5版至第7版重新收录（尤其是第6版开始），当然，词目选录上略有差异，如“捕快、奉祀”未见于第5版，但见于第6版。我们这里的统计是以1996年版（第3版）和1983年版（第2版）的比较为基础展开的（因为第3版的删节情况非常特殊），如果进一步将后来各版的收词情况与第3版及第2版的收词变动情况做出全面系统的比较，将会更有学术意义和实践价值。限于时间，本章未能展开。

一定的使用面。有的词语哪怕现在不怎么用，但只要接触稍前一些的书面语时就能碰到而且并不陌生。很多词语在使用中有一个过渡，在理解上也有一个过渡，在过渡期中还有了解的必要和查考的可能。

1. 关于一些具有特定历史含义、时代含义的词语

比如“捕快（捕房、捕头）、公署、酒保、浪人、骠骑、虔婆、使女、水师、下书、小厮、肃反”，这些词语的所指现在虽然没有或很少见到或别有名称了，但它们不时在书面作品中出现。再如，“骑士、清教徒”虽是历史名词，但都有引申的现实意义，如“骑士风度、骑士精神”“过着清教徒般的生活”等。这些词语都应该在《现汉》中有立足之地而不能一删了之。[①]如何处理词语能指和所指的时间关系，可以通过对典型词条的分析得到一些认识。

2. 关于计量单位词语

市制计量单位虽然已不是法定计量单位，但有的仍在使用，修订本删去了。[②]一些公制单位的旧称“公升、公厘、公尺、公担、公吨、公分”等也删去了。“公里、公斤、公顷”现在仍作为计量单位在使用，但修订本也删去了。然而“国际公制”释文中说“质量的主单位是公斤”（480 页），并立有“千克”条；“光速”释文中有“光波传播的速度，在真空中每秒约 30 万公里”（470 页），并删去“千米”条。修订本保留了英制单位“英尺、英寸、英里、英两、英亩、英寻”，仅删“英吨”，新增“英制”。这样厚彼薄此的处理方式我们认为值得商榷。辞书规范指的是词形、读音、释义、举例等的规范，那些废止不用的计量单位作为词语本身是规范的，在一定时期（如过渡阶段）还是有一定的查考价值的。这与字形的整理与调整对使用时间的制约是有差异的。

---

① 与“骑士”相关的是“绅士”，它的释义与原本一样：“指旧时地方上有势力、有功名的人，一般是地主或退职官僚”（1120 页），没有列出现在的引申义。而这都是人们曾长期争论过的。

② 市制单位的使用不是简单的规范与否的问题，也不是简单的与国际接轨的问题，如英美计量单位就没有完全与国际接轨。这是需要探讨的问题。

3. 关于某些书面词语

有些古词语、旧词语作为书面语还有一定的使用和查考价值，有些书面语词的文言色彩并不浓。像“奉祀、高论、公意、功过、核销、积久、剪径、娇憨、绝域、空阔、空廓、连类、论列、气运、气绝、弃取、弃世、强悍、抢渡、穷期、圈占、上谕、身故、生疑、时贤、事功、书契、斯须、学殖、远行、怨尤、匀停、陨越、造端、照准、折杀、珍奇、职官、制艺、终岁、周遍、壮美、状貌、拙荆、着花、自诩”这样的词语似乎仍有一定的存在价值，而且有的还比较常见。不同语体、语境中词语存在的时间性是有差异的。

（二）关于专门性

对专门性的理解，不同专业的人有差异，不同文化层次的人有差异，平时接触语料不同的人其差异性就更大。而且，不同时期，同一工具书对专门性的理解和处理也有不同。因此，对哪些词语是专业词语，哪些术语已经进入到日常语言中，哪些专业词语的语义有了引申，不同的人处理起来会有差异，如何确立区分标准和使用标准便值得探讨。

1. 关于表达文艺意象的词语

动植物名称有的只在专门学科中出现，有的则与日常生活关系密切，它们不仅是专科词语，同时也是日常交际的常用词语，有的还被赋予了特定的含义。原本在动植物名称方面收词很多，修订本做了大量删节。根据笔者的调查，在所删词语中，动植物名称的绝对数量最多，相对比例也最大。如“海”目删去的动物名称有：海百合、海豹、海胆、海龟、海葵、海狸、海狸鼠、海蛎子、海龙、海马、海鳗、海牛、海鸥、海鞘、海鳃（海笔）、海扇、海狮、海蟹、海星、海熊、海燕、海月水母、海猪（海豚的通称）；保留的词条有：海狗、海螺、海绵❶、海参、海獭、海豚、海象、海蜇。然而像“海鸥、海燕”这样的词条，常用于特定的文艺意象，是常用喻体，似乎应该存留。又如“凤尾竹、凤仙花、菩提树、睡莲、万年青、无花果”等是否要删去也可讨论。

2. 关于有扩散义或扩散用法的词语

新时期词语使用的一大显著特点就是旧词生新义，通过比喻、引申使一些专用词语扩展到日常用语中；相反的方向也很多，即赋予日常语词以特定含义而使其专门化。这种语言运动方式既便捷又有脉可循。像“生长点”这样的词除了具有原本中所释的专门意义外，还有了扩散义，似应补上；“绝对值、几何级数、算术级数、新名词”等除了作为专业词语，也有了扩散用法；“结穴、内战、贫下中农、清道夫”有转义，“三岔路口、囚笼”有比喻义。这些词修订本都删去了。

3. 关于与日常交际有关的专业词语

有的词语虽是专业词语或准专业词语，但与日常生活关系比较密切，人们能够理解和使用。修订本在法律术语、经济术语、计算机术语、体育术语方面增词较多，就是从这方面考虑的。这些领域的术语已经渗透到日常交际中。这样看来，修订本对原本部分专业词语的删节就值得商榷了，如“打禅、修道”“安眠药、风湿病、湿疹、痔疮、发炎、破伤风”“车前子、丹皮”“哈雷彗星”等。

七　辞书收词与辞书定位

立什么词条，删什么词语，与辞书的性质有关，涉及辞书的定位问题。作为现代汉语的语词词典,《现代汉语词典》是我国唯一一部体系完善、收词完备、释义准确的中型词典，规范性、科学性和实用性是其突出特点。正因如此，人们才会要求它精益求精。下面是辞书收词立条需要关注的几个方面，这些都与辞书的定位有关。

（一）关于收词的封闭性

由于《现代汉语词典》在我国辞书系统中标尺性的特殊地位，人们有理由要求它在收词上具有封闭性。这也是衡量这类辞书是否科学、严谨的一个标准。徐祖友先生在批评王同亿主编的《语言大典》(三环出版社，1990)

时指出："每部辞典针对不同的读者对象、应用范围，在收词、释义、书例方面都会体现全书的系统性和整体性，看似孤立的一个个条目间存在着种种或明或暗的有机联系"，"词典的收词要求具有封闭性"。（参见陈晓梅，1997）一部词典就是一个动态的网络系统，其词条间通过或潜或显的语用、语义、语法、语音、语形信息相关联。《现汉》在这方面做出了典范。修订本由于是在原本基础上做的删、增、改，容易在词条照应上出现疏漏，若再疏于从整本词典的角度系统关联，自然会出现诸多不该有的"失联"。专业词语之间的照应与平衡处理起来比一般语词之间的照应与平衡更复杂，难度更大。

（二）关于收词的实用性

《现汉》修订本前言中指出："《现代汉语词典》是以记录普通话语汇为主的中型词典，供中等以上文化程度的读者使用。"这就表明了《现汉》的性质和定位。过于陈旧的词语在一般语言交际中已经不用，过于专门的词语在一般语言交际中不出现，自然可以不收。然而，对于哪些是过于陈旧的、过于专门的，似乎没有做很好的调查分析，有时似乎是凭编写者个人的语感来判断。这是当前我国辞书编纂中普遍存在的问题。对什么是语词性、什么是现代性、什么是实用性，我们都有重新认知和分析的必要。有些词语，似乎属于专门用语，实际上在日常语言交际中也是普遍使用的词语，即它们虽有专门性，但仍有语词性。从实用性来分析，我们不能过于拘泥于学科分类，而要考虑具体词语的日常语用价值。要分析哪些词是中等以上文化程度（什么程度才是中等文化程度？）的人可能遇到的、需要了解的。《现汉》原本的定位考虑到了市场上的工具书不多、一般人的文化素质总体不高、语言生活变动不大等多种因素。现在社会语用状况和辞书出版状况发生了一些变化，如何在提高中型语词词典的实用性方面做些工作，恐怕还得重新分析它的定位。要考虑如何处理《现汉》与《辞海》《辞源》《汉语大字典》《汉语大词典》的关系。

这还涉及中型词典的收词量问题。修订本对专业词语和古语词、文言词做了大量删节，一个重要的原因就是受中型词典篇幅的制约不得已而为之。现代汉语的词语仍在不断增加，如何处理中型词典收词与篇幅关系的问题需要探讨。实际语用中的词语总量也许有一个大体的限度，不妨通过实际语料调查一下现代汉语的用词用字情况，而不是沿用现有辞书，并同时更新在收词原则和方式上的认识。

（三）关于语词词典与百科词典、专科词典的关系

这实际上是讨论专业词语在语词词典中的地位问题。它们之间的关系是动态的，随着语用者和语用生活状况的变化而变化。它们在语言交际中呈动态分布。不同类的专业词语在日常语言中不等价，如何认识专业词语的分层问题对编写一般语词词典有很大影响。如化学名词日常接触少，即便通过药物等接触了也不大深究，地学名词也如此，但生物名词、疾病名词人们接触多，且要了解的也多。体育、经济、法律、科技、信息等方面的专业词语也是如此，它们各自的内部系统还有差异。可见，日常语言中的专业词语也是分不同层次的。这涉及对语词性词典收词的再认识。如何与百科（专科）词典既分工又交叠，必须考虑当前一般语用者如何使用百科（专科）词典和语词词典，以及当前百科（专科）词典的出版状况和读者可利用的状况。笔者认为，就现在而言,《现代汉语词典》还是要收入相当数量的不太专门的专业词条。如何体现《现汉》与百科词典、专科词典的分工，以及将来如何增收专业词语，还需进一步分析。

《现汉》初编时由于特定的社会、历史、政治背景，以及社会对词典收词在方方面面“全”的期待，收录了较多政治、历史方面的词语（如各个农民起义名称，各个阶级、团体的名称），收录了较多与工农业生产有关的词语（如耕种方式、工业品类别），收录了较多的疾病名称、材料学名称、辩证唯物论术语、初等程度的数理化与生物生理术语等。任何词典的编纂都有一个大的背景支撑着。现在词典编纂的社会背景与日常交际背景都发生了大变化，对专业词语的认识和选择有一个观念、方法、视角的重新调整问题。

（四）关于某些词语性质的认识

比如简称，一直是人们争议的焦点。原本收录了“流感、流脑、寿险、

收支”这样的简称，是认可了它们的交际价值的，修订本则删去了。这几个简称从字面上看，意义似乎不是那么明了，但如果“流行性感冒、流行性脑脊髓膜炎、人寿保险、收入和支出”必须用一种简单的表述的话，恐怕也只有这四个形式了。

还有一些属于一般组合的词语被删了，如“搭乘、打更、打瞌睡、打天下、大力士、代销、发威、赶超、赶走、钱钞、抢渡、请援、求和、湿气、条纹、听说、无害、展出、战车、战况、战时”。有的词条虽然完全能从字面上理解，但这并不表示不需要立条，立条是承认它具有词语的资格，形式是有定的，意义是完整的，并非临时组合。

由于《现汉》修订本对原本词条删节中的佳妙之处他人多有论述，所以上文并未涉及，而只从删节中存在的问题这一角度来探讨它给我们的启示，并非以偏概全以致对其诸多优点和重要贡献视而不见。如果再结合存留、增立、改动诸方面以及《现汉》当收未收的词语（如“艾滋病、词条、防伪、美轮美奂、双刃剑、芯片、爪哇国”）来分析，一定会给我们更多的启示。如果编者能以适当的方式将修订时所增与所删的词条、义项，所改动的地方列一个清单似的东西告诉使用者，相信对词汇学、语义学研究，对辞书编纂都大有裨益。

八　本章小结

本章在重新思考辞书规范内涵和外延的基础上讨论辞书编写中的相关理论问题。我们首先根据辞书编写实践的现实情况，将辞书规范的外延做了分层处理：国家明文规定的相关内容处于辞书规范的核心部分，越往外围，其规定性越弱。对这种层次性认识的差异，便是学界对辞书规范的理解存在分歧的基础。在梳理这些分歧的基础上，我们对规范和规定、规范和描写、约定俗成与惯性、自觉规范、预测与后效应、辞书规范的弹性问题等辞书规范所牵涉的相关基本概念及其关系做了辨析。很多争议都来自概念不清，所指不明。我们还以《现代汉语词典》为例，通过比较修订本

（1996）对第2版（1983）的增删改动情况来讨论辞书收词系统性的内在规范问题，尤其是辞书收词的时间性和专门性问题；进而指出，辞书收词的封闭性和实用性、语词词典与百科词典和专科词典的关系、特殊词语的处理等，都与辞书定位有直接的关联。

【本章附文】有关辞书命名问题的分析与思考①

辞书命名问题，很少有从语言规范的角度来思考的。实际上，基于在第二章讨论“语言规范化的基本原则”时对语言规范的理解，我们认为这里面从根本上看也同样是规范问题。于根元（1999）将规范区分为“消极规范”（指匡谬正俗）和“积极规范”（认为发现和介绍新的好的语言现象更重要）两个不同的层级，辞书命名既涉及消极规范的限制，也体现出积极规范的追求。这里将相关思考附录于此。先分析辞书命名的基本方式，然后讨论辞书命名中应该注意的问题，以体现一种积极规范观的追求。

一　辞书命名的基本方式

辞书命名主要有三类方式。一类如我国古代主要采取的描写、说明式，像《说文解字》《一切经音义》《经义述闻》，书名中没有通名。现在间或有之，但已不成影响。另外两类是目前辞书命名方式的主体。近年我国辞书出版市场繁荣，而辞书命名雷同（或重名，或极其相似）的现象虽已相当严重，却尚未引起足够的重视。这里主要以我国编纂的词典为例，结合后两类命名方式的说明来分析原因，指出辞书名雷同的危害性，并提出命名对策。

① 本文发表于《辞书研究》1998年第2期。收入本书时除了增加引言内容外，正文中的文字也略有改动。

（一）通名的组合

整个书名由通名组合而成，直接用收词范围、读者对象、功能特色、检索方式等加上表示类名的定性语。目前我国辞书的命名大体如此。影响较大的如:《现代汉语词典》《汉语大词典》《中国大百科全书》《中国哲学大辞典》《心理学百科全书》《汉英词典》《英汉大词典》《中文大辞典》（台湾）等。国外词典也有这种情况，但总的情况不够突出。

我国辞书命名以通名组合为主的原因主要有：1. 这类辞书在初编时大多各自为政，没怎么考虑到规模作业和系列性发展。有很多带有一次性色彩，甚至以搭车为生。2. 一些如《现代汉语词典》《中国大百科全书》之类的大中型辞书，投资大、周期长、学术品位高。它们的编纂依靠国家的学术机构或团体，在我国即便完全使用通名也能获得认同。3. 中国的辞书编纂实际还是以编者为主，而客观上编者还未到以自己的姓名或其他专名创品牌的时候。出版者和经营者也不大靠一个品牌来确立自己的地位和形成自己的特色。4. 中国的文化特点是比较注重共性的成果，而不大张扬个性。这自然也会体现在书名的选择上。由注重共性到彰显个性需要有一个过程。5. 创建辞书品牌的意识也只是近几年才出现，这是受到市场经济的影响，但人们的意识一时还未跟上。辞书名的混乱现象也主要是 20 世纪 80 年代中期以后才变得突出起来的。

这种命名方式在辞书发展的初始阶段使用得比较多，有不少带有草创的色彩。过度的通名组合会带来相当大的副作用，主要体现在两方面:

一是通名的组合区别度不大，容易混同。通名主要集中在有限的若干个词，它们的排列组合很容易模式化而被袭用或套用，而且读者难以辨别且不便称说。从我国新词新语词典的命名就更能看出问题的严重。相近的如:《现代汉语新辞典》（广西人民出版社，1991）和《现代汉语新词典》（中国妇女出版社，1992）,《汉语新语词词典》（山东教育出版社，1988）和《汉语新词语词典》（商务印书馆，1993）。同名的如:《现代汉语新词词典》（齐鲁书社，1987；北京语言学院出版社，1994）,《汉语新词词典》（上海辞书出版社，1987；汉语大词典出版社，1993）。甚至还有同一年出了两本同名词典的:《中国现代文学辞典》（中国矿业大学出版社，1988；华岳文艺出版社，1988）。

二是缺少个性，没有商标意识，给投机者打开了方便之门。只用通名的弊端完全有可能被别人合理合法地借用或套用，因为《商标法》并不保护书名。这损害了出版社、作者、读者三方的利益。很多质量不高的辞书正是靠此挤进辞书之林的，如王同亿主编并同年出版的《新现代汉语词典》（海南出版社，1992）、《现代汉语大词典》（海南出版社，1992）。我国各个出版社或许都出版过辞书，不可否认，有时目的就在搭车，靠“寄生”而存在，带有投机的性质，所以故意混淆；有的也试图在书名上有所变化，但总是在“新”“新编”“大”“全”“简明”“实用”“多功能”“现代”上做文章，这不是在创品牌、形成风格，只不过是为了给读者一个超出同类者的错觉。

目前，辞书名雷同现象最严重的领域就是中小型语词类辞书。对一般编者和出版社而言，这类辞书读者面广、编纂操作简单、经济效益好，所以对那些两只眼只盯着市场的、只有“剪刀 + 糨糊 + 有关系”的出版社的“攒书人”来说，自然是主要阵地。这与其说是卖书，不如说是卖纸。

（二）专名加通名

这类命名方式实际上就是在上一类的通名组合前冠上具有商标性质的专名。这类方式在中国是有传统的，如《永乐大典》《洪武正韵》《康熙字典》。王云五也曾出版过《王云五大词典》《王云五新词典》等。国外辞书则大多采取这种形式，知名品牌很多，如：日本的“岩波”，英美的 Oxford（牛津）、Longman（朗文或朗曼）、Webster（韦伯斯特，简译韦氏）、Chambers（钱伯斯）、Collins（柯林斯）、Random House（兰登书屋），法国的 Larousse（拉鲁斯）、Hachette（拉歇特），德国的 Duden（杜登）、Langenscheidt（朗根沙伊特）等。这些专名大多以主持编纂者、出版者、经营者、著名大学、特定称说等命名，知名度高，区别性大；音节短小，基本上是双音节（指原名，非译名），较少多音节，便于直接称说；同一专名实际是系列产品的总名，以一驭众，成了著名的品牌。

辞书突出专名的现实基础是：1. 将书名作为一个品牌来考虑，强调区别性、独立性、创造性。2. 逐渐摆脱草创色彩。有比较系统的辞书理论研究，同时吸收产品品牌研究的成果，辞书编纂已形成了一个良好的循环。资料库的建设科学化、系统化。3. 综合考虑同一品牌下各种相关的辞书类型，并通过系列产品的开发体现整体性，新品种的取名只是在通名部分体现编写范围、适用对象等具体方面的变化，显得经济有效，如“韦氏 ×× 词典”系列。4. 有雄厚的事业基础和长远的事业眼光。主持辞书编纂的学术机构、编纂集体以及经费来源等都比较稳定。而且辞书编纂本身即作为事业甚至企业的一个部分，甚至是唯一的部分。5. 西方读者比较容易接受具有个性的名称。

靠专名创品牌有个逐渐被接受和认同的过程，靠的是辞书质量、集体效应、使用频率、长期开拓、经济后盾。这对初始产品的质量要求尤其高，而这是那些投机者所难以做到的。

二　现代辞书命名应该考虑的几个问题

现在确实到了突出个性、标示品位、创建品牌的时候了。那么，我们在给辞书命名时如何做到既能保护自己、宣传自己，又能维护读者利益，并从客观上起到净化市场的作用呢？这就需要在不断提高辞书质量的同时体现自身鲜明的个性，提高辞书名称的商标价值。我们不妨主要采取国际上通行的专名加通名的命名方式。专名这一无形资产的形象价值理应得到重视。这项工作已经有人在做了，如“外研社”“商务”等，但似乎还缺少通盘考虑、整体运作。如果辞书命名的品牌意识得到了广泛的重视，那也标志着我国辞书乃至整个图书出版市场的成熟和完善。凡是将辞书编纂作为一项神圣事业的人，都应该注意到辞书的命名问题。以下几个方面似值得考虑。

（一）命名要有前瞻性

有系列发展的或有出版社做依托的，最好还是逐渐采取专名加通名的命名方式。特别是中小型辞书（以语词类为甚），没有大型辞书的“独立”

性，更要通过专有名称来标示。这体现了积极的发展趋势和长远的事业眼光，而且体现了与国际接轨的积极且超前的意识。现在很多散文、小说、理论丛书的名称倒很有特色，如“布老虎”就很有代表性。为了市场占位的需要和持续发展的可能，应该将品牌在辞书名中体现出来，靠群星荟萃形成“辞书系列产品”。命名应该体现自己的特色和魄力。

（二）选择专名必须广开思路，深入研究

除了出版社名称（但目前我国的出版社大多是通名化的专名，不易在书名中作为专名体现出来）等专名外，还有其他的专名形式。书名应该成为辞书编撰和辞书理论的一个有机部分。仅从技术考虑，起用新专名至少应该注意：1. 音节简短，发音清楚，方言区的人读起来一般不会发生歧解，不要出现不佳的谐音。2. 语义上要有力度和深度，要能反映辞书的性质和内容。名字要有特定的、积极的语言意义、文化意义和联想意义，最好不用临时拼合的名称，不要超出人们的接受程度。书名要避免让人在视觉和听觉上有任何反感。3. 若从更深一层考虑，还要比较容易翻译成外文，并且译后仍不失专名的特点而又不带有不好的联想义，符合文化交际的原则。

（三）命名要展示自身特点

无论是通名的组合，还是专名加通名形式中的通名，都必须切实反映自身特点。由于历史的和现实的主客观条件的限制，目前有的辞书还只能取通名组合的形式。通名大多有通用性，但有时也能显出某些个性，让人觉得不容易攀附。《辞海》《辞源》就很有通名色彩，又有专名特色，还有描写说明的特点，他人不易搭车、袭用、衍生。近年来，“大”“大全”“全书”触目皆是，刮起求“大”风，似乎非“大”一下就不足以标示其规模之“大”。这也是值得注意的问题。有人从辞书名称的负面做过分析，进而指出“命名应做到切实、简明、醒目，使人一看就知道它的性质、范围、作用”（穆紫、翟光《辞书名称疵吝漫议》,《辞书研究》1996 年第 4 期）。甚是。

第八章
应用语言学研究的理论思考

一 引 言

相当长的时间里，一些从事理论语言学研究的人并不重视语言应用理论的研究，认为语言的应用研究没有多少理论价值，应用语言学只是理论语言学的应用，本身并没有大的理论。甚至有不少从事语言文字应用工作的人也或多或少有这样的观念。论证应用语言学有自己的理论，在我国只是20世纪90年代才开始的事，并且还未形成充分的认识。虽然我们时刻都在应用语言，虽然我们的语言应用生活和领域非常丰富，虽然我们的语言工作有了比较深入的发展，虽然我们也介绍了一些西方的语言应用理论，可是我们的理论研究与我们的实际工作远远不相适应。中国长期以来是重视语言应用的，但是一直处在较低层次。五四前不久，中国的语言学从语文学里独立出来，可是接着就有了轻视应用的倾向。应用同本体、基础理论高层次的结合，是改革开放以来的事。我国应用语言学的进步，大体上有这样几个背景：一是我国长期以来做了很多语言应用方面的工作，这些工作现在仍然是社会需要的，而且需要进一步做好，需要总结和发展理论；二是我国经济发展要求一部分科学研究比较直接地为实际服务，同时促使一部分科学研究向应用靠拢，既发展经济，又发展科学；三是语言学者在实际中进一步掌握了辩证法，尤其是实践论，还进一步认识到科学来自于并服务于实际应用；四是与语言相关的各种交叉领域、交叉学科不断出现，需要有新的观念和方法来解决其中出现的问题。总体来说，发展应用语言学理论是社会的需要，是学科发展的需要，是思想发展的需要，是语言学者同社会需要等被动和主动的结合。①

在20世纪，我国的语言生活变动很大，语言学研究也在各个分支领域逐步建立了自己的理论体系，产生了丰富的学术成果，有的研究已经和世界学术发展同步。自新的世纪之交开始，语言学界和其他学术界一样，都在对我国百年来学术研究的发展进行总结和反思，期望在新的世纪里，我国的学术研究和语言生活都有一个飞跃。与此同步，我国语言应用研究领域也展开了这方面的讨论，反思过往，探索新路。于根元（1996）《二十世纪的中国语言应用研究》（下文简作《研究》）②便是这一反思的重要收获，这是目前我国学术界唯一一本较为系统全面地整理总结我国百年来的语言文字应用工作和应用语言学理论探索的著作。该书后来经过增删修改进一步拓展为《中国现代应用语言学史纲》（于根元主编，2005），在史和论上都有较多充实，也提出了很多新的研究课题。该书后记中说："许多方面的研究正在深入，我们提出的许多需要进一步研究的问题我们也在进一步探讨。例如应用语言学的全息发展理论、语言创新和语言创新能力、语言交融能力、我国近十几年来应用语言学研究方法的调查研究、20世纪和21世纪之交中国社会语言热点问题大讨论、五四白话文运动的历史原因和需要进一步完成的任务、五四白话词汇部分新建的手段、媒体语言。"同样，在最近十多年里，应用语言学研究又有了很多新的发展，尤其是关于语言规划的研究（如李宇明，2010a、2010b、2015）和语言资源的研究（如陈章太，

① 这里的概括参考了于根元先生系列论著中关于我国应用语言学发展背景的论述。

② 于著是书海出版社出版的"二十世纪中国语言学丛书"中的一本。该丛书由吕叔湘先生担任学术顾问指导委员会首席顾问，马学良、王均、邢公畹、张斌、张志公、季羡林、周有光、胡裕树、俞敏担任顾问，书海出版社组织研究成果丰富的知名中年学者撰写。这套丛书从古汉语研究、甲骨文研究、金文研究、汉语词汇学、汉语修辞学、汉语方言研究、汉语俗语研究、现代汉字研究、中国理论语言学、现代汉语语法学、中国语言应用研究、中国少数民族语言研究、中国语音学、近代汉语研究、中国语言学大事记等方面系统而全面地对20世纪的中国语言研究做出了总结。"本丛书中每一册都真实而科学地记载着中国现代语言学发展的轨迹，不仅总结这100年来的辉煌成就，而且还要找出问题，找出不足，展望下一个世纪中国现代语言学的走向。"（丛书总序）

2008；李宇明，2008；黄行，2017；曹志耘，2019；李宇明，2019 等）。总体而言，应用语言学是一个跨学科特征鲜明、研究领域不断生长、学科间边界模糊的学科组合群。[①]像文化语言学、社会语言学、计算语言学、法律语言学、网络语言学、广告语言学、新闻语言学等诸多领域在发展过程中有的已经成为独立或准独立的学科；也有一些领域近来开始受到较多关注，如教育语言学、政治语言学、语言经济学、生态语言学、老年语言学。随着社会各层面交往的加深、新的交际领域的出现、新的与语言交叉的学科的发展，必然会不断产生新的语言应用学科。这些学科的发展进一步充实了应用语言学的研究领域和基础理论。

本章便结合我们对《研究》这本书的阅读和思考，同时参考后续的相关理论探索，以及我们对我国应用语言学理论发展历程的检视，来讨论我国应用语言学研究和发展中的一些基本问题，主要包括应用语言学的基本内涵、我国应用语言学的发展过程、应用语言学历史研究的现实意义，以及发展我国应用语言学的基本条件等。

二　应用语言学不等于理论语言学的应用

这里从应用语言的内涵和外延来讨论应用语言学发展过程中的一个重大问题：应用语言学和理论语言学之间到底存在着怎样的关系？

---

① 李宇明（2018）从更为广阔的视野来审视语言学相关学科之间的关系，提出“语言学是一个学科群”的重要认识，并对不同学科大类的性质做出了新的定性：“语言学是研究语言及其相关问题的科学。语言学是一个学科群，有 70 余个学科名目，涉及语言结构、语言功能、语言应用、人类语言学习、机器语言学习、语言与生理、语言与认知等七大研究领域。语言学的学科性质有科学、技术学、艺术学三大分野。语言科学横跨人文科学、社会科学和自然科学，目标是获取语言规律之‘真’；语言技术学是研究语言技术、发展语言技术的学科，目标是发挥语言学之‘善’，帮助社会用好语言技术；语言艺术学探讨语言运用之美，发展语言艺术和文字艺术，用‘美’来熏陶社会。”其中有很多下位学科都属于应用语言学或可从应用语言学来认识。总体而言，应用语言学的相关学科是“真”“善”“美”的结合。

我们先从我国语言应用研究的实际情况来看问题。应该承认的是，无论是理论建设还是领域研究，我国的应用语言学还处在理论探索和体系建构的发展阶段，对应用语言学的认识见仁见智的情况还很多。[①]这是好事，只要不抱成见，在做研究做工作，就都有利于学科的建设和事业的发展。在此观念和背景下，《研究》将历时的演绎和断面的剖析相结合，在纵横穿插中总结了我国语言应用各方面的研究成果，特别是积极吸收新成果，发现新问题，第一次比较系统地讨论了我国语言应用研究的理论和实践问题，为我国应用语言学的建设提供了一个切实的参考。它沿着我国语言应用研究发展的逻辑线，将各个时期和阶段重要的语文运动和活动、学术讨论和工作会议、组织机构和工作、研究领域和主要成果等贯联起来，同时注意历史和现实的结合，使我们能够全面而深入地了解和把握百年来语言应用和语言应用研究的实践和理论，使我们对我国的语言应用研究状况和发展趋向有了一个渐趋明朗的认识。《研究》对我国应用语言学发展史实的整理既有纵横交错的归纳，又有具体而微的分析。对于20世纪的前半个世纪，《研究》主要介绍了五四时期的白话文运动、20世纪30年代的大众语讨论、国语运动的重要成果，分析了成功的经验和值得注意的问题，特别指出了这半个世纪语文教育的得失，并讨论了延安整风运动中毛泽东对语言应用和语言应用研究具有重要指导意义的相关论述。对于新中国成立初期到实行改革开放前这段时期，主要介绍了语文知识大普及、全国文字改革会议、现代汉语规范问题学术会议的情况。而从改革开放之初到世纪之交的语言应用研究则是该书的研究重心，涉及的内容有：语言美、语言规划、推广

① 齐沪扬、陈昌来主编（2009）的应用语言学教材共有八章，其内容分别是：语言教学、对外汉语教学、语言测试、中文信息处理、语言规划与语言调查、社会语言学、儿童语言发展、地名学和人名学。这是从语言应用领域来做的分类介绍，而非应用语言学理论研究本身。当然，实际情况还不止这八个领域，随着应用语言学的发展，其研究领域会越来越宽。近些年与语言资源相关的应用语言学研究发展迅速。于根元主编（2003）的应用语言学教材则更多地论及理论问题，其七章主题分别是：绪论（论及应用语言学学科建立过程及任务等）、应用语言学的性质和范围、应用语言学的研究方法、应用语言学的基本理论、中国的应用语言学（上）、中国的应用语言学（下）、与应用语言学学科建设有关的重要方面。而于根元主编（1999）、于根元（2008）则基本上都是讨论应用语言学的基本理论问题。

普通话、现代汉语规范化、计算语言学、社会语言学、文学作品语言和语言风格、新词新语新用法、广告语言、法律语言、广播电视新闻语言、语文教育等。此部分内容丰富，显示了新时期我国语言应用研究的丰硕成果，也昭示着建立我国应用语言学的时机逐渐成熟。

这样的材料分析和理论归纳，实际上是在回答这样的问题：应用语言学到底是否仅仅是理论语言学的应用？应用语言学到底有没有自己的理论？对此，《研究》指出：

> 有一种说法，好像应用语言学是理论语言学的应用，本身并没有理论。我们不少搞应用语言学的人也或多或少有这样的观念。其实，就拿理论应用来说，有谁准备好了比较完备的理论好让我们来用呢？我们一面解决实际问题，一面还要注意其中带规律性、普遍性、特殊性的东西，来完善或者建立某些学科的理论。此外，应用不等于把简单的现成的理论拿来用用，大理论就那么一些，为什么用起来就不大一样了？这当然有个对理论的掌握、理解问题。另一方面，应用对理论有验证、调整、补充的作用，有时候是很大的调整。应用本身还有理论和方法，所以近些年来提出了“应用理论”。应用还提出了许多新的理论。（391—392 页）

然而，就当下的实际情况而言，应用语言学概论、纲要、教程类著作基本上还是主要介绍语言学理论在部分领域的应用状况及其涉及的语言理论应用问题。理论语言学的应用当然也是应用，应该深入研究，但这仅仅是一个方面，而且还容易将语言应用研究放在从属、依附的地位，难以发掘语言应用研究自身的价值，体现其独立品格和重要地位。应用物理、应用化学作为独立的学科，其理论和价值并没有人怀疑，可应用语言学则在很长时期里没有这样的殊荣。《研究》试图用实际（理论和实践）打破语言应用自身没有什么高深的理论也不需要什么高深的理论的观点，对真正建立我国的应用语言学理论起到了铺垫作用。它的一个目的就是唤起更多的人关注语言应用，进行语言应用研究。

当然，与我国语言本体、理论研究的成果相比，语言应用研究虽然在

一些领域取得了不少成果，但作为基本理论一部分的应用语言学还显得比较不成熟，还未建立一个比较完备的体系。一方面，作为新兴的跨学科的语言研究，学科的发展需要一个过程，一味求全责备是不符合学科发展自身规律的。但从另一方面说，也许我们确实探索得还很不够，还没有拿出很多让人信得过的、具有较为普遍意义的、能切实解决问题的、真正像样的理论来。也许“应用语言学”这个名称就容易引起误解，会被单纯地理解为“应用 | 语言学”，而不包括“应用语言 | 学”。于根元（1996：20）认为，从本质上说，应用语言学的内涵应该包括上面两个方面，即“应用语言学学”，后面的两个“学”重合起来了。由此可见，不能简单地将应用语言学看作理论语言学的应用，更不能狭隘地只当作语言教学，甚至外语教学。将应用语言学理解成“应用 | 语言学”和“应用语言 | 学”的结合，既全面又合乎实际，从而澄清了模糊的认识，还应用语言学以本色，而且大体确定了应用语言学的研究对象和范围。

内涵已明，外延易清。关于应用语言学（Applied Linguistics）的范围，早期主要指语言教学，尤其是指第二语言教学或外语教学。这是狭义的理解。这种理解往往认为应用语言学本身没有什么理论，主要是拿语言学理论来用于别的方面。如国际上一本影响非常大的《应用语言学导论》明确指出：“把语言学知识运用于某一对象，或者说应用语言学（其名称的含义就是如此）是一种活动，不是理论研究，而是把理论研究的成果付诸运用。应用语言学家是理论的运用者，而不是理论的创造者。”（皮特·科德，1973/1983：II）这种应用观对我国的应用语言学研究也产生了长期而深远的影响。然而，在面对真实的语言生活和语言应用研究需要时，学界逐步扩大了应用语言学理解的范围，将运用语言学知识来解决其他领域问题的学科都看作应用语言学。这是较为广义的理解。但更为广泛的理解还要包括应用语言学自身的理论建设。《研究》就是这样处理的。就应用语言的范围而言，《研究》的看法是四大块：语言教学；语言学和现代科技的结合；广义的社会语言学；语言计划（5 页）。这四大块是“应用 | 语言学”和“应用语言 | 学”交叉、结合的领域。交叉学科是学科间的结合、融合，而不是拼合、凑合。这几个方面中，有些方面理论语言学在研究，应用语言学也在

研究，不必人为地一刀切，故步自封。能结合的应该结合，各用所长，各取对方的长处。而且，随着语言生活的变化，还会有新的领域进入到应用语言学研究的视野中，应用语言学还需要面对和解决更多的现实问题和理论问题。

三　我国应用语言学的发展逻辑

史的研究，尤其是对研究史的研究，应力求找出历史发展的线索，体现其逻辑演变。要研究不同时期的系联，发现它们前后相继的因果关系和学术、思想上的异同之处。《研究》在我国语言学研究大的背景下和我国语言应用研究的不断探索中梳理、勾勒出了20世纪中国语言应用研究的发展主线："近百年来，一批语言学者在苦苦探求本体、理论研究和应用研究高层次上结合的途径、方法和理论。"（386页）由于我国语言学是在国外现代语言学理论的引导下进入现代语言学时期的，因而这种探求主要表现在"苦苦探求外国的理论方法和我国语言实际结合的途径、理论和方法"（387页），同时注意古代有用的理论同现实语言应用研究的结合，还表现在力求从语言生活本身探求应用理论。这也是一百多年来我国语言应用研究波动起伏的主旋律。

要描述、总结这个探求过程，首先要对这么长时间段的语言应用研究发展阶段有个合乎实际的断面分析，发现一贯性中的差异性、差异性中的一贯性。如何对史实进行分期，往往体现了治史者对材料的掌握、对现象的归纳和对性质的认识等。由于我国的语言研究（实际上不仅语言研究如此）受社会运动、政治波动的影响比较深，因而社会发展的阶段性大体上决定了它的阶段性。而语言应用研究的现实性最强，加上很多工作的开展往往要借助社会、政治的力量，因而这方面的特点体现得尤为明显。据此，《研究》根据语言应用研究自身的发展，并结合社会的发展变迁，将中国语言应用研究的百年发展史分为四个阶段：上世纪之交（1894—1912）、世纪初到新中国成立前（1912—1949）、新中国成立初到实行改革开放前（1949—1977）、实行改革开放到世纪之交（1978—1996）。这四个阶段展示了百年应用研究的历史轨迹，其中两个世纪之交都是我国语言学发展的重要转型时期，都是语言理论和语言应用上重要的大发展、大突破时期。而且，这百年历史的逻辑线索似乎是一个回环：从我国语言学进入现代语言学初期的语言基础理论与应用研究“开始高层次的分”到我国语言学进入到一个新阶段的本体、理论研究和应用研究的“高层次的合”（25 页）。从分到合，体现了我国语言应用和语言应用研究的实质性变化，呈现出螺旋上升的趋势。这两个世纪之交，一分一合都是在革新。

不仅大的历史分期要体现逻辑演变，即便是大的分期里小的分段也要展示历史的逻辑。我国语言应用研究成果最显著的时期是新中国成立以后，而这段时期我们做得最多、时间最长、成就比较显著的工作就是推广普通话和语言规范化。《研究》将推普工作大致上分为五个阶段：“一、（从新中国成立）直到 1955 年，是准备阶段。二、然后到 1966 年，是蓬勃发展阶段。三、接下来的十年是遭到破坏阶段。四、打倒‘四人帮’、实行改革开放到 1986 年‘全国语言文字工作会议’召开，是恢复阶段。五、之后是再发展阶段。”（116 页）而现代汉语规范工作的发展过程，则以 1955 年现代汉语规范问题学术会议召开、1966 年“文化大革命”开始、1978 年《中国语文》复刊、1986 年全国语言文字工作会议举行为标志，大致上可以分为五个阶段：“（一）宣传、准备和积极学习（1949—1955），（二）确立标准和大力推广（1955—1965），（三）惨遭破坏和缓慢前进（1966—1978），（四）恢复和发展（1978—1985），（五）徘徊和思考（1986— ）。”[①]（124 页）两项工作及其研究的阶段特征同中有异，实际上正是与社会、政治因素和学术态势的变迁相关联的。

在梳理高层次结合的过程中，《研究》总结出我国语言应用研究和工作上一个贯穿百年的大的规律：“语文工作和语言应用研究很多方面的进进退退，有些像轮回”（74 页），“不少前人讨论过的问题，过了若干年又有人来重复一下。学术上这翻来覆去的问题不少，工作上这类进进退退的事也不

① 由于现代汉语规范问题学术会议召开的时间为 1955 年 10 月，《中国语文》复刊的时间为 1978 年 5 月，故上面第一阶段和第二阶段的起止时间（即 1955 年）、第三阶段和第四阶段的起止时间（即 1978 年）有重合。

少”（403 页）。结合大的和小的分期来看，亦复如是。波动是自然规律，但不应有的波动则使我们失去了许多大发展的好时机，使我们做了许多不必要的低层次的重复劳动，“回生”现象比较普遍。而且这种情况还有现实的重要性：“语文工作进进退退，历史上有过好多次，以后也很难说就再也不会有了。”（179 页）其中的原因复杂而多样，如忘记了历史，进行不恰当的行政干预，不太对头的意见遇到某个时机又要顽强地表现出来，学术上的见解或成果正面的负面的成分或者效应往往绞在一起等（403 页）。通过爬梳、比较，《研究》发现，人的问题才是根本的问题，如人际失和、人才流失、人的层次不高和队伍不健全等，而人才问题是走向未来的关键所在。

四　应用语言学历史研究的现实意义

以史为鉴，从学术发展来说，治史时更为重要的目标乃是从史实中概括出对现实具有指导价值的东西。即在分析发展过程中的各种现象、建构事实之间的逻辑关联时，要尽可能做到“史论结合，有现实意义”（439 页）：

> 谈到史论结合，史料方面，学术上的新的见解和不足的地方往往是结合在一起的，这大概是一个规律。跟过去比较，有进步；跟后来比较，有局限性。如果当时就科学性不够的，矫枉过正的，当时就有许多局限性。我用了以介绍新见为主的办法，这也是改变我们规范工作长期以来以匡谬正俗为主的一种连锁效应吧。评述一些局限性，也往往是想探讨一些更深的问题，虽然还大多只是点了一下，没有铺开。选择史料，当然挑最重要的，不过也反映了我的一些理论倾向。史料里，我介绍得多的还是理论上的建树。我自己也从理论上谈一些认识。（440 页）

由于“学术讨论常常是进步的见解里含有许多问题，含有许多问题的见解里可能又很有见地”（59 页），因此需要论中见识，揭示规律，展示趋势。如语言不存在纯洁的状态，语言研究和语言应用研究当然也不存在纯洁的状态，也许只有非“纯洁”才能发展；语言学习不是一次性能完成的，语言应用研究和语文工作也往往不能一次到位，有过程，有时间差。这里面有大的规律在起作用，目前学界的总结、归纳都不多。《研究》意在探寻语言应用研究自身的规律，倾向于理论上的归纳、分析、探讨，因而时有成失的经验教训、存在的问题、发展的方向之类的总结。谈历史常联系当今现实，关键在于对解决现实问题和未来学科发展提出建设性的意见。如五四时期白话文运动成功的主要条件和经验是：客观上符合语言发展本身的规律；适应社会发展的迫切需要，正得其时；同五四新文化运动紧密结合；有强有力的主编陈独秀主持的有影响的《新青年》杂志作为宣传、讨论、研究、发表实绩的主要阵地；有语言研究的成绩；一批倡导者、支持者是有影响的学者，有深厚的国学底子（43—47 页）。由于这些有利的条件，当时我国的社会语言生活实际和语文工作有了重大的发展。但发展中也有教训，如理论上的简单化，不太重视理论上的建设，学术层次不高；一定程度上脱离大众；关于学校教育中如何对待文言文，从认识到实践都有不少问题（47—52 页）。又如《研究》在指出章太炎关于语言文字学的进步主张里也有很多局限性时指出：“作学问，宏观的认识和开放、联系的思想是很重要的。”（31 页）这些即便是今天和以后也有重要的参考价值。总结经验和教训就怕流于形式，囿于成见，给出的结论套到哪个阶段都差不多。语言应用研究要尽可能结合内部外部条件，“站在语言生活的前沿，站在语言学术的前沿，站在学术思想的前沿”（378 页），这样才能承先启后、继往开来。

史论结合需要对纷繁的事实做抽丝剥茧的工作和对事理进行概括提升。《研究》给我们印象至为深刻的是新时期现代汉语规范化在学术上的一些重要见解[①]，如：交际值是衡量规范的原则；规范就是服务；要为不同层次的人们和不同情况的需要服务；规范需要科学的研究和行政管理相结合；发现和推荐新的好的语言现象更重要；语言有大量的中介状态；区分过渡状

① 于著将其概括为现代汉语规范研究中“学术上的十八个重要新见解”，具体说明参见于根元（1996：209—225）；另见本书第一章“绪论”的相关阐释。

态和语病；不同风格的语言有不同的规范要求；刚柔相济；多角度分析规范；惯性原则；层次性；预测观；从规范评议失误中学习；等等。这些见解对指导我们的规范工作、规范研究具有重要的价值。我们反过来将这些认识重新放回到现代汉语规范化的实践中会进一步认识到，之所以能取得这样的成就，与思想的解放、语言观的调整、方法论的探讨是分不开的。没有深入的研究，没有新的语言观，没有尊重语言生活、尊重语言使用者的情怀，是不可能有这样全新的见解的。而这些都与哲学思想或显在或潜在的支持相关。我们的研究要有哲学思想做指导，要体现哲学意义。这也是学术研究中史论结合的当然之义。

史论结合要在务实和务虚中穿插。《研究》有许多带有语言观和方法论色彩的讨论。如对于语言应用研究本身性质的理解，《研究》多次强调：

> 语言文字应用研究要顾两头。一头是解决语言文字应用中的实际问题，一头是发展学术。（382—383页）
>
> 应用学科，一头要紧密联系实际，努力解决实际问题。另一头在这个过程中注意发现问题、解决问题的普遍性、规律性、特殊性，从原则上、方法上、理论上加以概括。这样来发现问题、解决问题，是高层次的，带有根本性的。（399页）

这样才能摆正本体、基础理论、应用、应用理论的关系，才有可能产生动态的语言观和语言应用观。如何理解语言系统？《研究》中说："语言是美妙的交响乐，语言是根相连枝相连的大森林，语言是人行车驶的立体交叉桥，语言是大部分在水下的水上时而显得多时而显得少时聚时融的巨大的冰山，语言是互为前后台无始无终的连续剧。"（394页）这些比喻实际上是告诉我们，研究语言时要有动态的、发展的语言观，要认识到语言是有动态叠加的层次的，是存在潜显两种状态的，是各个组成部分有机制约的。每一个比喻都是从某一个角度来说明语言观，并从语言观的角度来探讨方法论，是语言观和方法论的结合。

史论结合的现实意义还体现在，在介绍主要成果的经验教训的同时还将其作为一个背景，寻找解决问题的范例。以"广播电视新闻语言"的研究启发为例："在语言应用学科里取得成绩，一条重要的经验是有跨学科人才和跨学科研究者的较为密切的合作"（325 页），"我们的语言学研究对象，除了成果之外，应该包括计划、工作、活动、方法、队伍、机构、刊物、出版、经费、社会效果等，我们应该鼓励语言学者拓宽研究的视野"（326 页）。有时结合实际直接谈到研究方法论的问题。如："我们的语言文明的研究要有一个比较长远的适度超前的计划和安排"（156 页），"先从调查分析典型用例入手，既是类型的调查分析，也是训练我们的队伍"（207 页）。

五　应用语言学的队伍建设

就一百多年来应用语言学的成就而言，要有一个基本的总体认识："我们的语言应用研究的理论、原则、方法等方面已经提出了许多新东西，已经为世界做出了贡献"（390 页）。这便是我国应用语言学继续发展的基础。认真总结的过程也就是一个提高的过程。根据"历史的教训，现状，世界和我国发展的需要"，只有高层次的跨学科的语言应用研究，我们才能"面向世界，提高理论水平，进一步现代化"（385—386 页）。而这一切都要落实到人才培养上来，"落实到语言应用研究队伍建设上来"（398 页）。

应用语言学研究应该建设一支怎样的队伍？首先应该符合学科本身的性质要求：应用语言学的跨学科性。相对而言，应用语言学是一个研究领域比较宽泛的学科，有时我们可以将凡是对语言在现实生活中各个领域里应用的研究都纳入其中，这样，我们就有必要既大体认识到应用语言学的主体范围，又不要将自己圈定在某一个范围中，以致束缚了自己的手脚。我们认识的大前提就是：应用语言学是跨学科的，应用语言学研究人员也是跨学科的。"当前主要的是要有一批语言观比较科学的、本体理论研究应用研究都有一定功力的而且能跨学科的队伍，在推动社会语言生活的实际研究中推动语言应用理论和方法的发展。"（386 页）语言学要想真正成为一门领先科学，必须能提供具有普遍意义的、处于领先地位而且具有重要作用的、能开创新的局面的思想和方法；我们的理论研究和应用研究都要能对其他学科（尤其是社会科学）具有重要的启示甚至指导、带动作用；我们的应用和应用研究要广泛而深入，推动学术、思想和科技的巨大进步。而要实现这样的目标，就十分需要在新的语言观指导下的跨学科研究。可以说，在现代学术背景下，没有跨学科，哪来的领先地位？然而，就现实状态而言，我们并没有建设好一支高水平的跨学科人才队伍。即便是做应用语言学研究，有时也主要是在特定领域内耕作，跨学科的意识不强。甚至还有很多人仍将语言应用研究放在本体研究之余。词曾作为诗之余而出现，后来因其具有独立的品格而独立于文学之林，我们相信语言应用研究也将因其具有独立的品格而成为语言研究不可或缺的部分。

人才和人才队伍除了具有跨学科特征，还需要有其他一些特征。正如《研究》中多次强调的那样：

> 在语言应用学科里取得成绩，一条最重要的经验是有跨学科人才和跨学科研究者的较为密切的合作。（325 页）
>
> 要建立发展一支素质高的语言应用研究者的队伍：有学问，有活动能力，视野开阔，又脚踏实地。（406 页）
>
> 队伍建设尤其是队伍的学风建设有时候比出学术成果更重要。要有一支联系实际、脚踏实地、有科学工作者品格、有事业家眼光的研究队伍。（364 页）

我们有些研究的后续性很差，根本原因就在于没有一支比较稳定的高素质队伍。有时人际失和的破坏力相当大，有时人才流失相当严重。“队伍建设包括导师层和领导层建设”（407 页）。领导层建设在我国似乎是个比较特殊的问题，领导对学科建设的全局把握、对语言应用研究环境的创造、对培养和稳定队伍、对充分挖掘队伍的潜力都是至关重要的。可以说，队伍建设的根本就在于领导队伍的建设。没有广阔的视野和适度超前的意识，没有宽阔的心胸和坚强的魄力，没有跨学科的知识和实干的能力，一切队伍建设的设想都要大打折扣。

《研究》中出现频率很高的一个词是“层次”。语言应用本身有层次，语言应用研究有层次，语言基础理论和应用研究的结合有层次，外国理论和我国的语言实际结合有层次，中国古代的理论和现实结合有层次，这都是外在的客体的层次。研究的主体更有层次，我们的队伍建设有层次，我们的领导层有层次。要想获得高品位的科学成果，关键还在于提高我们研究队伍的层次，既要有学科内人才的高层次合作，更要有跨学科人才的高层次合作。

六 发展好我国的应用语言学

如前所述，我国语言工作和语言应用研究取得了比较显著的实际成绩，然而有时我们自身对语言应用理论的认识却未必与实际工作合拍。可以这样说，我们在相当长的时间里对语言应用理论不够重视，甚至有一些人觉得语言应用研究是小儿科，谈不上大理论，对语言应用和语言应用理论的性质和地位的认识比较模糊。其实，“忽视应用，并非出于对理论的重视，而是出于对应用的错误理解”（齐沪扬、左思民，1996）。

实际上，应用研究往往是发现问题的新视角，甚至成为解决本体研究局限的突破口。每当本体研究陷入僵局时，结合应用的研究往往有助于发现需要解决的问题并找到解决问题的突破口。文化语言学、社会语言学的兴起，计算语言学、语言资源学的迅速发展，都是语言应用提出的新要求结出的理论硕果。当然，其他学科对语言研究的了解也不够，它们也应该要有跨学科的意识。这又有另一方面的原因，也许我们的研究并没有在这些方面得出有价值的成果或研究的成果不容易与它们接轨。如果我们在高层次的结合过程中，将我国语言生活中出现的问题解决好，促成了我国语言生活更加丰富、健康、活泼地发展，我们就对世界做出了巨大贡献。语言应用研究“要注意社会价值和本学科理论价值两头”（404 页），只有这样，我国的语言应用研究才能跨上新的台阶，我们自己的厚实的“应用语言学”才能呈现在大家的面前。

回到问题的根本，对语言应用研究不够重视与我们没有真正认识清楚语言的性质有关，我们没有将语言放在人类最重要的交际、思维、认知的工具这一位置上。吕叔湘（1980）早就指出了这种现象：

> 语言是什么？说是“工具”。什么工具？说是“人们交流思想的工具”。可是打开任何一本讲语言的书来看，都只看见“工具”，“人们”没有了。语音啊，语法啊，词汇啊，条分缕析，讲得挺多，可都讲的是这种工具的部件和结构，没有讲人们怎么使唤这种工具。

研究“怎么使唤这种工具”实际体现了我们对语言生活、社会交际的关怀，从而也体现了对语言学科建设的关怀。仅靠本体研究一条腿走路是不平稳的。现在学术界特别关注学术研究的人文性。“同国外语言学（特别是西方语言学）相比较，中国语言学的人文性十分浓厚”，“这就使中国语言学在文化意蕴、研究方式以及语言政策的制定等方面都带有自身的特点。人文性成为中国语言学所关注的一个重要特征”（丛书总序）。而对现实语言生活的研究往往最能体现人文性特点。这就使我们必须更多地关注语言生活，深入开展语言应用研究。任何理论都应该有应用价值（或潜在或显在），都应该接受实际生活的检验。其价值的评判只能放在对学术发展和人们生活的贡献上。同样，“检验我们应用语言学是不是搞出成绩来了，要看我们的学科是不是推动了我们的语言生活、推动了科技、推动了文化学习、推动了精神文明建设，等等”（20页）。

为了更进一步阐述基本概念、探讨基本原理、建构理论体系和培养研究人才、建设研究队伍，发展好我国的应用语言学，于根元先生陆续撰写或主编了一系列应用语言学专著式教材，如《应用语言学理论纲要》（1999）、《应用语言学概论》（2003）、《中国现代应用语言学史纲》（2005）、《应用语言学前沿问题》（2006）、《应用语言学教程》（2008）等。这些教材以我国的语言生活、语言工作、语言研究为主，梳理应用语言学主要理论的提出、演变、发展、意义、应用等，对应用语言学的性质范围及与普通语言学的关系、模糊语言理论、中介语理论、动态理论、层次性理论、人文性理论、潜显理论、交际值理论、功能解释语法理论等进行分析，并找出应用语言学理论发展的一般规律，力求体现出规律性，体现出中国特色，体现出时代特色，体现出应用特色，体现出理论新见，体现出前瞻特色。即便如此，这些研究也只是阶段性成果，未来正在期待中发展：“我们认为，我们的语言文字应用研究者，看到机遇，看到不足，积极投身到及时满足社会发展需要的实际研究中去，努力学习，提高素质，今后若干年里我国的语言文字应用研究一定会有迅速的比较大的发展，语言文字应用研究的广阔天地一定更加广阔。”（384 页）因此，我国应用语言学研究及其人才队伍建设的走向应该是：立足中国，面向世界，脚踏实地，在科学和事业的交互发展中探寻其独特的品质和普遍性意义。

附　录
现代汉语规范讲话

1994年初到秋天，于根元先生组织中国社会科学院语言文字应用研究所现代汉语规范研究小组，开展系列性的现代汉语规范理论和实践工作。其中一项重要工作就是于根元先生为研究生开设“现代汉语规范研究”课，共同回顾新中国成立以来现代汉语规范的情况，讨论“规范的涵义和原则”“规范的范围”“规范的层次性”“不规范的原因和规范的途径”“规范就是服务”“规范失误例析”“规范的困难”“提高规范的质量”等问题。每次讨论之后，由一人整理，并由于根元先生删改成为内容纲要供大家进一步学习和讨论。其中有六讲成果由安徽师范大学的《学语文》杂志连载：《现代汉语规范回顾》(施春宏执笔),《学语文》1994年第5期;《规范的涵义和原则》(庄莹执笔),《学语文》1994年第6期;《规范就是服务》(郭龙生执笔),《学语文》1995年第1期;《规范的层次性》(施春宏执笔),《学语文》1995年第3期;《不规范的原因和规范的途径》(庄莹执笔),《学语文》1995年第4期;《现代汉语规范失误例析》(施春宏执笔),《学语文》1995年第5期。由于这些论述即便是在当今的学术背景下也是非常前沿的，具有很高的学术价值和很强的现实借鉴意义，因此这里作为全书附录陈列于此，并以此纪念于根元先生和这次系列学术活动。同时附上于根元、施春宏合撰的《主体化和多样化相结合》(《语文建设》1998年第6期)，这是于根元先生主持第一轮“语言哲学对话”时其中一个专题的部分内容[①]，也作为现代汉语规范系列讲话的一部分。

第一讲 现代汉语规范回顾

一

新中国成立以来的现代汉语规范工作，以1955年现代汉语规范问题学术会议召开、“文化大革命”开始、1978年《中国语文》复刊、1986年全国语言文字工作会议举行为标志，大致上可以分为五个阶段。

（一）宣传、准备和积极学习（1949—1954）

新中国成立之初，我们迫切需要在世界上树立自尊自重的形象。同时党和政府迫切需要宣传群众，迫切需要提高广大干部的思想和文化水平，人民群众也迫切需要学习文化，领会党和政府的各项指示的精神，发展经济，做好各项工作。很多人从语文水平很低到很快过渡到做报告、写文件，甚至于搞创作，语言使用混乱的情况就很突出。

1951年6月6日《人民日报》社论《正确地使用祖国的语言，为语言的纯洁和健康而斗争！》正确地指出：“这种语言混乱现象的继续存在，在政治上是对于人民利益的损害，对于祖国的语言也是一种不可容忍的破坏。”“只有学会语法、修辞和逻辑，才能使思想成为有条理的和可以理解的东西。”《人民日报》同时连载了吕叔湘、朱德熙的《语法修辞讲话》。这样，现代汉语规范化作为一项全社会的事业开展起来，形成了自觉学习和

---

① 于根元先生及其团队曾举行了四轮“语言哲学对话”，具体成果包括：于根元等《语言哲学对话》（语文出版社，1999）、于根元、夏中华、赵俐等《语言能力及其分化——第二轮语言哲学对话》（北京广播学院出版社，2002）、赵俐等《语言以人为本——第三轮语言哲学对话》（中国经济出版社，2003）、赵俐等《语言的轮休和充电——第四轮语言哲学对话》（中国经济出版社，2005）。

大力提倡紧密结合的局面，整整影响了一代人。

社论潜伏的几个问题也产生了深远的不良影响。一是说毛泽东和鲁迅“他们所写下的每一句话都有千锤百炼、一字不易的特点”。二是形成了现代汉语规范化主要是“帮助同志们纠正语言文字的缺点”的“匡谬正俗”的片面化的倾向。三是对许多语言现象判断过早过严，有不少判断失误。四是不确切地提出了“纯洁语言”的口号。

（二）确立标准和大力推广（1955—1965）

1955 年 10 月 25 日现代汉语规范问题学术会议召开。罗常培、吕叔湘的主题报告《现代汉语规范问题》，第一次全面阐述了现代汉语规范工作的意义，深入探讨了一系列原则性问题。报告特别提出：“语言规范是人们在语言实践中逐渐形成的，规范的模糊与分歧不是出于偶然，因而规范的整理也不能草率从事。武断和教条是不能解决问题的，需要的是虚心和谨慎，勤恳的调查，耐心的研究。”并且要求用发展的眼光看待规范化。报告以巨大的理论价值和切实的指导作用，成为现代汉语规范的理论基石和丰碑。

这次会议以及《人民日报》10 月 26 日社论《为促进文字改革，推广普通话，实现汉语规范化而努力》，将学术成果迅速推向全国。这一阶段现代汉语规范化研究和具体工作都取得了丰硕的成果。

前一阶段潜伏的问题没有很好解决，而后来一个时期的研究基本上没有在报告的基础上深入下去，具体工作还常常偏离了报告提出的正确的原则，有简单化倾向。报告本身也有一些不足。

（三）惨遭破坏和缓慢前进（1966—1977）

这个阶段语文工作遭受很大破坏。语言污染很严重，主要表现是粗嗓门，高声调，语气生硬，语调急促；常用贬义词、生造词、帮话、黑话、套话，不爱用尊称、敬称和谦辞，有时还用肮脏凶狠的词语；句子不完整，词语搭配不当，或者习惯于说命令式的无主句。

但是，从较低的或者较基本的层次来说，语言规范的情况还算好。从文字使用来说，滥用繁体字的情况很少。局部的语文工作还在缓慢进行。

这是因为：一、这之前十多年的语文工作有了扎实的群众基础，而且培养了一批能顽强工作的干部。二、任何社会都需要最基本的交际，最愚蠢的人也要保留这些最基本的交际。三、语言的变化有个惯性，对语言发展的推动或者破坏，立竿见影的情况并不多。这一阶段的负效应对后来影响是很大的。

（四）恢复和发展（1978—1985）

《中国语文》复刊，组织语言学界批判“两个估计”，商讨语言学科发展规划，做了许多拨乱反正的工作。推广普通话出现了新的高潮，《现代汉语词典》出版，析句法的讨论，《中学教学语法系统提要（试用）》的公布等，都显示了新的成绩。但是理论准备不足，以前潜伏的问题陆续暴露出来。

严修在《中国语文》1978 年第 1 期上发表了《谈目前流行的一种病句》，引发了一系列的批评，而提出的规范的根据大体上是：古已有之，很多人用，名家用过，领袖用过。据说一位著名作家在一个重要的讲话里甚至说了这样的意思：毛泽东的语言是白话发展的顶峰，我们现在的话都是从毛泽东的话里来的。这个时候电影、话剧里演领袖人物的部分演员开始用方言。

1978 年 8 月 24 日《人民日报》刊登读者来信《语言是活的东西》，说：语言“没有什么对不对，只有有没有”，“在社会上，切不可搞什么‘语言规范化’”。这封信是对以前规范工作的否定，理所当然地遭到许多反驳，并引起了规范问题的进一步讨论。

这封信是走向了极端，但是也暴露了我们规范工作本身的一些问题：常常给人一种感觉，规范就是规则，就是划一，就是不要风格色彩，就是不要发展。我们一些人在努力消除这些误解，而又有不少人实际上在给人增加这些误解。我们的许多语言规范工作者对“语言是活的”认识并不很够。

（五）徘徊和思考（1986—1994）

1986 年 1 月召开的全国语言文字工作会议，标志着我国的语言文字工作进入了新时期。这以后做了大量的现代汉语规范工作。但是，从社会语言规范的情况来看，跟前一阶段相比，没有很大的变化，很多人对现状不很满意，呼吁加强工作。

一些学者从实际效果考虑，进行反思，寻找新的出路。由于现实语言生活的变化，由于语言学科的发展，由于人们许多观念的更新，这一阶段一些学者在现代汉语规范的学术探索方面取得了大面积的收获。

一是动态的观念。上个阶段的后期有学者把社会语言学和语体学的成果跟规范研究结合起来，提出要从实际交际和不同语体来谈规范。在这一阶段这一点有了进一步的发挥。二是分析的观念。跟上一点有关的是，语体不同规范的要求应该不同。此外，很多人涉及刚性原则和柔性原则，不赞成一刀切。有的学者上一阶段提出在规范的和不规范的之间有中间物，这一点也有了发挥。有的学者提出要区分语音、语法、语义、语用的规范和不规范。一批语言学者更深入一步，在深化对语言本质的认识。这些考虑是从实际研究和实际工作中来的，已经在用来指导语言教学、风格、广告语言、文学作品语言、新词新语等研究中取得初步的但是令人瞩目的成绩。这也预示着我们今后的现代汉语规范研究和规范工作会有较大的进步。

二

从新中国成立以来现代汉语规范研究和规范工作的经验教训来看，有几条是带有规律性的。

（一）要结合社会的需要，努力满足社会的需要。不要满足于轰动效应、新闻效应。最根本的也是最严厉的检验是社会语言规范的实际情况。

（二）加强规范工作者的队伍建设。要使规范工作顺利、深入、持久地开展下去，必须有一批有学问、懂理论、有活动能力、视野开阔而又脚踏实地的干部队伍。学者和工作者要进一步结合甚至合一。

（三）现代汉语规范是全方位的系统工程，不能单打一。宣传和培训，研究和行政工作，学术引导和法规制约，这个时期和另外一个时期，这个地区、领域和另外一些地区、领域，长期计划和目前的工作，都要通盘协调。

（四）必须坚持科学、稳妥、适用的原则。要进行充分的调查研究，根据社会的需要，根据语言自身的发展规律因势利导，做促进工作。要顺人心得人心，选准突破口，掌握分寸，不冒进也不守旧。结合具体情况，因地、因时、因人制宜。因为语言变化有个惯性原则，规范工作到语言受到影响到语言规范有了一些效果有个时期差，有后效应，所以要有预见性，有超前意识。

三

当前现代汉语规范研究和规范工作存在这样一些主要的问题。

（一）对领袖人物语言的崇拜。80年代之前主要崇拜他们的书面语，简单化地作为判定规范的标准。80年代之后又有一些人实际上崇拜他们的语音、语调。

（二）对规范的许多原则认识模糊。例如把初显的因为用的人少、用的时间短视为不规范的；把一些表达特殊风格色彩的判为不规范的；把语言中逐渐潜藏的认为是不规范的；甚至把跟一些词典、著作不同的认为是不规范的。

（三）判定不规范过早，总体过严。造成过多“误诊”。前几年有文章叫“慎用‘小姐’”，不要用“一把手、二把手”，最近有文章说“鞠个躬”是不规范的。

（四）大量的规范工作局限于“匡谬正俗”。没有把发现、保护、介绍新的、好的语言现象作为更重要的任务。

（五）“向人民群众学习语言”大体还停留在口头上。长期以来，我们一方面提这个口号，一方面又说语言的创新一般是大学问家、大作家的事。造成一方面一些人学习并且在作品中大量使用方言土语或者粗话，一方面不少人脱离人民群众生动活泼的语言生活的实际，有某些贵族化的倾向。

（六）对“刚性”“柔性”原则缺乏分析。有人一味喊要宽容，有的人又说要严。其实语言大体有关系密切又会相互转化的两个部分。一部分是比较稳定的，如语音体系、基本词、基本语法等。这部分比较好搞标准。制定标准要严谨，一旦施行，一定要严。而其他如修辞、新词新语、广告语言等变化相当快，可以做指导性、引导性的规范工作，柔性要大一些。所以应该是区别对待：当宽则宽，当严则严。

第二讲　规范的涵义和原则

一

规范作名词，指人根据语言发展的规律，在某个时期确定的某些方面的一定的正确的标准和规定。例如“确定规范、合乎规范”里的规范。这些标准和规定有的是刚性的，例如普通话里“十、说、指、准、示、商、绸”念翘舌音，有的是柔性的。有的在一个基本的标准和规定里含有某些柔性，有的在充满柔性的范围里也含有某些刚性。总起来说，这些标准和规定刚柔相济，有利于人们活泼、生动地使用语言，有利于语言的丰富、发展。不正确的标准和规定本身就是不规范的。

语言学者或者语言使用者、语言使用专门家，把规范当作简单的教条或者禁条，都是误解。例如不少作家说的：文学作品语言在规范与不规范之间。还如作家、学者唐弢 1986 年 6 月 26 日在《人民日报》上的《问题在这里》说的：“每个专业都有自己的特点。正因为文学是语言的艺术，作家——不管是写小说的还是写评论的，都必须在语言上有所创造，有所突破，专业才能够向前发展。倘要按照语言学家规范的要求，一字一句地跟着走，我们的作家就寸步难行了。”

规范作动词，指使之规范，推行规范。例如“规范化、进行规范”里的规范。光是“规范”两个字，有时候作名词，有时候作动词，在语境里是分得清楚的。跟上面对规范涵义的误解有关，这里引语言学家误解的一段话：“不仅在国内，就是在国外，一提到语言的规范化，就把一切非规范化成分看成完全消极的东西。应当看到：非规范化还有它积极的一面。……我今天谈的‘非规范化’是广义的，我把新词新义也放到非规范化范畴里了。”

二

语言规范的目的是便于人们使用语言来交际、思维、认知，是使语言更健康地发展。规范的大原则应该跟规范的目的一致。跟目的背离的规范不是真正的规范，跟目的偏离的规范是不够正确的规范。

有一定文化水平的人群进行交际，交际目的达到了，比较得体，很难用别的来替换它，或者替换了不一定比它好，这就应该是合乎规范了。如果说是这种交际不符合某些所谓的标准或者规定，那么应该修改某些标准或者规定。这些标准或者规定的制定者、维护者应该调整自己的认识。没有维护某些标准或者规定来妨碍交际和语言健康发展的道理。

交际即使比较规范了，还有个规范度，它指的不仅仅是意思表达到了。意思是“质”，那么还有“文”，应该是文质彬彬。或者说像食物，除了营养成分，还有色香味。如果规范度有欠缺，品位不够高，那要从语义、语音、结构、语用等方面进行分析。仅仅是“质”方面的规范，是低层次的或者残缺的规范。

三

现在比较有影响的规范的原则是追认观。认为一种语言现象用的时间长了、用的人多了，我们来追认它，这就是规范；还没有被很多人用开的，不能认为是规范的。

追认观忽视了以下几点：

（一）语言是活的，是发展的。任何新的好的语言现象刚出现的时候总是用的时间短的，用的人少的。不可想象，一个好的新的语言现象出现的时候，是一群人约好了同一时刻开始使用。追认观的原则妨碍了新的好的语言现象的出现。初显的语言现象使用的时候要注意让人好懂，但是初显不等于不规范。

（二）语言有相对稳定的部分，用的时间比较长，用的人比较多。语言还有相对活跃的部分，例如新词新语、临时修辞用法、广告用语。这密切相关的两部分组成了语言。任何相对稳定的部分都是从相对活跃的部分来的。没有相对活跃的部分不是完整的语言，也切断了相对稳定部分的来源。新颖是语言色彩系统里不可缺少的一部分。起初新颖的，后来逐渐稳定了，不新颖了，又要有别的新颖的色彩出现。

（三）“大甩卖、呼啦圈、一刀切、乡、当铺、小姐”等都有过时间或长或短隐藏的历史。显——隐——显，是很多语言现象具有的情况。

（四）许多不规范的语言现象寿命很长，用的人不少。有的是一个特殊的情况下劈头盖脑地使用，已经内化为语言的一种模式了，改起来费时费力。有的是学习过程中很多人往往会出现这样的用法。有的是许多人原来的方言，在用普通话时难以调整过来，而且这样的情况还很多，如拿说普通话时翘舌音平舌音能否分清的人来说，分不清的人数或许不比分得清的人少多少。打开一般的改病句的书看看，“通过学习使我提高了认识”一类，大多是多发病、常见病。

（五）“打假、脱贫、扫盲、肃贪、反腐败、扫黄、特困户、脑体倒挂、野蛮装卸、车匪路霸、危房、法盲、宰人、劫机、流失生、大锅饭、胡子工程、文山会海”这一类用语，我们并不希望用的时间长，用的人多。我们希望它们跟“布票、粮票”一样赶快隐藏起来，它们中间有的或许就是寿命很短的短命词语。而这些词语也是规范的。如果认为不规范而不许使用，肯定要影响一个时期的交际。

（六）追认观会使我们的规范工作滞后于人民群众实际的语言生活。难怪有人批评“信用卡”一类不少新词语在我们的词典里查不到，“当铺”一类词词典里注的是旧社会剥削人云云。

跟追认观有关的是阶段观。认为当初用的时间短，用的人少，我批评你不规范是对的；现在用的时间长了，用的人多了，我说你是规范的，还是对的；因为规范是分阶段的，此亦一是非，彼亦一是非，不能用我今天说你规范来翻你当初不规范的案。

分阶段的情况是有的。一种是语言经过较长历史时期的大变化，例如从文言到白话。一种是带法令性的标准的更改，例如审音表的更改，国家有关部门决定把许多“情报”的说法改成“信息”。此外没有那么多的阶段的不同，而是当初就是规范的，我们一些人批评人家不规范，批评错了。批评错了有时候是难免的，调整了认识，以后可能做得比较对一些。不然，老是常有理下去，会越来越没有理，越来越没有面子，对规范工作越来越不利。

跟上面有关的有一种习非成是说。认为原来你说错了，我纠正你，是对的，现在许多人都说错了，约定俗成么，算你对了。

习非成是的情况也要分析，不能作为一个筐，把很多东西往里边装。“叶公好龙”的“叶”后来确定读成“叶子”的“叶”的音，应该是有一定道理的。为什么有的同一个字不怎么辨义还是不同音呢？为什么“叶公好龙”的“叶”不改读“张、王、李”呢？

再说，“约定俗成”一是说语言初创时词语跟所指、语音跟语义的某些任意性。其实，这也很可以商榷。语言成了一个巨大的系统，相关的因素相互制约。排斥功能也是语言自我调节的重要功能。有人做过试验：一个意思，许多人会认为可以有许多种表达，但是也有许多种说法是许多人都不说的。

目前比较好的是选择观。认为语言规范化的性质是对语言的变体进行评价，从而选择出规范的一种或者几种。选择观没有对一切新的语言现象持否定态度，而是对它们做出评价和选择。这种选择和评价是建立在“效率原则”即“准确”和“经济”的评价标准上的，它也允许几种变体、几种方式并存的规范形式。选择观比较起来，较好地发挥了语言学者在语言规范中的作用。

四

我们主张尽可能地站在实际语言生活的前沿，根据社会的变化等因素引起人们交际、思维、认知的变化以及这种变化所引起的语言按照内部规律变化等先兆，把语言规范的许多工作做在前面。例如打倒“四人帮”，实行改革开放，舞台上出现领袖人物形象，演领袖人物的演员在面向全国的话剧、电影、电视里应该说普通话；香港影响的加强，广东经济及文化地位的提高，粤方言对普通话会带来积极和消极的影响，南风北渐、民工潮南下，会给我们的语言生活带来深远的影响；新词新语大量出现，是五四以来的又一个高潮，经济类的词语较多；外来词、外语词大量进入我们的语言生活，广告用语鱼龙混杂，成为一些人语言学习的第二课堂；香港、澳门不久相继回归，大陆跟台湾交往更加密切，相互间的语言生活进一步靠拢；社会主义市场经济的发展，要求更加重视人材语言能力的训练，会引起语言教学往这方面倾斜。如此等等，是不需要高深的学问就知道应该未雨绸缪的。

许多人最不能同意的是对将会出现的具体语言现象的预测。我们认为，语言在时空里始终处于一个运动的中介环节，或者说在过渡状态，或者说在潜、显的状态。具体语言现象的潜、显是有规律的，有先兆的。语言已经这样运动了多少多少万年了，我们还只有一些大而化之的认识。其实所有新词语的第一个使用者在说、写之前已经“胸有成词”，他预见到该显了。如果汉语已经有 20 万个词语显现了的话，那么这预见的正确性已经至少得到了 20 万次的证实。我们许多语言学者大概认为这几十万次的造词、造词法、造修辞方法等事实都属于“任意性”的范畴，很少去对这大量成功的预见、创造作深入、系统的调查研究。其实，一些人试着破除“对语言现象进行预测是一种迷信”这种认识，作了一些探索，还是颇有收获的。

语言变化有个惯性原则。社会、人对语言的影响到语言发生变化往往有个时间差。如果我们努力从宏观到微观对语言发展的趋势事先有比较多的了解，把许多工作做在前头，“因势利导，做促进工作”，我们的语言规范研究和语言规范工作对国家、对人民会有比较多的贡献。

第三讲　规范就是服务

一

1955 年现代汉语规范问题学术会议上，罗常培、吕叔湘在主题报告《现代汉语规范问题》里说："武断和教条是不能解决问题的，需要的是虚心和谨慎，勤恳的调查，耐心的研究。要能够从语言实践中找出信而有征的规律，人们才会乐于接受。"其中虽然没有使用"服务"的说法，但是充分体现了为人民服务的精神。

1985 年底到 1986 年初确定的我国新时期语言文字工作方针的最后一句是："使语言文字在社会主义现代化建设中更好地发挥作用。"进一步为社会主义建设和建设者服务，这是整个新时期语言文字工作的立足点、目的和目标。

党的十四大前后，有关方面提出了"管理就是服务"。这是针对不正确的管理观念而提出来的。错误的管理观念导致拍拍脑袋出主意、瞎指挥，阻碍、破坏社会主义现代化建设。提出"管理就是服务"，是个很大的进步。

受到"管理就是服务"这个提法的启示，我们提出了"规范就是服务"。1992 年，我们在《关于制订语言计划的若干原则》的报告里提出："语言有广泛的社会性，语言计划涉及千百万人的使用。计划好，功也大，计划不好，过也大。语言是个系统，哪怕细微的调整，都可能牵一发而动全身。计划确定前要有充分调研。试行后要追踪调查，要有试验，修改，然后再实施。现在商业上有售后服务、售中服务，制订、实施语言计划也应如此。要知道民情，特别是语言使用大户的情况。管理是服务，要注重服务。"

二

一切工具，无论是有形的还是无形的，都是为了服务而出现而发展的。

工具的特性就体现在服务上。不服务，就不会出现，就没有存在的必要。人类社会发展到今天，许多工作都是从服务的角度来进行的。科学研究、行政管理，都是如此。后工业化的社会将需要更多的服务性产业，需要我们进一步树立服务的观念。

语言文字作为人类最重要的交际、思维、认知工具，它的本质属性就体现在服务上。我们一切语言工作，说透了，就是为了使语言更便于人们交际、思维、认知。规范工作只是语言工作的一个部分，其本质属性也必然体现在服务上。

“规范就是服务”体现在认识上，是认识到为人们的交际、思维、认知服务是规范工作的立足点、目的和目标。这也是语言观的一部分。为了有效的服务，我们要经常调整自己的语言观。千万不能本末倒置，为了要合乎某种所谓的“规范”而妨碍语言的发展，妨碍人们的交际、思维和认知。

“规范就是服务”体现在人际关系上，是规范者真正深入人民大众，深入人民大众的语言生活，先做人民大众的学生，然后一边继续做学生一边做先生。

“规范就是服务”体现在工作作风上，是虚心、耐心、谨慎。千万不要动不动就批评一些规范的甚至是很好的语言现象。

三

有没有使语言更好地为人民大众的交际、思维、认知服务好，有没有使人民大众的语言生活更加健康、丰富、活跃，是检验规范工作有没有做好的最根本的标准。这要求规范者勤于学习、善于学习，要了解语言发展变化的外部、内部的原因和规律。还要了解规范和不规范的外部、内部的原因和规律。有些是基本常识，有许多是新情况、新问题，就要深入调查研究。

例如有不少人学普通话带港味儿，要调查这给人们的交际等带来了什么不便，要调查这些人的心态，要调查产生这些心态的社会、文化等原因，研究解决的理论和对策，而且实际解决一下，看看是否有一些效果。还要区分哪些是不规范的，哪些是粤方言给普通话带来的词汇、语法、修辞等方面可能有益的营养。

又如要使普通话在师范院校里成为校园语言，就要充分论证成为校园语言的意义和作用，要调查有的学校形成了有许多学校费了好大劲儿还没有形成的语言观、教学观、管理观等方面的原因。帮助几个学校形成，从中摸索一些带普遍性的经验。还要从实际出发，分析在校园里哪些场合说哪一类的方言是不妨碍形成校园语言的，甚至是对学习普通话、学习语言有益的。

要为不同层次的人们服务，要为人们长期的、短期的、简单的、复杂的多种需要服务。要尽可能地为最大多数的人服务。我们应该有这样的基本估计，不会有很多人故意跟国家、跟自己的工作和学习过不去，故意或者执意不规范。规范工作就是实践，并在实践中检验和调整我们的调查研究和分析，这本身也是一种实践。实践也就是服务的实践。为一些不甚理解者的服务是深入的有本事的服务。服务是为社会主义现代化建设大局的服务，也是为建设者具体建设的工作和学习的服务，规范工作要努力给建设者的具体的工作和学习带来效益。

规范需要科学研究和行政管理相结合，两者都是为了服务。科学研究也同样要接受服务的检验，不是简单化的检验，也不是不受检验。这两方面的人要相互尊重，相互学习，紧密配合。行政管理的，要服务得好，不能瞎指挥。科学研究的要付之于服务，要到服务中去受检验。规范不要行政手段的观点是片面的。采取什么样的行政手段也是科学研究。我们的行政手段也要进一步法制化。消极的行政管理手段也要便于绝大多数人“乐于接受”。一旦决定采取，就要像北京禁放鞭炮那样严厉。采取之后，要让被消极管理的人逐步感到这也是为他服务，给他带来了长久的效益。

四

“规范就是服务”，服务要及时，要有效。

一个语言现象出来了，用的人多了，用的时间长了，再来追认它的“追认观”，且不说它别的问题，至少是滞后的，这种服务是不及时的。我们不同意“追认观”，正是用“规范就是服务”来衡量的。服务要及时，就要有语言隐和显的认识，要站在群众语言生活的前沿，要有一些科学的预见，把许多事情适当做在前面。

我们的很多语言观和规范的见解、措施，都要用“规范就是服务”来衡量。例如有人说“鞠个躬”是不规范的，那么第一，它给我们人民大众的交际、思维、认知带来了什么不方便呢？第二，该怎么说才规范或者更好一些呢？语言是做什么用的？说到底，是人们交际等的工具，规范是更便于人们交际等。如果中等文化程度的群体这样用，交际得挺好，你很难用别的说法取代它，取代了还不如它，它已经比较好地在为人们的交际服务了，这不就是规范的吗？还要怎样来“规范”呢？语言为人们的交际等服务得挺好，就是符合语言的规则的，它要符合的是这个规则，它不需要“符合”什么别的“规则”。譬如都改说成“鞠躬一个”，语言不会屈从的。到头来都改说的人还得服从语言的。都改说了，反而给我们的交际等带来麻烦。给交际等带来麻烦的绝不是科学的规范。都改说，人们交际等不方便，反而是不符合语言的规则的。

有人说“鞠个躬”不规范是因为汉语里没有这个格式；有人说合乎规范，因为汉语里有这种格式。这都是下位层次的讨论。语言的发展变化，最根本的是为人们的交际等服务，在服务中按自身的内部规律进行调整。事先有没有某种格式并不是大的内部规律，例如“我是学生”的“是”字句并不是很古就有的，“这本书的出版”这样的欧化格式更是后起的。大的内容规律恐怕是允许在一定条件下显现某些格式的。

服务要更加有效及时，跟及时有关的，我们提出介绍、推荐新的、好的语言现象更重要。这是因为：

（一）这样的服务是积极服务，这样的规范是积极规范。

（二）这样的服务更及时。

（三）语言时刻在显现新的好的，这是语言生命力所在、调节功能所在的重要方面。长期以来，我们受语言是共时的、静态的语言观的影响，对新的好的不予重视，甚至轻视，规范工作基本上是“匡谬正俗”，工作片面，失误较多。

（四）介绍、推荐新的好的，需要站在群众语言生活的前沿，需要熟悉过去的情况，在缺乏资料的情况下要说出子午卯酉，这需要很高的水平。这就给规范者提出了很高的要求，提出了树立规范良好形象的重要途径。

（五）更重要的是，介绍、推荐新的好的，带有一定的预测的成分，比较多地要受到此后的事实的检验，这对规范者是个严峻的检验。我们做好了，才能从一个重要的方面进一步显示出语言学是一门科学，一门富有生命力的对社会主义现代化建设很有用的科学，从而也进一步推动了语言科学的发展。

第四讲　规范的层次性

一

语言的要素、成分在交际中形成了语言结构静态、动态结合的层次。不同层次的人学习、使用语言，形成了语言学习、使用的静态、动态的层次。这两个变量密切相关、互相交叉，形成了更复杂的动、静结合的语言的层次性。学习语言都要经过从词到单句到复句。会比喻比较容易，会双关的层次就比较高。语文教师的语言要规范，乡下老太太不必如此要求。根据这个事实，语言规范就不能一刀切，要有层次性。

语言由比较稳定的内核和变化比较快的外层这密切相关的两部分组成，文化层次高的人较多地用到外层部分。

近年来，有学者提出把句子分为语音句、语义句、语法句、语用句，也是考虑了语言的动、静结合的层次性。

语言的层次，有的部位是很清楚的。连接部分、过渡部分、中介部分就不很清楚了。我们不必事事都分成了了分明的两部分，要承认中介的模糊的部分，它也是一个重要的层次，它本身还分层次。规范也是如此，规范与不规范的两头比较分明、比较稳定，中介层向两头作有规律的运动。

二

语言运用是传递信息、进行交际的过程。首先，语言运用要有可理解性。可理解不一定就是规范的，许多不规范的使用，对方还是正确理解了。其次，语言运用要符合语言结构的规则，也就是要有正确性。但结构正确了，也可能不可理解，还要考虑对象、场合、效果，所以语言运用还要有适切性。语体上的错位，往往是缺少适切性。符合了这三方面的要求，基本上合乎了一般意义上的规范。不从这些方面来谈规范，例如从一个语言现象出现时间的长短、使用者的多少来衡量是否规范，等于缘木求鱼。将规范当作静态的单一的条条，认为语言的创新是“超越规范”，是“反规范”，也是没有搞明白什么是规范。再怎么“超越”，再怎么“反”，也还是要符合上面说的三方面条件。我们说，交际得挺好，很难用别的说法取代，取代了不见得好，这就是规范了。

规范还是基本的要求，比规范层次更高的是优美。规范还只是语言使用的不高不低的一个层次的要求。

在规范的三个方面里有缺陷的，是规范度不够。这里我们要区分正常现象和病态。譬如从一颗稻种种下去到长成熟，中间经过出苗、出杆、扬花，这是正常的。人们不会因为它没有一步成熟而认为它有病。孩子一开始叫爸爸、妈妈，发音不准，还不清晰，做父母的都感到惊喜，不会指责他有语病，因为这是正常的。我们每个人都在学习语言，因为学习语言不可能是一次性的。学习就有个过程，过程里出现向规范靠拢但又规范度不够的情况，就不能认为是病。我们主张把大量的这样的情况从“语病诊所”里解放出来。更不要轻易把一些比较新的很好的语言使用误诊为语病。把语病限制在一个不大的范围里，合乎事实，也便于集中研究和诊治。

对于处于集中学习语言阶段的人，要有分阶段的规范度的科学的教学和要求。在某个阶段里合乎要求的，虽然还不十分规范，也要鼓励和表扬。规范有层次性，不规范也有层次性。其实谁都是规范与不规范的混合体。刚会说话不久的幼儿的话有不少是规范的。语言大师也会有不规范的，如果包括语音，那么就很普遍了。问题是语言规范的层次不同，要求的层次不同。语言大师的不规范，往往比幼儿的规范层次还高。

三

语言规范的层次性，包括语言使用者规范的情况和要求等的层次性。对语言规范意识比较强的、在语言规范方面起示范作用的，要求要高。

（一）播音员、演员、教师。他们是规范的最直接最有力的推行者。他们不以创作为主，但是对社会各阶层都有影响。对他们，在语音、词汇、语法各方面要有全面的高层次的要求。社会经济、文化越发达，他们语言规范的影响越大。

（二）编辑、作者。他们的影响主要在书面语方面。他们受古今中外影响最大，吸收语言营养最丰富，他们使用语言最活跃。他们通过对有一定文化修养的人群的影响对更多的人产生深远的影响。尤其是作家，许多国家的文学巨匠是那些民族长时期语言规范的榜样。他们还给广大读者以比规范层次更高的语言优美的示范和教育。通过作家来对人们进行书面语规范和优美的示范和教育，是很有效的办法。对作家作品的语言，要有超出一般合乎规范的要求。

（三）干部。将干部作为语言规范要求的重要对象，大概是根据了中国现有的实际情况。他们是工作的重点，因为他们也在一定程度上起到语言规范的示范作用。一个地方、一个部门语言规范工作的开展，跟那里领导干部的重视程度有很大关系。他们当中不少人又是工作的难点，一是缺乏有效的渠道和方法做他们的工作，二是对他们语言不规范的情况缺乏制约的措施。

（四）青少年学生。他们是接受规范教育效果最明显的广大人群，而且他们影响到社会和未来。另外一方面，他们也容易接受不规范的影响。要把他们放在复杂的社会语言生活的实际里进行有效的规范教育，这就要有很好的教师、教材、教法。

对其他人群的现状和变化趋向都要调查研究。考虑近期和将来的语言规范的工作和要求，推广普通话工作中对窗口行业的人员就提出了比较高的要求。

现代汉语规范是动态的系统，要引导人们向规范方面发展。拿北方话地区来说，规范的条件优越，起点高，这基本是静态的认识。如果这个地区相当一部分人语言规范意识薄弱，规范的层次下降，那产生的动态影响就不限于眼前，也不限于北方话地区。北京窗口行业的不少人员较长时期方言太重，现在电台、电视台一些播音员、主持人普通话说得太差，语言素质不高，都会对语言规范带来负面的影响。

四

语言规范要考虑综合要求。但有时候可以侧重某个单项要求，找到突破口，便于收到实效。例如推广普通话，一个时期着重做了语音规范的工作。拿不同语体来说，既然有层次不同，规范的层次也应当不同。某个单项要求，对有的语体要求低一些，对有的语体要求高一些，这也体现了层次性。

如果说最低层次的语言规范，各种语体都是应当遵守的。但是中、高层次的规范，不同语体就不能一刀切。所以，谈规范是不能脱离语体的。结合语体谈规范，是80年代中期社会语言学和规范研究结合的新成果。

口头语体和书面语体规范的要求不同。口头语体里的演讲语体比谈话语体讲究遣词造句。有人说节目主持人的语言虽然是口语，但是有许多书面语的特点。书面语分事务语体、科技语体、政论语体、文艺语体等。拿单项标准来说，法律文书特别要求明确，广告用语主要是有个性，外交用语要典雅庄重，儿童读物要浅显活泼。我们谈语言规范的刚性原则和柔性原则，在某个语体的主要要求方面，应当采用刚性原则。该宽的地方严了，引起反感，处处碰壁；该严的地方宽了，则是取消了规范。两者最终都导致对规范的否定。

第五讲 不规范的原因和规范的途径

一

语言不规范的主要原因之一是使用者规范意识薄弱。这又分两种情况：一种是对语言使用不够重视，认为不需要什么规范。有人认为只存在某种语言现象的问题，不存在规范不规范的问题，有的认为只要说出来的就可以原样诉诸文字。实际上，这些人的语言使用有许多毛病，常常影响交际，还有一些人似乎很维护语言规范，认为语言使用就那些材料、条条，不大赞成也不怎么了解语言里出现的新的东西和灵活的用法。他们的语言不新鲜、不活泼，交际也不怎么到位。这种人如果是教育者，那会影响许多人。下面的情况是有的：有的作家本来文笔不错，进修语言学之后文采反而少了，原因就在于条条框框多了。这跟对规范化认识有偏颇的教师的误导有关。

我们认为规范要放到人们活的交际活动里去看，因为规范就是为人们的交际服务的。我们提出规范这个概念，交际效果好也就是规范度高。上面两种人规范度不够高，对规范的认识都比较片面，都是规范意识薄弱。

第二个原因是使用者水平不高。这些人大部分处在学习阶段，学习有个过程，达到规范之前的学习阶段，语言使用都是不规范的。当然，不规范也是分层次的，从很不规范往规范的方向提高，哪怕有一些反复，哪怕有一些人提高得很慢，一般说都是正常现象。

这些人在学习中往往没有形成定见，很好的指导和有失偏颇的误导对他们都会有影响。有些人出现了语言规范方面的不正常现象，往往要从误导方面去找原因，过多地责怪他们是解决不了多少问题的。

人们在学习阶段也要交际，最典型的是我国大部分人的普通话没有达到一级水平，但是在日常生活、工作等方面却在广泛地使用。广义地说，一些水平很高的人学习或者试验某些他不熟练的表述，也不容易一下子到位和成功，也容易出现不够规范的情况，所以我们说创造和生造有共生的现象。

第三个原因是语言规范本身的问题。例如学者们常说的“以上、以下”的所指不清楚，实际使用时往往要附加说明。普通话轻声、儿化里也有不少标准不够明确。有的标准制定得比较粗，有的来回改，讲解得又不够，也带来了使用中的混乱。有的语言使用往往已经有了很大变化，我们一些讲规范的书上说的还是老一套。

二

找到了不规范的主要原因，也就找到了规范的主要途径。

（一）加强规范工作者的队伍建设。

规范工作者要有科学的全面的发展的语言观念和规范观，本身的语言修养比较高，不仅是一般的合乎规范，而且新鲜活泼，同时还要深入了解群众的实际语言生活。其中有的人有比较强的调查研究的能力，有的有比较强的社会工作的能力，两部分人分工合作，紧密结合。

（二）进一步制定、修订、完善有关的标准。

制定的时候要严谨，要有一个阶段的试用。定下来之后，根据刚性原则，严格执行。一边执行，一边追踪调查，及时作些微调。不宜定标准的方面，要做带指导性的规范工作。这方面工作要多一些柔性。

（三）尽量减少误导。

对有示范作用的人和新闻媒介要求要逐步提高，采取一些刚性措施。新闻媒介要推荐好的新的用法，减少面向社会大众的不怎么规范的用法。例如某些很多字发尖音的女播音员、主持人，在改正之前不能担任面向社会大众和重要的播音、主持人工作。对社会要扩大宣传面。近来不少电台应群众要求，开辟了推广普通话、介绍新词新语用法的直播，效果很好。宣传中特别要警惕“语言有阶级性”论调的再次抬头和一些过头的说法。

（四）加强语言使用的立法。

语言立法是语言规范的重要部分，是规范工作的深入。

（五）增加教学中规范化的内容。

尤其是师范类学校的现代汉语课更要加强。有条件的可以开现代汉语规范课，讲解规范观、规范简史、规范原则、主要标准的内容等。

（六）及时编纂多种多样的规范的指导性强的词典。

第六讲 现代汉语规范失误例析

一

现代汉语规范的一个重要方面是“匡谬正俗”。《语法修辞讲话》（下文简作《讲话》）自1951年6月6日起在《人民日报》连载，目的是“帮助同志们纠正语言文字中的缺点”。此后许多报刊设立“语文短评、语文评论、语文诊所”等栏目，刊登这类文章。有的短文编成集子，影响较大、质量较高的有《中国语文》编辑部编辑的三本:《语文短评选辑》（中华书局，1959）、《词语评改五百例》（语文出版社，1984）、《词语评改千例》（语文出版社，1992）。

这些“匡谬正俗”也有不少失误。《讲话》1979年修订本把1951年本里的许多批评删掉了，不少地方作了改写。现在看来，修订本评改还有不少失误的。我们选取若干明显失误的例子，略作分析。

（1）“猪肉大王”刘松林一口气杀了200头猪。

有人批评说:“当今世界上能‘一口气’杀200头猪的人，只怕还没有出世。”（陈四益《报纸杂志的编辑要负起正确使用语言文字的责任》,《语文建设》1987年第3期）。批评者大概把“一口气”理解为只有“一呼一吸”

一个义项了。这里指基本上连续不断，正如“一口气读完了这本书”、“一口气走了 50 里”等。

（2）全世界现有 40 多个国家种植茶叶。

有人说：“‘茶叶’怎么能‘种植’呢？应该是‘种植茶树’。”（彼岸《注意逻辑》,《词语评改千例》145 页）。现实生活中许多茶农以“茶叶”指称“茶树”。以植物的部分指称植物或者植物的另一部分或者别的，这是很普遍的事。

有的失误是不恰当的要求所谓“精确”。例如：

（3）一天下午，某部志愿兵陈维政收到爱人曾秀枝的来信。

有人认为让读者分不清“爱人”是指丈夫还是指妻子（郝延《说“丈夫”和“妻子”》,《中国语文天地》1986 年第 2 期）。其实这里指妻子是清楚的。还有人说“在家里是我爱人当家”这句如果孤立地看，就无法判断到底是指丈夫还是妻子当家（梁远《关于“爱人”的用法》,《中国语文天地》1986 年第 2 期）。但我们为什么要“孤立地看”呢？

有的属于逻辑概念问题。例如：

（4）一年来，医院的团员和青年自愿输血达到 10440 个 CC。

（5）可喜的是亚洲的人民和世界的人民都起来了。

《讲话》1951 年本批评此为属概念和种概念并列不妥，1979 年本删掉了。而现在不少现代汉语教材、形式逻辑教材，却还常常拿这类句子来叫人改病句。例如；

（6）很久以前，反动统治者像希特勒一样，对我们布衣山区进行了一次野蛮的戮掠。

批评者说：“‘反动统治者’是个大概念，‘希特勒’是个小概念，‘反动统治者’包括‘希特勒’，说‘反动统治者像希特勒一样’，就像说马像一匹白马一样，道理上讲不通，修辞上通不过。”（张耿光《常见病句分析》232

页，贵州人民出版社，1982）

有人将一些修辞手法坐实了来作逻辑分析。例如：

（7）少说空话，多办实事。

批评者说：“是不是空话还能说一点儿，只不过得减少就是啦？”认为是“修辞修出毛病来了”（阿杰《闲话歧义》,《中国语文天地》1987年第1期）。其实这是一种委婉的表达方式，如“少啰唆、少管闲事”有“不要啰唆、不要管闲事”的意思。

有的属于语法问题，例如对词类组合关系认识不清而误诊：

（8）我们的家乡在希望的田野上。

有人认为“希望”的用法是错误的，因为它只有动词和名词两种词性，并没有形容词的词性（《语言美》报第92期1版）。意思是动词和名词不能修饰名词。有人不同意这种意见：“既然‘希望’能由动词发展为名词，为什么就不能发展为形容词呢？”并且退一步说，即使“不愿承认‘希望’用作形容词在语法上的成立，那么从修辞上来讲，也该算是可以成立的。修辞格中有转类格”（宋昌富《“希望的田野”及其他》,《中国语文天地》1989年第2期），意思还是认为动词和名词不能修饰名词。有的对于“是”的性质认识不清，把前后内容不是相等相属关系的误诊为病句。例如：

（9）我们是工人阶级领导的国家。

有的对某些引进的新词不赞成。例如：

（10）被告今年二十七，是夜更“的士”司机。

有先生认为：“其中‘的士’是英语taxi的音译，就是出租汽车。其实在普通话里已有现成的词语可用，用不着使用这些方言词和外来词了。”（《30年前的一次盛会》,《文字改革》1985年第5期）一个事物、一个概念不是只能用一个词语来表示的，词语还有色彩，词语的色彩是个系统。寻求新的色彩，寻求新的风格，是语言使用者的要求，是语言发展的一个动力，是新的语言现象出现的重要途径。

二

综观现代汉语规范失误诸例，可以发现一些带普遍性的原因。

（一）语言现象纷繁复杂，我们在很多方面，尤其在引起争议的方面缺乏深入细致的分析研究。语言理论和规范理论的准备和吸取也不够。特别是语言发展变化比较快的时候，正确判断本来就不容易，我们有的人又判断过早，结论过严。

（二）我们有的人没有怎么真正认识到语言学习不能是一次性的，很少了解群众语言生活的变化，有一种贵族和学究派头，以现有的一些语法书和词典为标准，对新的语言现象有一种潜在的排斥心理。有的知识陈旧，拿过时的说法来批这个批那个。

（三）评析时脱离使用的语境。有的自己假设一个跟别人不同的语境，来批评别人用得不对。用科学语体的逻辑语言来要求别的语体，是误诊常见的原因。

（四）对一些典型的语言现象认识不够。这方面最容易误诊的是简称。曾经判为不规范的有“美帝、匪特”（《人民日报》1951年6月6日社论），“达标、人流、死缓”（《语文杂记》，上海教育出版社，1984）。此外还有“高知、联大、计委、计生办、体检、家电、彩电、大运会”。对简称的性质、地位、作用、品位，都要作进一步的研究。

（五）类推过头。有的相反类推失误。例如有人批评“卑鄙的个人主义”的说法说，难道还有什么“高尚的个人主义”（转引自克莱《批改病句不要无视语言事实》，《中国语文》1958年第6期）？又如《与“研究生”有关的一些用语有待规范》（《语文建设》1991年第3期），全文的论证也有类推失误。作者以“考小学（中学、大学）”、“上小学（中学、大学）、“小学（中学、大学）毕业”作为类推的前提，指出“考研究生（硕士、博士）”、“读研究生（硕士、博士）”、“研究生（硕士、博士）毕业”等用语是不规范的。作者没有考虑到“小学、中学、大学”用语是一个系统，“研究生、硕士、博士”用语又是一个系统，各个系统内都有完整的对称性，岂可以此律彼？

第七讲　主体化和多样化相结合

一

国家语委主任许嘉璐同志1997年12月23日在全国语言文字工作会议上的报告中说：“尊重语言文字自身发展规律，还要求我们正确处理好语言文字主体化和多样化之间的关系。比如，推广普通话，促使公民普遍具备普通话应用能力，并在必要的场合自觉使用普通话，这是坚持主体化原则；推普不是要消灭方言，方言在不少场合具有其自身的使用价值，这是贯彻多样化原则。”

这个“对未来的工作具有重要的指导意义”的经验，是“在工作实践中”取得的，也是吸取了12年来语言应用研究的重要成果。尤其在双语双方言研究方面，许多学者发表了这样的意见。例如詹伯慧先生在《普通话“南下”和粤方言“北上”——在香港中国语文学会的演讲》(《方言·共同语·语文教学》，澳门日报出版社，1995）的结论部分说：“普通话‘南下’和粤方言‘北上’体现出在‘以经济建设为中心，大力发展市场经济’的形势下，政治、经济、文化诸因素正在全面影响社会语言生活的发展，长期以来主要靠政治因素左右语言（方言）发展的局面已经被打破，经济因素制约语言（方言）发展的作用在粤方言‘北上’中正充分显示出来。”“尽管经济因素对社会语言生活的发展能够产生影响，在制约语言发展诸因素中，仍然是政治因素更为突出。……粤方言和普通话会同时得到发展，但它们始终保持主从的关系：普通话是主导，‘南下’是主流；粤方言是从属，‘北上’是支流。”“语言生活多元化是当今世界语言发展带普遍性的趋势。”国家语委语用所为主的一些单位的学者1997年5月13日还以“多样化：语言生活的大趋势”为题开展了一次语言哲学对话。

二

这里说的主体化，是跟多样化结合的主体化。这里说的多样化，是跟主体化结合的多样化。主体化和多样化是相互结合的两个侧面。

多样化，一方面相对于简单化、贫乏、一体化。指的是丰富：品种丰富，情况丰富。品种，如包括双语双方言、地方普通话。语体，包括亦庄亦谐、书面语和口语的交融。现在，许多节目主持人的语言是一种书面语和口语交融的状态，细分起来，情况也很丰富。广播电视的品种增加了，广播电视语言的情况也多种多样了。再拿词汇来说，有基本词、新词语、流行词语、外语词、外来词。改革开放以来，我们进一步注意服装的样式和色彩了，进一步注意饮食的色香味了，也进一步注意语言的样式、色香味了。

多样化，另一方面相对于杂乱、不规范。多样化，是在规范层次比较高的基础上形成的。多样化，选择的余地大，便于表达多种多样的内容、情感、色彩。交际是双方的事，对方需要丰富，能理解丰富，这一方才好使用和发展他丰富的语言。而且有主体化，才谈得上多样化。

多样化的总的标志，是语言生活呈现出立体、多层次，多种多样，进一步满足多样化交际的需要，并且使用者总体认可这个趋势，推动这个趋势。多样化、丰富，是语言和语言生活健康发展的重要标志。

我们过去对语言品种的多样化有比较多的认识，而对同一语言内语言生活的多样化认识得还不够。相当长的一个时期里，我们对语言生活的多样化的认识比较模糊，甚至不怎么主张多样化，以为语言生活多样化了就不利于交际，就会导致语言交际的困难、混乱。如果不提多样化，势必将主体化理解为一体化。一体化实际上就是对语言生活的认识简单化、纯粹化，有时导致我们语言工作的粗糙化、粗暴化。主张多样化并不主张语言生活的随意性。在提倡多样化的同时，我们还要提倡主体化。没有主体化就谈不上多样化，就是分散化，就会导致语言生活群体的分裂，不利于语言生活的健康发展。将多样化和主体化对立起来，这不是辩证的观点。辩证不是折中，而是分清主次，是承认矛盾的现实同一性，是具体问题具体分析。

三

语言生活是分层次的，语言是分层次的，一体化不符合语言生活的本来面目。一体化排斥多样化，主体化有助于多样化。多样化为主体化提供丰富的营养，有助于主体化。普通话就是吸取多方面的营养包括汉语方言的营养而发展的。主体化是多样化的主导方面，不是多样化的对立方面。主体化在多样化里属于上位层次，其余处于隶属地位，在下位层次。两者相互促进，相互保护，形成良性循环。

似乎有人说，语言品种越少的地方经济越发达，语言品种越多的地方经济越落后。我们认为，既多样化又主体化，从长远来说，比一体化的或者几乎一体化的更有力量，这个力量包括经济力和文化力，或者叫综合力。似乎有人说，语言品种和情况多了，学起来是很大的浪费。我们要较真儿的话，那么计划经济倒是省事。多样化，不是规定每个人把语言的所有品种和情况都精通了。我们提出普通话的标准是一个，但是不同的人说普通话的水平不强求一致，这也是一种多样化，没有要求每个人把标准普通话、各种地方普通话都掌握了。再者，据说，小孩子学话期间，如果正确引导，多学几种话不很困难，而且对开发智力很有用处。

多样化是事物发展的一种趋势，语言生活自然也不例外。要求用普通话统一汉语方言，实际上还是没有充分认识语言是个什么样的工具，没有真正将交际作为语言的根本属性。应该说，普通话和汉语方言各有各的交际价值和交际要求。普通话的地位高于汉语各方言，但也要考虑到具体情境下汉语方言交际的特定效果。只要它弥补了普通话交际的某些空白、没有影响普通话的全国通用语地位、没有干扰普通话的交际需要，我们就应该欢迎这样的多样化。语言生活既需要全国通用语又不鄙弃汉语方言的交际。这实际上体现了尊重语言、尊重语言生活、尊重社会交往和人际关系的情怀。所谓健康的语言生活，就是在各种条件下，无阻碍地充分实现语言的交际功能。

四

世界本来是多样化的，社会本来是多样化的，语言生活本来是多样化的，语言也本来是多样化的。说穿了，在语言生活多样化方面本来不需要我们做多少事情，不去阻碍也就行了。阻碍也阻碍不了多少、阻碍不了多久。这既然是个大趋势，就不是一些人长久阻碍得了的。顺乎自然，因势利导，可以做一些促进工作。

语言并不是全民一致的，而是为不同层次的人交际服务的，它本来就不宜于单一。这是说总体的单一。大家说话在最基本的部分有许多基本的要求，而语文水平高了之后，个性的东西也就多了，包括群体的差异和个人的风格。我们重视并且研究社会语言学、文化语言学、语言风格学，正是适应语言生活多样化的需要。

社会发展时期、思想活跃时期，往往重视和呈现语言生活的多样化。这个时候，特别需要包容。社会发展时期，已经有了或者正在形成主体化，对进一步促进主体化充满信心，也敢于多样化。

多样化是语言生活的大趋势。任何时代、任何社会、任何国家、任何语言都存在这样的趋势，只不过在不同的情形中，多样化的表现方式和形式、表现的深度和广度有所不同罢了。即使在很封闭的社会环境中，多样化也是一种客观事实；改革开放更加促成了多样化的展现。语言不可能长久处于很稳定的状态。据说一些民族共同语早就推广得很好的发达国家，出现了新方言或者准新方言。多样化也是语言发展的要求，是语言能量的发散，是语言资源的开发。

语言是为所有的人服务的。多样化的根源在于人的多样化（个人的层次不同和人群的层次不同），在于人的社会关系的多样化。既然人的多样化和人的社会关系的多样化是客观现实，那么连接人际的语言生活自然表现出多姿多彩的特色来。具体到实际的语言交际中，表达者的多样化（多层次性）使语言表达多样化，接受者的多样化（多层次性）也引导语言表达的多样化。两者相交更增加了语言生活的多样化。何况每个人都是表达和接受的综合体。

语言的交际工具性是无所不在的，语言的人文性是语言生活丰富多彩的人文生活的展示。开放性与语言生活的多样化互为因果，层次性是语言生活多样化的体现。多样化体现在动态的过程中，动态的趋向便形成了语言生活的多样化趋势。

五

迎接、欢迎、研究、引导、促进这个大趋势，是正确、积极的态度。

主体化和多样化结合，比一体化高、好。会有一些杂乱的情况出现，要研究、引导。

不必去宣传一体化，比如宣传某某市是没有方言的城市，这也不切实际，一体化不比多样化好。目光看远一点，不必为了追求一体化而人为地损害多样化。我们需要的是发展主体化，而不是限制多样化。不必认为系统就是单一。以前说现代汉语里也使用方言、文言等，但是认为现代汉语同方言、文言是不同的系统。其实，任何时期的语言都不是单一的，系统本来也不单一。任何对语言静态的线性的认识都不切实际。

参考文献

曹德和（1997）鲧禹治水与语言规范,《语文建设》第4期。

曹德和（2005）规范度评价以什么为根据——从“理性原则”和“习性原则”谈起,《修辞学习》第6期。

曹德和（2006）规范度评价根据问题再思考——从理性原则和习性原则谈起,《南昌大学学报（人文社会科学版）》第5期。

曹德和（2013）关于规范度评价根据及其操作的新思考——从“理性原则”和“习性原则”说开去,《社会科学论坛》第12期。

曹志耘（2019）中国语保的理念及其实践,《语言文字应用》第4期。

查尔默斯（Alan F. Chalmers）(1976)《科学究竟是什么》，查汝强等译，北京：商务印书馆，1982年。

常敬宇（1990）语义在词语搭配中的作用——兼谈词语搭配中的语义关系,《汉语学习》第6期。

晁继周（1999）语文规范标准与规范型字词典的编写,《中国语文》第1期。

陈光明（2008）从网络语言缩略语看网络语言的后现代特征,《广东外语外贸大学学报》第2期。

陈群秀（2004）网络、网络语言与中国语言文字应用研究，载中国应用语言学会编《第三届全国语言文字应用学术研讨会论文集》，香港：香港科技联合出版社。

陈晓梅（1997）辞书抄袭如何界定，专家解释其中难点,《中华读书报》11月12日。

陈章太（2005）论语言规划的基本原则,《语言科学》第2期。

陈章太（2008）论语言资源,《语言文字应用》第1期。

储泽祥、刘街生（1997）“细节显现”与“副+名”,《语文建设》第6期。

《词语评改千例》编辑组编（1992)《词语评改千例》，北京：语文出版社。

《词语评改五百例》编辑组编（1984)《词语评改五百例》，北京：语文出版社。

戴昭铭（1986）规范化——对语言变化的评价和抉择，《语文建设》第6期。
戴昭铭（1996）叠架形式和语言规范，《语言文字应用》第2期。
戴昭铭（1998）《规范语言学探索》，上海：上海三联书店。
戴昭铭（1999）语言功能和可能规范，《语言文字应用》第2期。
戴昭铭（2003）《规范语言学探索》（增补本），上海：上海三联书店。
戴昭铭（2012）《现代汉语规范化答问》，北京：北京大学出版社。
范　晓（1992）谈谈词语的搭配，载《词语评改千例》编辑组编《词语评改千例》，北京：语文出版社。
付　翠、施春宏（2010）现代汉语规范化依据的定量分析，《佛山科学技术学院学报（社会科学版）》第4期。
高更生、王红旗等（1996）《汉语教学语法研究》，北京：语文出版社。
高勤丽、施春宏（1999）试论现代汉语规划的基本原则，《北京广播电视大学学报》第4期。
高天如（1993）《中国现代语言计划的理论与实践》，上海：复旦大学出版社。
郭龙生（2006）略论中国当代语言规划的方法论原则，《学术研究》第12期。
郭龙生执笔（1995）规范就是服务，《学语文》第1期。
郭沫若（1956）现代汉语规范问题学术会议开幕词，载现代汉语规范问题学术会议秘书处编《现代汉语规范问题学术会议文件汇编》，北京：科学出版社。
郭绍虞（1979）《汉语语法修辞新探》，北京：商务印书馆。
国家语委“新词新语规范基本原则”课题组（2002）新词新语的规范问题述评，《语言文字应用》第2期。
韩启德（2003）现代医学的回顾与展望，《科技和产业》第10期。
豪　根（Eina Haugen）（1984）语言学与语言规划，林书武译，《国外语言学》第3期。
郝　暾、施春宏（2015）历年高考病句试题的演变路径及理论分析，《语言文字应用》第1期。
贺又宁（2002）论网络时尚与网络语言的互动，《贵州民族学院学报（哲学社会科学版）》第3期。
胡　勇（2006）论“一直以来”，《语言教学与研究》第4期。
黄　行（2017）中国语言资源多样性及其创新与保护规划，《语言学研究》第1期。

惠天罡（2006）网络词语构词探析,《修辞学习》第2期。
金惠淑执笔（2004）新词新语规范基本原则概论，载中国应用语言学会编《第三届全国语言文字应用学术研讨会论文集》，香港：香港科技联合出版社。
李建国（1999）规范型语文辞书的理论思考,《中国语文》第1期。
李庆义（1982）对“您们”的一点看法,《语文学习》第2期。
李行健主编（2004）《现代汉语规范词典》，北京：外语教学与研究出版社、语文出版社。
李行健主编（2010）《现代汉语规范词典》（第2版），北京：外语教学与研究出版社、语文出版社。
李行健主编（2014）《现代汉语规范词典》（第3版），北京：外语教学与研究出版社、语文出版社。
李宇明（2005）序，载教育部语言文字信息管理司主编《中国语言生活状况报告（2005）》，北京：商务印书馆。
李宇明（2008）语言资源观及中国语言普查,《郑州大学学报（哲学社会科学版）》第1期。
李宇明（2010a）《中国语言规划论》，北京：商务印书馆。
李宇明（2010b）《中国语言规划续论》，北京：商务印书馆。
李宇明（2015）《中国语言规划三论》，北京：商务印书馆。
李宇明（2018）语言学是一个学科群,《语言战略研究》第1期。
李宇明（2019）中国语言资源的理念与实践,《语言战略研究》第3期。
李宇明主编（2020）《新时期语言文字规范化问题研究》，北京：语文出版社。
廖斯级（1982）谈“您们”,《汉语学习》第5期。
林杏光（1990）词语搭配的性质与研究,《汉语学习》第1期。
林杏光（1994）论词语搭配及其研究,《语言教学与研究》第4期。
刘海燕（2002）《网络语言》，北京：中国广播电视出版社。
刘世儒（1963）《现代汉语语法讲义》，北京：商务印书馆。
刘绪义、钱宗武（2005）网络语言：现代与后现代的冲突,《徐州师范大学学报（哲学社会科学版）》第3期。
刘一玲（1993）寻求新的色彩，寻求新的风格——新词语产生的重要途径,《语言文字应用》第 1 期。
刘涌泉（2001）《字母词词典》，上海：上海辞书出版社。
吕冀平主编（2000）《当前我国语言文字的规范化问题》，上海：上海教育出版社。
吕冀平、戴昭铭（1985）当前汉语规范工作中的几个问题,《中国语文》第 2 期。
吕叔湘（1979）《汉语语法分析问题》，北京：商务印书馆。
吕叔湘（1980）语言作为一种社会现象,《读书》第 4 期。
吕叔湘、朱德熙（1952）《语法修辞讲话》，上海：开明书店。
吕叔湘、朱德熙（1979）《语法修辞讲话》（再版），北京：中国青年出版社。
罗常培、吕叔湘（1956）现代汉语规范问题，载现代汉语规范问题学术会议秘书处编《现代汉语规范问题学术会议文件汇编》，北京：科学出版社。
罗维明（2011）《大众传媒语言规范论稿》，北京：世界图书出版公司。
梅　耶（Antoine Meillet）（1924）《历史语言学中的比较方法》，载岑麒祥译《国外语言学论文选译》，北京：语文出版社，1992 年。
牟玉华、谢旭慧（2008）“网络语言”影响下的汉语、汉字发展趋势,《山西师大学报（社会科学版）》第 6 期。
穆　紫、翟　光（1996）辞书名称疵吝漫议,《辞书研究》第 4 期。
尼古拉·卡尔（2008）网络对人类心智的影响：Google 搞傻了我们？，凌云编译，《中华读书报》9 月 3 日。
潘明霞（2009）网络语言的语言地位探析,《广西社会科学》第 3 期。
皮特·科德（S. Peter Corder）（1973）《应用语言学导论》，上海外国语学院外国语言文学研究所译，上海：上海外语教育出版社，1983 年。
齐沪扬、陈昌来主编（2009）《应用语言学纲要》（第 2 版），上海：复旦大学出版社。
齐沪扬、邵洪亮（2008）新词语可接受度的多角度审视——兼谈新词语的规范问题,《上海师范大学学报（哲学社会科学版）》第 2 期。
齐沪扬、左思民（1996）迎接新的世纪，作出新的贡献——上海师范大学语言研究所“世纪之交汉语语言文字应用研究”座谈会纪要,《语言文字应用》第 1 期。
钱乃荣（2004）质疑“现代汉语规范化”,《上海文学》第 4 期。
钱乃荣（2005）论语言的多样性和“规范化”,《语言教学与研究》第 2 期。
秦秀白（2003）网语和网话,《外语电化教学》第 12 期。

商务印书馆辞书研究中心编（2003）《新华新词语词典》，北京：商务印书馆。
沈家煊（1999）《不对称和标记论》，南昌：江西教育出版社。
沈　阳、邵敬敏主编（2017）《新时期语言文字规范化问题研究》，北京：商务印书馆。
施春宏（1998a）现代汉语规范评议失误研究，《语言研究》第1期。
施春宏（1998b）语文评议中的现实同一性问题——从“野尻”的使用谈起，《语文建设》第1期。
施春宏（1999a）现代汉语规范化的规则本位和语用本位，《语文建设》第1期。
施春宏（1999b）语言调节和语言变异（上、下），《语文建设》第4期、第5期。
施春宏（1999c）应用语言学不等于理论语言学的应用——读《二十世纪的中国语言应用研究》，《汉语学习》第1期。
施春宏（2000a）关于语言规范化原则的确立，载于根元主编《世纪之交的应用语言学》，北京：北京广播学院出版社。
施春宏（2000b）增零，《修辞学习》第5、6期合刊。
施春宏（2001a）语言规范化应加强理论建设——戴昭铭《规范语言学探索》读后，《汉语学习》第2期。
施春宏（2001b）试论语义关系对异体词显隐和使用的制约，《语言文字应用》第1期。
施春宏（2001c）名词的描述性语义特征与副名组合的可能性，《中国语文》第3期。
施春宏（2001d）语言批评的嬗变及存在的问题，《语言教学与研究》第5期。
施春宏（2002a）略谈谐义，《修辞学习》第5期。
施春宏（2002b）试析名词的语义结构，《世界汉语教学》第4期。
施春宏（2003）逆谐：一种时尚表达，《修辞学习》第2期。
施春宏（2005）《语言在交际中规范》，北京：中国经济出版社。
施春宏（2006）关于成语用变和演变的思考——从几则成语的现实使用谈起，《汉语学习》第6期。
施春宏（2009a）语言规范化的基本原则及策略，《汉语学报》第2期。
施春宏（2009b）论感和论感培养——兼论语感和论感的关系，《语言教学与研究》第1期。
施春宏（2010）网络语言的语言价值和语言学价值，《语言文字应用》第3期。
施春宏（2011）《汉语基础知识（语法篇）》，北京：北京语言大学出版社。

施春宏（2012）词义结构的认知基础及释义原则,《中国语文》第 2 期。
施春宏（2018）《汉语纲要》，北京：北京语言大学出版社。
施春宏等（2021）《汉语教学理论探索》，北京：商务印书馆。
施春宏执笔（1994）现代汉语规范回顾,《学语文》第 5 期。
施春宏执笔（1995a）规范的层次性,《学语文》第 3 期。
施春宏执笔（1995b）现代汉语规范失误例析,《学语文》第 5 期。
施春宏、蔡淑美（2017）《汉语基本知识（语音篇）》，北京：北京语言大学出版社。
史灿方、孙曼均（2008）《语言规范与语言应用探索》，南京：南京大学出版社。
宋北平（2011）《法律语言规范化研究》，北京：法律出版社。
苏宝荣（2002）关于异形词整理和规范的理论思考,《辞书研究》第 4 期。
孙德金（2011）传统语法：对外汉语教学语法的基础——黎锦熙先生诞辰 120 周年纪念,《语言教学与研究》第 6 期。
陶红印（1999）试论语体分类的语法学意义,《当代语言学》第 3 期。
王德亮、仲 梅（2008）网络语言：语言史上的一场革命,《电子科技大学学报（社科版）》第 6 期。
王 力（1981）字句的逻辑性，载北京市语言学会编《语文知识丛刊 1》，北京：地震出版社。
王 宁主编（2013）《〈通用规范汉字表〉解读》，北京：商务印书馆。
王同亿主编（1990）《语言大典》，海口：三环出版社。
王希杰（1995a）汉语的规范化问题和语言的自我调节功能,《语言文字应用》第 3 期。
王希杰（1995b）论词语搭配的规则和偏离,《山东师大学报（社会科学版）》第 1 期。
维多利亚·弗罗姆金、罗伯特·罗德曼（Victoria Fromkin & Robert Rodman）（1988）《语言导论》，沈家煊、周晓康、朱晓农、蔡文兰译，北京：北京语言学院出版社，1994年。
维特根斯坦（Ludwig Wittgenstein）（1931）《逻辑哲学论》，贺绍甲译，北京：商务印书馆，1996 年。
夏 历（2005）网络语言的后现代主义特征,《淮阴师范学院学报（哲学社会科学版）》第 4 期。
邢公畹（1978）语词搭配问题是不是语法问题？,《安徽师大学报（哲学社会科学版)》第4期。
徐烈炯(1997)语言学理论与语言事实,《现代外语》第3期。
咬文嚼字编辑部(2002—2007)《咬文嚼字》,上海:上海文化出版社。
于根元(1982)说“全都……只有……”,《汉语学习》第2期。
于根元(1984)两面词语的某些一面性用法,《学语文》第2期。
于根元(1990)《新时期的推广普通话工作》,北京:语文出版社。
于根元(1991)副+名,《语文建设》第1期。
于根元(1992)制订语言计划的若干原则,载程祥徽主编《澳门语言论集》,澳门:澳门社会科学学会。
于根元(1994)重新认识语言,推动语文规范化——第4次语法学修辞学学术研讨会择要,《语言文字应用》第1期。
于根元(1995)新词新语和语言规范,《语文建设》第9期。
于根元(1996)《二十世纪的中国语言应用研究》,太原:书海出版社。
于根元(1999)“消极规范”和“积极规范”,《中国教育报》2月23日。
于根元(2001)前言,载于根元主编《中国网络语言词典》,北京:中国经济出版社。
于根元(2002)应用语言学的基本理论,《语言文字应用》第1期。
于根元(2005)语言是开放的梯形结构,《汉语学报》第2期。
于根元(2006)《应用语言学前沿问题》,北京:中国经济出版社。
于根元(2007)世纪之交中国社会语言热点问题大讨论,《辽东学院学报(社会科学版)》第4期。
于根元(2008)《应用语言学教程》,北京:华语教学出版社。
于根元等(1999)《语言哲学对话》,北京:语文出版社。
于根元主编(1999)《应用语言学理论纲要》,北京:华语教学出版社。
于根元主编(2001a)《中国网络语言词典》,北京:中国经济出版社。
于根元主编(2001b)《网络语言概说》,北京:中国经济出版社。
于根元主编(2003)《应用语言学概论》,北京:商务印书馆。
于根元主编(2005)《中国现代应用语言学史纲》,北京:中国经济出版社。
于根元、施春宏(1998)主体化和多样化相结合,《语文建设》第6期。
于根元、王铁琨、孙述学(2003)新词新语规范基本原则,《语言文字应用》第1期。

于根元、夏中华、赵　俐等（2002）《语言能力及其分化——第二轮语言哲学对话》，北京：北京广播学院出版社。

于全有、裴景瑞（2008）一种新型的网络语言——“火星文”论析，《沈阳师范大学学报（社会科学版）》第6期。

余志鸿（2004）异形词定义的学术思考，《汉语学习》第3期。

袁毓林（2001）语言学研究的现状和发展趋势，《汉语学习》第3期。

张伯江（2005）功能语法与汉语研究，《语言科学》第6期。

张　敏（1998）《认知语言学与汉语名词短语》，北京：中国社会科学出版社。

张寿康（1981）浅谈礼貌语言兼及“您们”的用法，《语文研究》第2期。

张　薇、王红旗（2009）网络语言是一种社会方言，《济南大学学报（社会科学版）》第1期。

张文忠、夏　军（2019）《语言文字规范十五讲》，上海：上海大学出版社。

张谊生（1996）名词的语义基础及功能转化与副词修饰名词，《语言教学与研究》第4期。

张谊生（1997）名词的语义基础及功能转化与副词修饰名词（续），《语言教学与研究》第1期。

张云辉（2007）网络语言的词汇语法特征，《中国语文》第6期。

张志公主编（1956a）《语法和语法教学——介绍“暂拟汉语教学语法系统”》，北京：人民教育出版社。

张志公主编（1956b）《汉语　第三册》，北京：人民教育出版社。

张志公主编（1956c）《汉语　第四册》，北京：人民教育出版社。

张志公主编（1957）《汉语　第五册》，北京：人民教育出版社。

张志公主编（1959）《汉语知识》，北京：人民教育出版社。

赵　俐等（2003）《语言以人为本——第三轮语言哲学对话》，北京：中国经济出版社。

赵　俐等（2005）《语言的轮休和充电——第四轮语言哲学对话》，北京：中国经济出版社。

赵小东（2012）《现代汉语句法规范研究》，北京：人民出版社。

中国社会科学院语言研究所词典编辑室编（1983）《现代汉语词典》（第2版），北京：商务印书馆。

中国社会科学院语言研究所词典编辑室编（1996）《现代汉语词典》（修订本，即第3版），北京：商务印书馆。
中国社会科学院语言研究所词典编辑室编（2002）《现代汉语词典》（增补本，即第4版），北京：商务印书馆。
中国社会科学院语言研究所词典编辑室编（2005）《现代汉语词典》（第5版），北京：商务印书馆。
中国社会科学院语言研究所词典编辑室编（2012）《现代汉语词典》（第6版），北京：商务印书馆。
中国社会科学院语言研究所词典编辑室编（2016）《现代汉语词典》（第7版），北京：商务印书馆。
中国语文杂志社编（1959）《语文短评选辑》，北京：中华书局。
周　静、杨海明（2007）语言表达的缺位和补位——从“长期以来”与“一直以来”的竞争、互补与融合说起，《语言文字应用》第1期。
周世安（1982）且说“您们”，《黄石师院学报（哲学社会科学版）》第2期。
朱楚宏（2015）《汉语规范化中介现象论》，北京：清华大学出版社。
朱德熙（1982）《语法讲义》，北京：商务印书馆。
朱景松（1992）现代汉语中义项平行的多义复合词，《语文建设》第1期。
庄　莹执笔（1994）规范的涵义和原则，《学语文》第6期。
庄　莹执笔（1995）不规范的原因和规范的途径，《学语文》第4期。
邹韶华（1991）语法规范琐议，《语文建设》第11期。
邹韶华（1993）语用频率效应刍议，《语言教学与研究》第2期。
邹韶华（1996）试论语法规范的依据问题，《语言文字应用》第4期。
邹韶华（1999）现代汉语语法规范问题，载吕叔湘等著、马庆株编《语法研究入门》，北京：商务印书馆。
邹韶华（2000）语法问题的规范化对策，载吕冀平主编《当前我国语言文字的规范化问题》，上海：上海教育出版社。
邹韶华（2001）《语用频率效应研究》，北京：商务印书馆。
邹韶华（2004a）论语言规范的理性原则和习性原则，《语言文字应用》第1期。
邹韶华（2004b）语频·语义·语法，《汉语学习》第2期。

后　记

一

我在15年前出版了一本讨论语言规范化问题的著作《语言在交际中规范》(中国经济出版社，2005)，本书是我讨论相关问题的第二本专著。本书大部分内容是《语言在交际中规范》出版后的新探索，也有小部分内容是在以前研究基础上的整合。因此，这本书可以看作是我自1993年师从于根元先生攻读硕士学位以来近30年语言规范理论与应用研究的一个总结。除了研究专题不同外，本书与《语言在交际中规范》的基本主旨是一致的，就是进一步阐释和应用于根元先生提出的语言交际和规范的“交际值原则”，并由此对应用语言学的一些基础理论问题提出一些想法，对一些重要现象和重大事实提出一些看法。

于根元先生在《我研究现代汉语规范》一文中介绍自己的学术思想时说：

> 我所有的语言学及应用语言学研究，几乎都跟现代汉语规范有关。这也有道理，语言规范就是交际到位，我们的语言研究总的说本来就是为了交际到位。特别是应用语言学研究。这也是研究方法综合性的理论和事实的基础。这方面的研究特别需要语言学的多方面的知识，理论和实践的结合，微观和宏观的结合，语感和论感的结合。(于根元《路途和手段——语言学及应用语言学研究方法》59页，中国经济出版社，2004)

于根元先生特别强调以“交际值”——交际到位的程度来作为衡量语言现象规范与否的根本标准，因此特别强调规范服务观，这种规范观既是一种学术意义上的动态观、层次观，实际上也是学术研究的生活观、认知观，有强烈的使命感和责任感，因此特别强调规范研究和工作要能解决语言文字生活中的实际问题，要出理论，要有前瞻性，要有利于人才培养和队伍建设。

我还有一本与语言应用有关的书稿《语言就是生活》将在商务印书馆出版。这是一本语言学随笔，其中收录的文章也是在于根元先生教导和于先生思想启发下写成的。另有一本《汉语教学理论探索》也将在商务印书馆出版。这本书主要研究汉语作为第二语言教学中的理论问题，其中很多认识都源自于根元先生的学术思想。

当然，本书与《语言在交际中规范》也有不同。除了认识上有所发展之外，最主要的体现就是在研究方法上有所探新，更加侧重于从定量的角度来研究规范化问题，并对如何从定量的角度来定性做了一些思考。

回想我的学术研究历程，“路径依赖”的特征体现得比较明显。我攻读硕士学位是师从于根元先生学习应用语言学，于先生的学术思想一直叠加在我后来的学术研究上；攻读博士学位是师从袁毓林先生学习语法学，袁先生的学术思想成为我这 20 年学术研究的基本源泉；做博士后研究时师从冯胜利先生，冯先生的学术思想带领我走进语体语法学和韵律语言学领域。如果只用一个词来概括每位先生对我影响最大的地方，则是于先生的“交际”、袁先生的“认知”、冯先生的“学理”，贯穿其中的是事实和逻辑。我这些年特别关注“互动”，先生们的思想也在我的学术研究中互动着。

二

本来没想到这个时候完成这部书稿，但于根元先生 2019 年 8 月 22 日的突然辞世，使我在悲恸之余，便想将这本书尽快整理出来，以表达我对恩师最为深沉的纪念。

本书正文之外有个全书附录“现代汉语规范讲话”，这是于先生 1994 年组织的中国社会科学院语言文字应用研究所现代汉语规范研究小组关于语言规范问题讨论的系列成果。这个附录不但有文献意义，而且在当今的学术背景下也是非常前沿的，具有很高的学术价值和很强的现实借鉴意义。

存录于此，以表达学生对先生的崇敬之情和对那段求学经历的怀念。

三

本书是在各个专题研究的基础上整理而成的，笔者尽可能根据当下的学术发展和全书体系做了相当程度的整合。这次整合，有的章节有较大的调整，充实了很多新的认识，以期跟上学术发展的时代步伐。

在笔者漫长的语言规范化研究过程中，我的学生先后参与了相关专题的讨论和研究。本书第三章至第五章的初稿或主体内容就是分别与我昔日的硕士研究生付翠、朱立锟、郝暾共同完成的。而且本书大部分内容在当初向期刊投稿之前都曾得到我不同阶段研究生的帮助。本书整合过程中，在读博士生金婷、王伟超、李聪、陈振艳、颜刚，硕士生李宗阳、高倩倩、刘科拉和博士后谢昆又就全书提了很多意见，郝暾、任喆远、张子豪、刘星宇、赵博文、赵鹏程也提供了一些帮助。谢谢大家！

四

感谢李宇明先生为本书惠允赐序。我是 20 多年前在外文出版社暨华语教学出版社工作时认识李老师的，当时担任于根元先生主编的《应用语言学理论纲要》（华语教学出版社，1999 年出版）的责任编辑，李老师承担其中的一章。编辑期间与李老师互动较多，李老师的视野、高效和认真给我留下了深刻的印象。此后的 20 多年里，我一直深蒙李老师的教导。这次李老师又赠言提掖，令人非常感动。

感谢北京语言大学学术著作出版基金资助本书出版。感谢书稿评审专家对本书送审稿的意见和建议。

感谢本书责任编辑周鹏老师的精细编校，大大提升了本书的质量。

最后，特别感谢本书之源的语言和生活！

施春宏

2020 年 11 月 11 日